Sommaire

ISBN : 2 - 266 - 02297 - 0

00 - Business file zero: Presentation

Le but de cet ouvrage est de vous permettre une acquisition rapide des connaissances de base nécessaires à la pratique de l'anglais économique et commercial. En 20 dossiers, il traite des principaux aspects de la vie de l'entreprise.

DOSSIERS I à XV : ils sont divisés en deux parties.

A - **Situations**

Vous y suivrez les diverses péripéties de la vie quotidienne d'une société anglo-saxonne, la "Global Tools Company", depuis le recrutement d'un nouvel employé jusqu'au lancement publicitaire d'un produit, en passant par un conflit syndical.

- **En anglais et sur les pages de gauche,** ces situations sont présentées sous forme de dialogues et de courtes descriptions (et portent les références A.1, A.2., A.3., etc.).
- Étudiez-les, en vous reportant à la **traduction et aux notes sur la page de droite.**
- Établissez votre **liste de vocabulaire** que vous pourrez ajouter à celle qui est proposée **en fin de dossier B.**

→ **Prononciation** (p. 441) : pour vous en faciliter l'étude, une transcription entre crochets [ ] fait suite à certains mots. En voici les principes :

1. Chaque lettre de la transcription a sa valeur propre et doit être prononcée.
   Ex. : l'anglais *cheque* sera prononcé [tchèk]
2. Deux points (:) suivant une voyelle indiquent son allongement. Ex. : *tool* [tou:l].
3. L'emploi d'astérisques après *s*, z*, n**, signale une particularité de prononciation détaillée p. 441.
4. Une ou plusieurs lettres **grasses** vous rappelle(nt) que la syllabe où elle(s) se trouve(nt) porte l'accentuation. Ex. : *advice* [edv**aï**s].

B - Records (Archives)

Cette seconde partie est un outil de travail qui complète le domaine exploré en A. Elle présente, sous les références B.1., B.2., B.3., etc. :

1. Des modèles en français, dits phrases-types, sur la page de gauche. Essayer de les traduire (à l'aide du vocabulaire vu en A ou donné en fin de dossier B et reportez-vous pour contrôle à la page de droite. Efforcez-vous de les mémoriser.
2. Des textes en anglais, sur les pages de gauche, illustrent de façon plus technique le dossier. Étudiez-les et établissez des listes de vocabulaire.
3. Un vocabulaire de spécialité qui permet de revoir et de compléter la rubrique de chaque dossier.

DOSSIERS XVI à XX :

a) *XVI* et *XVII:* offrent une initiation à la langue technique de la comptabilité et de la bourse.
b) *XVIII:* un aperçu de la langue juridique.
c) *XIX* et *XX:* une familiarisation au langage de la communication écrite (modèles de lettres) et orales (modèles de conversations téléphoniques).

Mêmes règles de travail que pour l'étude des dossiers I à XV (partie B).

DOSSIERS X bis et XX bis

Exercices variés et tests, avec corrigés.

INDEX

Il permet la recherche de points particuliers.

ENREGISTREMENT CASSETTE

Il est disponible sous forme de 3 cassettes (environ 180 min.). Il porte sélectivement sur les parties orales ou dialoguées de l'ouvrage.

I

Business file one

Business opportunities, applications

Offres d'emploi, candidatures

A. Situations

A.1. A Business opportunity
A.2. An application
A.3. Resume or personal data sheet
A.4. Arranging an interview
A.5. Vocabulary (revision)

B. Records for further reference

B.1. Key Sentences
B.2. More ads...
B.3. Executives worth their weight in gold
B.4. Test sur B.3.
B.5. Vocabulary

Storyline *

When looking through the ad sections of the major newspapers, this is what you may come across. We're going to help you along while telling you the story of one David A. Lavelle, a nice young chap who has done very well so far in two responsible jobs, and who now feels he qualifies for higher and more rewarding positions. Now let's see together what happens.

Résumé

En consultant la section des Petites Annonces des principaux journaux, voici ce sur quoi vous pouvez tomber. Nous allons vous aider à vous en tirer tout en vous contant l'histoire d'un certain David A. Lavelle, charmant jeune homme qui jusqu'ici a très bien réussi dans deux postes à responsabilités, et qui éprouve à présent le sentiment qu'il est mûr pour des postes plus élevés et plus payants. Voyons donc ensemble ce qui arrive.

* ***Storyline*** **: m. à m. fil conducteur d'une histoire.**

I. A.1. **A business opportunity**

Market and Product Development Manager

The subsidiary [sœbsi:-dieri] of a U.S. group producing widely distributed consumer goods needs a high calibre [kalibe] person to set up and run a Market Development Team. The function will involve identifying [aïdèntifaï-in*] gaps in the consumer market, selecting and organising products to fill these gaps.

The successful candidate will be a University graduate in his mid-thirties preferably with a background in the hardware trade. He should be a native [néïtiv] of one of the Common Market countries, with a perfect command of the French and English languages and some experience of international transactions at executive [igzè-kioutiv] level. He will report directly to the Managing Director, and his starting salary will be in accordance with the job created, with car and usual benefits. He will be based in Paris.

Applications giving full details of career [kari:e], qualifications and present salary, will quote [kwô-out] reference APM/2266/ST. No information will be disclosed without permission.

Forbes and Staunton
Personnel Selection Division,
42 Pall Mall SWI

The right man in the right place

I. A.1. **Offre d'emploi**

Directeur du Marketing Responsable des Produits

La filiale d'un groupe U.S. fabricant des biens de consommation de grande diffusion, a besoin d'un homme de grande envergure pour créer et gérer son Équipe Marketing. La fonction incluera la recherche et l'identification des crénaux du marché [de la consommation], le choix et la conception des produits destinés à combler ces créneaux.

Le candidat retenu sera un diplômé de l'enseignement supérieur d'environ 35 ans, et aura de préférence travaillé dans le secteur de la quincaillerie. Il devra être originaire de l'un quelconque des pays du Marché Commun, aura la parfaite maîtrise des langues française et anglaise et une certaine expérience des transactions internationales à un niveau de responsabilité. Il rendra compte directement au Directeur Général, et le salaire de début sera en rapport avec le poste créé, avec une voiture et les avantages usuels. Son point d'attache sera Paris.

Les lettres de candidatures donnant des détails précis sur la carrière, les compétences et le salaire actuel porteront la référence APM/2266/ST. Aucun renseignement ne sera transmis sans autorisation.

Forbes, and Staunton
Service Sélection du Personnel

Reportez-vous aux notes de vocabulaire I. A.5. (p. 14).

---

(1) Formes en -ing : il s'agit soit du participe présent : ***producing, giving,*** **soit d'une forme de verbe jouant le rôle d'un nom :** ***identifying (the identification of), organising (the organisation of).***

L'homme de la situation
(mot à mot : l'homme qu'il faut à la place qui lui convient)

I. A.2. **An application**

Gentlemen :

I noted with interest your advertisement in the New York Herald Tribune dated Feb. 22 as I feel that my qualifications match your requirements.

I am therefore sending you my personal data sheet and salary record [rèko:d], together with the names and addresses of referees [rèferi:z] whom you may consult for evidence of my character, experience and efficiency. Also with my résumé, you will find a short explanation why I have decided to change jobs at this point in my career [kari:e].
I really think we should meet.

Yours truly,
David A. Lavelle

I. A.3. **Resume or personal data sheet**

David Anthony Lavelle
Born 4th July, 1943, in Chicoutimi, Canada
British passport
Married, one child
Present address: 29, rue Hallé, 75014 Paris.
Permanent address: 5a Stanhope Gardens, London

Present position:
Since 1970, Assistant Marketing Manager, Morgan Ltd.

Previous jobs:
1967-70 Cabinet Dewaembre International, Brussels, Belgium in charge of contract negotiations for Europe.
1964-67 Bill Board Agency, London, Budget manager.

Academic record:
1969 French doctorate in Company Law, Paris Sorbonne.
1964 M.B.A. School of Business Administration Boulder University, Colorado, U.S.A.
1960 British grammar school, G.C.E. A-level

Referees:
Sir Harold Gillhams, Chairman, Merchant Bank
Monsieur Alfred Dewaembre, Senior Partner
Professor Herbert E. Marlington, Boulder University.

I. A.2. **Candidature à un emploi**

Messieurs,

Votre annonce parue dans le N.Y.H.T. daté du 22 février a attiré mon attention car j'ai le sentiment que mes compétences correspondent bien à ce que vous souhaitez.
Je vous envoie donc mon C.V. et un état de mes rémunérations successives, ainsi que les noms et adresses de personnes (citées en référence) que vous pourrez consulter pour obtenir des témoignages sur ma personnalité, mon expérience professionnelle et mon efficacité. Vous trouverez jointe à mon curriculum, une courte note d'explication sur les raisons pour lesquelles j'ai décidé de changer d'emploi à ce stade de ma carrière. Je crois vraiment que nous devons nous rencontrer.
Veuillez croire, Messieurs, en l'assurance de ma considération distinguée.

David A. Lavelle

I. A.3. **Curriculum vitae**

David Anthony Lavelle
Né le 4 juillet 1943 à Chicoutimi, Canada
Nationalité britannique
Marié, un enfant
Adresse actuelle : 29, rue Hallé, 75014 Paris.
Adresse permanente : 5a Stanhope Gardens, Londres.

Fonction actuelle :

Adjoint au Directeur du Marketing, Éts Morgan S.A. depuis 1970.

Emplois précédents :

1967-70 : Cabinet Dewaembre International, Bruxelles, Belgique ; chargé de la négociation des contrats pour l'Europe.
1964-67 : Agence Bill Board, Londres ; chef de Budget.

Dossier universitaire :

1969 : Doctorat français en Droit des Sociétés (Paris-Sorbonne).
1964 : Maîtrise de Sciences de la gestion, Faculté d'Administration des Entreprises, Université de Boulder, Colorado, E.U.
1960 : Lycée britannique, Baccalauréat.

Références :

Sir Harold Gillhams, Président, Banque Commerciale.
M. Alfred Dewaembre, Associé Majoritaire.
M. le Professeur H.E. Marlington, Université de Boulder.

I. A.4. **Arranging an interview**

David Lavelle's letter of application is acknowledged by the Managing Director of Global Tools Inc.; and he is invited to call on him in Paris the following week.
On the telephone
— Hello, this is David Lavelle speaking, can you put me through [s*rou:] to suite [soui:t] 23?
— Hold on a second Sir... You're through now.
— Hello, I'd like to speak to Mr. Briggs, Managing Director of Global Tools, please.
— Who is calling him please?
— I am David Lavelle, Mr. Briggs asked me to call him today.
— Oh yes, Mr Lavelle, just a moment please... Here's Mr. Briggs to speak to you.
— ... Ah good morning Mr. Lavelle, Briggs here. I am glad you could manage to call, I would've been sorry to miss you... You know you really did very well in all the tests and interviews [inteviou:z]? Now when can you make it here?... Three this afternoon?... Perfect. See you then, good bye.

I. A.5. **Vocabulary - Revision**

A 1

development	mise en œuvre, élaboration
subsidiary	filiale
consumer	consommateur
high calibre	d'envergure
to run	ici : gérer, conduire, diriger
to involve	impliquer, comporter, inclure
gap	fossé, lacune ; ici : créneau libre
graduate	diplômé de l'enseignement supérieur
background	arrière plan, passé, expérience, bagage
in accordance with	en rapport avec, à la hauteur de
benefits	avantages s'ajoutant à la rémunération Attention : bénéfice = profit
to quote	établir un prix ; citer
to disclose	divulguer, dévoiler

I. A.4. **On organise une entrevue**

La lettre de demande d'emploi de D. Lavelle fait l'objet d'une réponse du Directeur Général de Global Tools: il est donc invité à passer le voir à Paris la semaine suivante.
Au téléphone

— Allô, David Lavelle à l'appareil, pouvez-vous me passer l'appartement 23?
— Un instant Monsieur... Voilà, vous l'avez.
— Allô, je voudrais parler à M. Briggs, Directeur Général de Global Tools, s'il vous plaît.
— Qui le demande, je vous prie?
— Je m'appelle David Lavelle, M. Briggs m'a demandé de l'appeler aujourd'hui.
— Ah oui, M. Lavelle, un petit instant je vous prie... voici M. Briggs qui va vous parler.
— ... Ah bonjour, M. Lavelle, ici Briggs. Je suis heureux que vous ayez pu vous débrouiller pour m'appeler, j'aurais été désolé de vous manquer... Vous savez que vous avez eu d'excellents résultats aux tests et entrevues? Bon, eh bien quand pouvez-vous passer?
... Trois heures cet après-midi?... Parfait. A tout à l'heure donc, au revoir.

I. A.5. **Vocabulary - Revision** (continued)

A 2

advertisement	annonce
to match	correspondre à
therefore	par conséquent
record	archives, enregistrements
referee	1. personne citée en référence 2. arbitre
evidence	témoignage

A 3

grammar school	équivalent britannique du lycée
G.C.E. (General Certificate of Education) A-level	équivalent du baccalauréat

A 4

to put through	brancher
hold on	ne quittez pas
to manage	1. réussir, 2. gérer
to make it	y parvenir, arriver

I. B.1. **Essayez de traduire...**

1. Importante Société Industrielle recherche ingénieur en chef électronicien pour bureau d'études.
2. Pour être retenus, les candidats devront être âgés de 30 à 35 ans et de préférence titulaires d'un diplôme universitaire.
3. Une bonne connaissance de l'anglais constituerait un avantage.
4. Salaire de début en fonction de l'âge, des compétences et de l'expérience acquise.
5. Retraite versée par l'employeur.
6. Situation d'avenir avec possibilité d'avancement rapide.
7. Écrire avec curriculum vitae, jusqu'au 15 juin à la B.P. 2496. Discrétion assurée.
8. On peut retirer les formulaires au Siège Social.
9. Nous recherchons des candidats âgés de 25 à 45 ans pour le poste de responsables régionaux.
10. L'expérience du financement de la vente à crédit est souhaitable,
11. mais nous sommes prêts à examiner les candidatures de représentants
12. ayant fait brillamment leurs preuves dans le domaine de la vente, ou des professions de la banque ou de l'assurance.
13. Permis de conduire(valide) indispensable.
14. Adresser lettres de candidatures manuscrites, comportant renseignements détaillés avec mention « confidentiel » à...
15. Un groupe important de Sociétés recherche un statiticien
16. pour s'occuper du service des statistiques en pleine expansion et du groupe de recherches prospectives.
17. Le candidat retenu aura une bonne formation universitaire en statistiques économiques
18. ainsi qu'une expérience pratique de leur utilisation.
19. Il sera très au fait des statistiques gouvernementales
20. et sera en mesure de planifier et de gérer de nouveaux programmes.

I. B.1. ... et contrôlez

1. Leading industrial firm invites applications for the position of Chief Engineer in Electronics for its research department.
2. Sucessful candidates should be in their early thirties and preferably university graduates.
3. Fluency in English would be an advantage.
4. Starting salary according to age, qualifications and previous experience.
5. Noncontributory pension scheme.
6. Excellent career with good promotion prospects.
7. Apply in confidence giving full particulars to P.O.B. 2496 before June 15.
8. Application forms available at the Head Office.
9. Applications are invited from men aged 25/45 for appointments as Area Representatives.
10. Experience of hire purchase finance is desirable,
11. but we are prepared to consider applications from representatives
12. with successful records in the field of Selling, or the Banking or Insurance professions.
13. Current driving licence essential.
14. Written applications giving fullest details marked "Confidential" to be sent to...
15. A large group of Companies requires a statistician
16. to take charge of its expanding statistical services and of its policy research unit.
17. The person appointed will have a good academic background in economic statistics,
18. and practical experience of their use.
19. He will be familiar with Government statistics,
20. and have the ability to plan and manage new projects.

I. B.2. **More ads...**

A. *Executive secretary*

World prominent firm establishing European headquarters in Paris (Etoile district) needs executive secretaries with top skills. Positions are permanent and require highly experienced secretaries to serve executives of this firm. Requisites: high educational background, English, German or French mother tongue; fluent in French and English, executive secretarial experience. Please call: PARIS, 727-46-80, for an appointment.

B. *Industrial engineers*

We have vacancies for Industrial Engineers to study, recommend and assist management to implement changes in manufacturing processes in our expanding car body production shop.

Experience of the motor industry would be an advantage but is not essential.

We wish to interview candidates of top calibre and appropriate salaries will be paid. Pension, Life Assurance and Car Purchase Schemes are in operation and housing may be available.

Please apply giving brief details of age and experience.

I. B.2. **D'autres annonces**

A. *Secrétaire de direction*

Une firme de premier plan mondial, installant son siège européen à Paris (quartier de l'Étoile) recherche des secrétaires de direction ayant des qualifications techniques supérieures. Il s'agit de postes permanents qui exigent des secrétaires très expérimentées, pour assister des cadres de cette entreprise. Qualités requises : bonne instruction, langue maternelle : anglais, allemand ou français ; français et anglais courants ; expérience du secrétariat de direction. Veuillez appeler : 727-46-80 à Paris, pour prendre rendez-vous

prominent : **de premier plan.**
Headquarters : **(ici) siège social ; quartier général.**
executive secretaries : **secrétaires de direction.**
requisites : **(ici) qualités requises.**
(top) skills : **compétences techniques (supérieures).**

B. *Ingénieurs industriels*

Nous embauchons des Ingénieurs Industriels pour mener des études, faire des recommandations, et seconder la direction dans la mise en œuvre de changements de procédés de fabrication, au sein de notre atelier de production de carosseries automobiles. Une expérience de l'industrie automobile constituerait un avantage, mais n'est pas indispensable.

Nous souhaitons rencontrer des candidats de grande valeur, et des salaires appropriés seront payés. Des systèmes de Retraite, d'Assurance sur la Vie et des plans d'achat de voiture fonctionnent, et des facilités de logement peuvent exister. Prière de faire acte de candidature en donnant de brefs détails d'âge et d'expérience professionnelle.

Vacancies : **postes vacants.**
to implement : **mettre en œuvre, en pratique, appliquer.**
manufacturing processes : **procédés, techniques de fabrication.**
car body production shop : **atelier de production de carrosserie automobile.**
top calibre : **de très haut niveau.**
pension : **pension de retraite.**
car purchase scheme : **aide à l'achat d'une voiture.**
housing may be available : **possibilité de logement.**

I. B.3. **Executives worth their weight in gold**

It costs 27% more in salary terms to hire a top-marketing man in France than in the U.K. But the Frenchman's actual takehome pay is 80% higher and his fringe benefits—such as six weeks holiday and easier company loans to finance share option schemes—are much more lavish. Companies in Britain tend to offer better life insurance and more company cars but otherwise are way behind in the gentle art of forging "the golden chains that bind". They are going to have to catch up fast with fringe benefits or face a braindrain to Europe, especially with the freeze making straight salary improvements so nearly impossible to win. And naturally, like everything else about joining Europe, it is going to be expensive. Yet executives work quite as long on both sides of the Channel.

But while they are working, effort is better rewarded on the Continent where a 13 months pay cheque is commonplace. In fact, in Belgium, Holland, Italy and Spain, senior executives can get 14 months payment in one year; a few top men in Italy can get even 15 or 16 months, 33% more than basic salary. They are often given a bigger share of the cake too. Whereas only one third of U.K. executives receive bonuses related to profits, all employees (not simply executives) in France are by law entitled to participate in profit sharing schemes. In Germany, most general managers and top marketing men have incentives which range from 25% to 30% of basic salary. One Dutch company runs a scheme which can add up to 75% to basic salaries.

I. B.3. **Des cadres qui valent leur pesant d'or**

En France, il (en) coûte 27 % de plus, qu'au Royaume-Uni, en matière de salaires, d'embaucher un homme de marketing de haut niveau. Mais le salaire net réel[1] du français est 80 % plus élevé, et ses avantages complémentaires [marginaux] tels que six semaines de congés payés et des facilités de prêts[2] par l'entreprise pour financer des plans d'achat d'actions, sont beaucoup plus généreux.
Les Sociétés, en Grande-Bretagne, ont tendance à proposer une meilleure assurance sur la vie, et davantage de voitures de fonction, mais pour le reste, elles sont bien à la traîne [loin derrière] dans l'art aimable qui consiste à forger des « chaînes dorées qui vous ligotent ». Il leur faudra se remettre rapidement au niveau pour les avantages complémentaires, ou bien faire face à un exode des cerveaux[3] vers l'Europe, surtout avec le blocage[4] rendant pratiquement impossible à obtenir toute amélioration directe des salaires. Et bien sûr, comme tout ce qui touche à l'entrée dans l'Europe, ça va coûter cher. Pourtant les cadres travaillent aussi longtemps des deux côtés de la Manche. Mais au travail leurs efforts sont mieux rétribués sur le Continent, où un chèque de salaire 13 fois par an est chose courante. En fait, en Belgique, en Hollande, en Italie et en Espagne, des cadres supérieurs peuvent avoir 14 mois de paie par an ; un petit nombre de très hauts responsables italiens peuvent même obtenir 15 ou 16 mois, soit 33 % de salaire de base en plus. Et on leur donne souvent une part plus importante de gâteau. Alors que seul un tiers des cadres britanniques reçoit des primes en fonction des bénéfices, en France tous les salariés, et pas seulement les cadres, bénéficient légalement du plan de répartition des profits. En Allemagne, la plupart des directeurs généraux et des responsables de marketing ont des primes de rendement [d'intéressement] qui vont de 25 à 30 % du salaire de base. Une certaine société hollandaise a même un système qui peut ajouter jusqu'à 75 % de plus du salaire de base.

---

(1) mot à mot : la vraie paie qu'il rapporte à la maison.

(2) mot à mot : des prêts de l'entreprise plus faciles.

(3) *drain :* saignée, brèche, ponction faite sur les ressources, etc.

(4) *freeze :* gel — s'emploie au figuré pour indiquer que les prix, salaires, etc., sont bloqués.

I. B. 4. **Test de compréhension sur I. B.3.**

Pour chaque question vous avez le choix entre 3 solutions (a, b ou c). Une seule est bonne : choisissez-là. (Réponses dans le Dossier X bis).

1. "Actual" means

   a) present; b) real; c) modern.

2. What does "brain-drain" mean?

   a) ridicule; b) unbearable nervous tension; c) the emigration of the country's intellectuals and able business men.

3. What does "freeze" mean in this context?

   a) inflation; b) a government restriction on the raising of salaries; c) a temporary ban on fringe benefits.

4. Explain the meaning of "lavish"

   a) limited; b) granted liberally; c) difficult to obtain.

5. What sort of financial reward do European executives expect?

   a) considerable tax relief; b) a thirteen months or more pay check; c) holidays abroad.

6. What does "they are often given a bigger share of the action" mean?

   a) they participate in profit sharing schemes; b) they are given more work to do; c) they are expected to show more initiative.

7. Fringe benefits

   a) are more substantial in Great Britain than in France;
   b) are more substantial in France than in Great Britain;
   c) are more substantial in Great Britain than in the rest of Europe.

8. Only one third of U.K. executives

   a) get 33% more than their basic salary; b) get bonuses related to profits; c) work during the holiday season.

9. "The golden chain that binds" refers to

   a) fringe benefits as a means of tying the executives to the firm; b) the brain-drain; c) the need for more company cars.

10. To hire a top marketing man

    a) costs a company 27% more in France than in the U.K.;
    b) costs a company 27% more in the U.K. than in France;
    c) costs a company 80% more in France than in the U.K.;

I. B.5. **Vocabulary**

annonce	advertisement, ad.
aptitude	ability
au cas où le jour et l'heure ne vous conviendraient pas	in case the date and place should not suit you
avancement	promotion
avoir droit à	to be entiled to
compétence	qualification
conditions de travail	working conditions
date limite du dépôt de candidature	deadline for application
demander une augmentation	to ask for a raise, an increase
discrétion assurée	apply in confidence
embaucher	to hire
être âgé de 30 à 35 ans	to be in one's early thirties
être âgé de 33 à 37 ans	to be in one's mid 30's
être âgé de 35 à 40 ans	to be in one's late 30's
être diplômé de l'université	to be a University graduate
expérience professionnelle	previous experience
faire des heures supplémentaires	to work overtime
formation professionnelle des adultes	adult vocational training
fourchette de salaire	salary bracket(s)
jeune, débutant (adj.)	junior
on peut retirer les formulaires au siège social	application forms are available at the head office
poser sa candidature	to apply for a job
pour être retenus les candidats devront...	the successful candidates should...
prendre sa retraite	to retire
prime (s)	bonus(es)
remplir un formulaire	to fill (in) a form
retraite versée par l'employeur	non contributory pension
salaire de début	starting salary
situation familiale	marital status
stimulants	incentives
supérieur, ancien (adj.)	senior
toucher un salaire	to earn a salary

II

Business file two

The firm: organisation chart and premises

L'entreprise : organisation et locaux

A. Situations

A.1. Who does what?
A.2. The firm's organisation chart
A.3. Visiting the premises
A.4. The head of Marketing and his secretary get installed

B. Records for further reference

B.1. Key sentences
B.2. Organisation chart
B.3. Job definitions:
1. Chairman of the board
2. Managing Director
3. Company Secretary
4. Personnel Manager
5. Marketing Manager
6. Sales Manager

B.4. The Secretary Circus
B.5. A Secretary's Diary (Exercice)
B.6. Vocabulary

II. A.

Storyline

Newly appointed M & P manager David Lavelle studies the firm's chart and visits the premises: he then installs his own office with his secretary.

Résumé

Le chef du marketing/produits récemment nommé, David Lavelle, étudie l'organigramme de l'entreprise, et visite les lieux; il installe ensuite son propre bureau avec sa secrétaire.

II. A.1. **Who does what?**

After successfully going through the usual tests and interviews, David Lavelle has eventually been granted the job. His position is going to be that of Market and Product Manager, a newly created post since marketing studies were previously handled by the sales department — now within his responsibilities. His functions will include:

— Market analysis [enalisiz].

— Development [divèlopment] and product launch.

— Forecasting and planning of new products.

— Sales testing, promotion and advertising.

He will have to work in close cooperation [kôou-operéï-chen] with the Sales department under him, headed by Thomas O'Neal, a former salesman [séïlzmen] now in his late 40's [léït fo:tiz] who has made it to the top the hard way, and with the Production Department, managed by Frank Ford, also in charge of purchasing [pe:t-chisin*] and who has been with the firm for ten years and is very popular with the workers.

First, Jo-Ann Gotlieb, the Public Relations Officer of the firm, takes him on a tour [toue] of the production facilities, to make him more familiar with the company's products and manufacturing processes [manioufakt-cherin* prôousèsiz].

Shortly afterwards [a:ftewedz], we find him busy organizing his own office and services with Ann Perkinson, an experienced [ekspierienst] secretary who has been on the staff for a few years, and is now working with him.

II. A.1. **Qui fait quoi?**

Après avoir subi avec succès[1] les tests et entrevues d'usage, David Lavelle s'est finalement vu attribuer le poste. Sa position sera celle de Directeur du Marketing et de Produits, poste nouvellement créé puisque les études de marketing étaient auparavant traitées par le service des ventes, désormais placé sous sa responsabilité. Ses fonctions comprendront :

— L'analyse du marché.

— La mise au point et le lancement des produits.

— La prévision et la planification des produits nouveaux.

— Le contrôle des ventes, la promotion et la publicité.

Il lui faudra[2] travailler en étroite collaboration avec le Service des Ventes qu'il coiffe, et qui est dirigé par Thomas O'Neal, un ancien représentant âgé de près de cinquante ans[3], et qui est parvenu au sommet en luttant durement ; et puis avec le Service de la Production, dirigé par Frank Ford, également responsable des achats, qui est dans l'entreprise depuis dix ans[4], et très populaire auprès des ouvriers.

Tout d'abord Jo-Ann Gotlieb, la Responsable des Relations Publiques, lui fait visiter les installations de production pour le familiariser avec les produits fabriqués, par la Société et avec les procédés de fabrication.

Peu après, nous le retrouvons occupé à organiser son bureau et ses services propres avec Ann Perkinson, une secrétaire expérimentée qui fait partie du personnel depuis quelques années[4] et qui lui est maintenant affectée.

---

(1) ***After going through...***
le verbe qui suit toutes les prépositions (*after, before, in, on,* etc.) est à la forme en *-ing*.

(2) ***He will have to work : must*** **n'a pas de futur, on utilise donc le futur de la formule de remplacement « *to have to* ».**

(3) ***his late 40's*** **vers la fin de la quarantaine, peu avant la cinquantaine.**

(4) ***Who has been with the firm for ten years***
Who has been on the staff for a few years
present perfect + for + unités de temps : l'action commencée dans le passé se poursuit au présent.

II. A.2. **The firm's organisation chart**

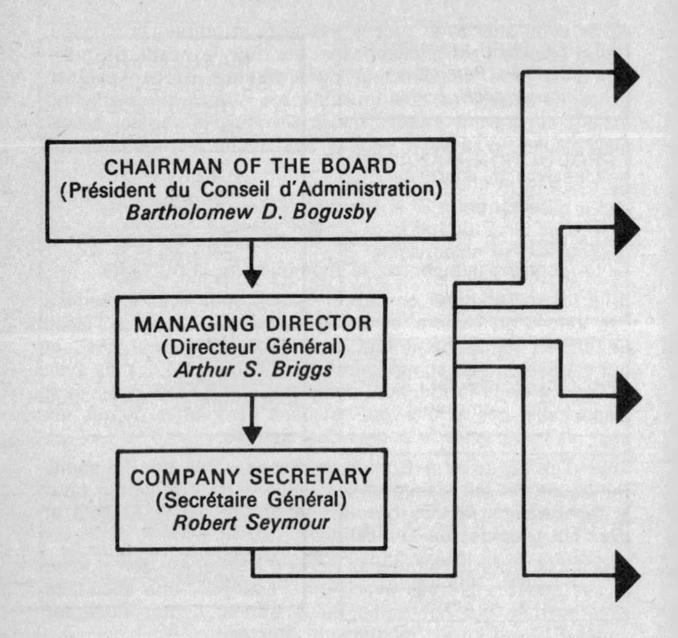

---

daïrèkte
sèkretri
pe :snèl
ekaountin'
méïntnens

siou :perintèndent
siou :pervaizez
dizaïn
èndjiniez
riprizèntetivz

---

(1) **The Board of Directors :** Conseil d'Administration.
(2) **Managing Director**
Dans une société anonyme, lorsque le Président est également Directeur Général de l'Entreprise, on l'appelle **Chairman & Managing Director,** (Président-Directeur Général) en Grande-Bretagne.

II. A.2. **Organigramme de l'entreprise**

PERSONNEL MANAGER
(Chef du Personnel)
Williams McRobertson

PRODUCTION MANAGER
(also in charge of purchasing)
Chef de Production
(également responsable des achats)
Frank Ford

→

MAINTENANCE SUPERINTENDENT
(Responsable de l'Entretien)

SUPERVISORS
(Contrôleurs)

ENGINEERS
(Ingénieurs)

DESIGN ENGINEERS
METHODS ENGINEERS
(Ingénieurs d'Études, Ingénieurs des Méthodes)

CHIEF ACCOUNTING OFFICER
(Chef Comptable)
Jean Taylor

MARKET & PRODUCT DEVELOPMENT MANAGER
(Directeur du Marketing et des Produits)
David A. Lavelle

→

SALES MANAGER
(Directeur Commercial)
Thomas O'Neal

↓

SALES FORCE
(REPRESENTATIVES, SALES INSPECTORS, etc.)
Force de Vente
(Représentants Inspecteurs, etc.)

II. A.3. **Visiting the premises** [prè:misiz]

Jo-Ann Gotlieb, Public Relations Officer (P.R.O)
David Lavelle, Marketing & Product Manager
Robert Seymour, Company Secretary

P.R.O. Welcome to Head Office, Mr. Lavelle, Mr. Seymour will join us when he's through with the Trade-Union [tréïd **iou**:nien] officials [ef**i**chelz]. He told me to show you round the place.

D.L. I'd be sorry to take up too much of your time.

P.R.O. Not at all. Let's go, now... On your left you've got the Managing Director's suite [swi:t]; this is his secretary's office. At the other end of the corridor we have our Accounting Department.

D.L. A very busy place indeed. But don't the typists [t**aï**pists] disturb the people in the other parts of the room?

P.R.O. Well as you see the room is divided [div**aï**did] by a glass partition [pa:**ti**chen] and the bookkeepers and the statistics people there don't seem to mind the noise too much. On the first floor we'll go by the staff cloakrooms [kl**ôou**kroumz]. Now look over here, we're building a new structure [str**œ**ktche] where the packing and store departments will be located, perhaps even After Sales later. At the moment they're still in the factory at the other end of the town. Even if we started now we couldn't make it in time to see the assembly lines [es**è**mbli laïnz] operating. But here's Mr. Seymour.

R.S. Good afternoon Mr. Lavelle, Jo-Ann; how did you like the tour?

D.L. Certainly very comprehensive [kompri**hè**nsiv]. Miss Gotlieb's been a marvellous guide. But I'd like to know more about the new buildings.

R.S. We can discuss that in my office. Here's Miss Sulky with a cup of tea. Thank you...

D.L. Haven't you considered computerizing [kompi**ou**:-teraïzin*] the accounts?

R.S. We're figuring it out at the moment, but there are still a few problems.

II. A.3. **Visite des locaux**

Jo-Ann Gotlieb, chargée des Relations publiques
David Lavelle, directeur du Marketing
Robert Seymour, secrétaire général

P.R.O. Soyez le bienvenu au Siège, M. Lavelle, M. Seymour se joindra à nous quand il aura fini[1] avec les responsables du Syndicat. Il m'a dit de vous faire faire le tour des lieux.

D.L. Je ne voudrais pas accaparer trop[2] de votre temps.

P.R.O. Pas du tout. Eh bien, allons-y... A (votre) gauche vous avez les bureaux de l'administrateur délégué ; voici le bureau de sa secrétaire. A l'autre bout du couloir nous avons le service comptable.

D.L. Vraiment très animé, comme endroit. Mais est-ce que les dactylos ne dérangent pas les gens dans l'autre partie de la pièce ?

P.R.P. Eh bien comme vous voyez la pièce est divisée par une cloison de verre, et les (aides-) comptables et les gens des statistiques ne semblent pas faire trop attention au bruit. Au premier, nous passerons devant les vestiaires du personnel. Mais regardez ce coin, nous construisons un nouvel ensemble où seront situés les expéditions et le stockage, peut-être même l'après-vente par la suite. Pour l'instant ils sont toujours dans l'usine de l'autre côté de la ville. Même en nous mettant en route maintenant, nous ne pourrions arriver à temps pour voir les chaînes de montage fonctionner. Mais voici M. Seymour.

R.S. Bonjour M. Lavelle, Jo-Ann. Cette visite, ça vous a plu ?

D.L. Très complète, assurément. Mlle Gotlieb a été un guide précieux. Mais j'aimerais en savoir plus quant aux nouveaux bâtiments.

R.S. Nous pourrons en discuter dans mon bureau. Voici Mlle Sulky avec le thé. Merci...

D.L. N'avez-vous pas envisagé la mise sur ordinateur de la comptabilité ?

R.S. Nous envisageons des solutions en ce moment, mais il subsiste quelques difficultés.

---

(1) *When he's through :* quand il aura fini ; notez l'absence de futur dans une subordonnée de temps introduite par *when*.

(2) *too much :* trop ; *too long :* trop longtemps.

II. A.4. **The head of marketing and his secretary get installed**

D.L. Now Miss Perkinson, how shall we arrange our offices and all that?

A.P. Well Sir, I thought you might keep the larger office; I would have the one next to the anteroom, I could make sure that the visitors are comfortable.

D.L. Quite, quite and make sure they have pegs, a couple of decent armchairs, and make a note to subscribe to a couple of American business reviews.

A.P. Also I could arrange for an umbrella stand...

D.L. Very good idea. Now about the furniture [fə:nitche]. I don't think we should keep this, so send it back to the typing pool and make up a list of what you'll need in terms of filing cabinets, and office machines.

A.P. By the way Sir, I mean, would you mind terribly if I kept my old typewriter [taïpraïte], I've grown used to it, it's a good one and well...

D.L. Oh yes of course. Well, send this one back, and have yours brought up from your old office. Now, I'd like you to have what's on this memo carried out carefully: it deals with the layout of my own office.

A.P. Well, I shall supervise everything personally.

D.L. Thank you. Now let's see to something I feel is very important: as I shall receive a number of persons from different firms, I want to be sure that no one bumps into someone he shouldn't... So please keep a close watch on my diary [daïeri]. Outgoing mail should be on my desk for signing [saïnin*] by 10: 30. Monday and Thursday afternoons are out for appointments, as I shall be at meetings and at the factory on those days respectively.

Now, I want to give you my own views on a new system of filing and organising things here. As it's a new outfit, I'd rather we set up something fully tailored to our needs, using all those new techniques [tèkni:ks] in office management...

II. A.4. **Installation du directeur du marketing et de sa secrétaire**

D.L. Voyons Mlle Perkinson, comment allons-nous arranger nos bureaux et tout le reste ?

A.P. Eh bien Monsieur, j'ai pensé que vous pourriez garder le grand bureau[1] ; je prendrais celui qui est à côté de la salle d'attente. Je pourrais veiller à ce que vos visiteurs soient bien installés.

D.L. D'accord, d'accord... Assurez-vous qu'ils ont des porte-manteaux, quelques fauteuils convenables, et notez bien qu'il faut s'abonner à deux ou trois revues d'affaires américaines.

A.P. Je pourrais également faire le nécessaire pour (avoir) un porte-parapluie ?

D.L. Très bonne idée. Et maintenant, le mobilier. Je ne pense pas que nous devons garder celui-ci, envoyez-le donc au secrétariat central, et faites la liste de ce qu'il vous faudra comme armoires de classement et machines de bureau.

A.P. A ce propos Monsieur, j'aimerais vous dire, enfin, cela vous ennuierait-il beaucoup si je gardais ma vieille machine ? J'y suis habituée, elle marche bien, et...

D.L. Oh oui bien sûr. Eh bien, renvoyez celle-ci et faites monter celle de votre ancien bureau. A présent je voudrais que vous fassiez exécuter soigneusement ce qui figure sur cette note ; ça concerne l'agencement de mon propre bureau.

A.P. Eh bien, je superviserai tout moi-même.

D.L. Merci. Maintenant, quelque chose que je considère comme important. Comme je recevrai un certain nombre de personnes de maisons différentes, je veux être sûr que personne ne se trouve nez à nez avec quelqu'un qu'il ne devrait pas rencontrer. Alors suivez mon agenda de près. Le courrier au départ doit être sur mon bureau à 10 h 30. Le lundi et le jeudi après-midi sont exclus pour les rendez-vous, puisque je serai respectivement en réunion et à l'usine ces jours-là. Enfin, je veux vous faire par de mes vues quant à un système de classement et d'organisation nouveau pour ici. Comme on démarre, autant mettre sur pied une structure totalement adaptés à nos besoins[2], en utilisant toutes les nouvelles techniques d'organisation de bureau...

---

(1) ***The larger office:*** **sous entendu :** ***of the two.***

(2) ***tailored to our needs:*** **sur mesure (taillé selon nos besoins) synonymes =**
1. ***made up to our specifications,***
2. ***suited to our requirements.***

II. B.1. **Essayez de traduire...**

1. Avec une cloison mobile ces deux bureaux pourraient être transformés en salle de réunion.
2. J'ai mis son dossier dans le tiroir du haut du classeur hier matin.
3. Ajoutez une dizaine de chemises sur la liste des fournitures à acheter.
4. Je n'ai pas pu le faire tirer, il y a un embouteillage à la photocopie.
5. J'ai le réparateur de machines au bout du fil, est-ce que je dois le faire venir (convoquer) ?
6. Dites à Marcel que les nouveaux carbones sont inutilisables.
7. Ne me dites pas que vous ne retrouvez pas sa fiche ! Je l'ai mise dans le fichier moi-même hier soir.
8. Il est question de faire venir un spécialiste de la reprographie pour réorganiser tout le service.
9. Je ne trouve rien sous le numéro 2 bis.
10. Il paraît que toutes les secrétaires vont être regroupées au sein d'un pool.
11. On m'a dit qu'il avait emporté tout l'ancien mobilier pour équiper sa maison de campagne.
12. Le directeur est encore resté coincé dans l'ascenseur.
13. Allez donc voir à la comptabilité, je n'arrive pas à avoir le poste.
14. Vous saviez que le chef du personnel allait avoir un adjoint ?
15. Le secrétaire général a demandé que la salle de conférences soit prête pour 4 heures.
16. Le service de nettoyage ne passe jamais avant 20 heures.
17. Le nouveau parking est encore plus difficile d'accès que l'ancien.
18. Qui sera chargé de l'entretien des locaux ?
19. Le nouveau directeur conduit lui-même sa voiture.
20. Je ne vois pas mes étagères sur votre devis.

II. B.1. ... et contrôlez

1. With a sliding (folding) partition, these two offices could be made (transformed, turned) into a meeting room.
2. I put his (her) file in the top drawer of the filing cabinet yesterday morning.
3. Add a dozen folders in the list of supplies to be bought.
4. I couldn't have it duplicated (xeroxed, photocopied), there's a congestion at the duplication room.
5. I have the typewriter repairman on the phone, shall I call him in (ask him to come, make him come)?
6. Tell Marcel the new carbon papers are no good.
7. Don't tell me you can't find his index card! I put it in the card box myself last night.
8. There's been some talk about a specialist in reprography coming in to reorganise the whole department.
9. I can find nothing under N° 2 A.
10. It's been said that all the secretaries will be gathered (grouped) within one pool.
11. I was told he had taken away all the old furniture to furnish (equip) his country-house.
12. The manager got stuck in the lift once again.
13. You'd better go to Accountancy for that, I can't get their extension.
14. Did you know that the Personnel Manager was to have an assistant appointed to him?
15. The Company Secretary asked for the conference room to be ready for (by) 4 o'clock.
16. The cleaning service people never come before 8 p.m.
17. It's even more difficult to drive into the new car park than into the old one.
18. Who will take care of the maintaining and cleaning of the premises?
19. The new manager drives his car (by) himself.
20. I don't see my shelves on your estimate.

II. B.2. **Organization charts**

In the best organizations people see themselves working in a circle as if around one table. One of the positions is designated chief executive officer, because somebody has to make all those tactical decisions that enable an organization to keep working. In this circular organization, leadership passes from one to another depending on the particular task being attacked—without any hangs-ups.

This is as it should be. In the hierarchical organization, it is difficult to imagine leadership anywhere but at the top of the various pyramids. And it's hard to visualize the leader of a small pyramid becoming temporarily the leader of a group of larger pyramid-leaders which includes the chief executive officer.

R. Townsend *(Up the Organisation)*

II. B.3. **Job definitions**

1. Chairman of the board

He is the nominal head of the Company. He may often be a figurehead who takes no active part but presides as chairman at meetings of Directors.
An active Chairman is often both Chairman and Managing Director.

2. Managing director

He is the Director of a Company with specific responsibility in management. Apart from the Chairman, he is normally the senior person in the company. His task is to co-ordinate the various departments and put into practice the decisions of the Board. He reports directly to the Chairman.

II. B.2. **Organigrammes**

Dans les systèmes les mieux organisés, les gens se voient travaillant en une sorte de cercle, comme s'ils étaient autour d'une table. Un des postes est dénommé « poste de responsable suprême », parce qu'il faut bien que quelqu'un prenne toutes les décisions tactiques qui permettent à l'organisation de continuer à marcher. Dans ce système circulaire, le commandement passe de l'un à l'autre en fonction de la tâche particulière à laquelle on s'attelle, sans à-coup[1].

Ceci c'est la théorie[2]. Dans une organisation de type hiérarchique, il est difficile de concevoir que le commandement se situe ailleurs qu'au sommet des diverses pyramides. Et il est ardu de se représenter le chef d'une petite pyramide devenant pour un temps le responsable d'un groupe de chefs de grandes pyramides au nombre desquels le grand chef lui-même.

---

(1) *hang-up:* blocages, arrêts imprévus.
(2) mot à mot: c'est comme ceci que ça devrait être.

II. B.3. **Définitions de postes**

1. Président du conseil d'administration

Il est le chef en titre de la société. Il peut être un personnage qui ne joue pas un rôle actif mais siège comme président aux réunions des administrateurs.

Un président qui exerce son activité est souvent à la fois président et administrateur dirigeant, c'est-à-dire président-directeur général.

2. Directeur général

(En Belgique : administrateur délégué)

Il est administrateur d'une société avec des responsabilités de gestion spécifiques. A part le président, il est normalement le plus haut dans la hiérarchie de la société. Sa tâche est de coordonner les divers services et de mettre en pratique les décisions du conseil. Il dépend directement du président.

3. Company secretary

He is the person concerned with keeping the company's statutory books, and supervising the administration of its affairs in general. He organizes the Board Meetings. He keeps the minute books for board & company meetings, maintains the share register, sees to the payment of dividends, interests, etc.

4. Personnel manager

He is concerned with manpower planning, recruitment and selection, education and training, terms of employment, standards of pay, working conditions, consultations at and between all levels, wage negotiations, etc.

5. The marketing manager

He is responsible for the sales policy of the firm. His function comprises everything from market survey and prospection to product design, as well as the carrying out of the launching and follow-up of products; more generally, it is his job to define the commercial objectives of the firm.

6. The sales manager

He is responsible for contacts with the customers through the sales force consisting of representatives. He is more a man on the spot than a theoretician. If the firm has a Marketing Manager the Head of Sales will be under him. If it is not so, he may be in charge of promotion, launching operations, etc.

II. B.3. **Définitions de postes** (suite)

3. Secrétaire général

C'est la personne que concernent la tenue des registres officiels de l'entreprise, et d'une façon générale la supervision de l'administration de ses affaires.

Il organise les réunions du conseil d'administration.

Il tient les registres de procès-verbaux des réunions du conseil d'administration et de celles de la société, conserve le registre des actionnaires, a l'œil au versement des dividendes, intérêts, etc.

4. Le chef du personnel

S'occupe de la gestion des ressources en hommes, du recrutement et de la sélection, de l'instruction et de la formation, des problèmes de l'emploi, des niveaux de salaire, conditions de travail, consultations à et entre tous les niveaux, négociations sur les salaires, etc.

5. Le directeur du marketing

Il est responsable de la politique de vente de l'entreprise. Son rôle va de l'étude et de la prospection du marché à la conception du produit, et comprend également les opérations de lancement et de suivi des produits ; de façon plus générale, il lui appartient de définir les objectifs commerciaux de l'entreprise.

6. Le directeur commercial

Il est responsable des contacts avec la clientèle, par l'intermédiaire de la force de vente composée de représentants. C'est plus un praticien qu'un théoricien. Si l'entreprise a un directeur de marketing, le chef des ventes est sous les ordres de ce dernier. Dans le cas contraire, il pourra être responsable d'opération de promotion, lancement, etc.

II. B.4. **The secretary circus**

The other day, it occurred to me that offices aren't what they used to be. When I started at the age of 17, I regarded everyone I met as sophisticated and knowledgeable. I called all the men, including the liftboy, "Sir", and had palpitations if anyone noticed me. I was a junior shorthand typist, and far above me were the private secretaries to the directors.

For promotion, you had to work your way through an endless spiral of lesser jobs and it was highly unlikely you'd get to the top before you were 40. If you married, you'd never get there at all.

Today the humble junior is now called a secretary. Her pay has quadrupled and she isn't nervous anymore. She can wear red eye-shadow and hot pants and call her boss by his first name. And what has happened to me now I've reached the other end of the ladder? I'm deprived of the authority the dragons of my early years wielded with such zest. I daren't tell anyone off: "They'll leave!" screech the horrified managers. So I restrain myself when someone slips out to the betting shop, or to the coffee bar, or does a complete maquillage in the lavatory from ten until one.

And what does my top job actually entail? I write my boss's letters, translate his foreign mail, book his travel, remind him of his family's birthdays, have his car serviced, have his pets sprayed, watch his diet and —make tea and coffee all day long. The wheel has come full circle.

Backed by a good secretary, many a man, with little other talent than a certain basic charm and the good sense not to thwart her, has achieved heights of eminence and power undreamed of by his more capable contemporaries.

Eric Webster

II. B.4. **Révolution dans le secrétariat**

L'autre jour il m'est apparu que les bureaux ne sont plus ce qu'ils étaient. Quand j'ai débuté à l'âge de 17 ans, je considérais tous ceux que je rencontrais comme des personnes raffinées et bien informées. J'appelais tous les hommes « Monsieur » même le garçon d'ascenseur, et mon cœur palpitait si quiconque me remarquait. J'étais une sténo-dactylo débutante, et, là-haut, très au-dessus de moi, se trouvaient les secrétaires particulières des directeurs.

Pour avoir une promotion, il fallait se frayer un chemin à force de travail dans le labyrinthe des tâches mineures, et il était hautement improbable de parvenir au sommet avant l'âge de quarante ans. Si vous vous mariiez, vous n'y arriviez jamais. De nos jours l'humble débutante s'appelle une secrétaire. Sa paie a quadruplé et elle ne tremble plus. Elle peut porter du fard à paupières rouge et des shorts, et appeler son patron par son prénom. Et moi, qu'est-ce qui s'est passé, pour moi, à présent que j'ai atteint l'autre bout de l'échelle ? Je suis privée de l'autorité que les dragons de mes débuts brandissaient avec tant d'ardeur. Je n'ose rembarrer personne « Elles vont nous donner leur démission ! » glapissent les directeurs horrifiés. Aussi je me contiens quand quelqu'un s'éclipse pour aller jouer au P.M.U.[1], ou aller au café, ou se fait un maquillage complet aux toilettes de 10 h à 13 h.

Et que comporte en fait mon poste élevé ? J'écris les lettres de mon patron, traduis son courrier de l'étranger, fais ses réservations de voyage, lui rappelle les anniversaires de sa famille, veille à l'entretien de sa voiture, fais toiletter ses chiens[2], surveille son régime et puis... je fais du thé et du café toute la journée. La roue a fait un tour complet.

---

(1) *betting office :* boutique où le *« bookmaker »* prend les paris sur à peu près n'importe quel événement, sportif ou non.

(2) *pets :* animaux familiers domestiques (chiens, chats, etc.).

Secondé par une bonne secrétaire, plus d'un homme, sans autre talent qu'un certain charme fondamental et l'intelligence de ne pas lui barrer le chemin, a atteint des positions éminentes et un pouvoir dont ses contemporains plus doués n'osent rêver.

II. B.5. **A secretary's diary** (Exercice)

Remplissez en anglais l'agenda de votre secrétaire. (Réponses en X bis.)

Journée du .... (extraits)

8 h	Trier courrier.
8 h 30	Préparer la salle de réunions.
9 h	Téléphoner Atkinson pour annuler le rendez-vous, prendre nouvelle date.
9 h 15	Retenir place vol Air France 412 pour lundi. Réserver hôtel.
9 h 30	Taper courrier et memo (rappel).
10 h 30	Signature lettres express Société A.S.M. (départ courrier 11 h).
11 h	Inviter Monsieur Cooks de la Global Appliances. Préparer thé.
14 h	Revoir classement avec Mlle Bynns.
16 h	Rappeler Monsieur Thomson pour résultats contacts avec Hubbard Firm.

II. B.7. **Vocabulary - The Firm**

1° *The offices* - *Les bureaux*

breakdown	répartition (des tâches...)
cash slip	bordereau de caisse
chief clerk	chef de bureau
executive secretary	secrétaire de direction
head of department	chef de service
legal department	service du contentieux
office boy	garçon de course
purchase dept.	service d'achats
records department	archives
upkeep (maintenance) department	service d'entretien
blueprints	« bleus »
designers	dessinateurs
drafts	plans
draughtsmen	dessinateurs
to draw up a plan	établir un plan
stock card	fiche (d'inventaire) des stocks
stock card control	contrôle par fiches de stock
spot check	contrôle par sondage

II. B.7. **Vocabulary**

2° *The Workshop* - *L'Atelier*

alignment	azimuthage, alignement
assembly line	chaîne de montage
anvil	enclume
axle	axe
belt	courroie
bottleneck	embouteillage, goulot d'étranglement
bench	établi
blowtorch, blowlamp	lampe à souder
bolt	boulon
to cast	fondre
to feed	alimenter
(to) file	lime(r)
filings	limaille
flaw	« paille », défaut
to forge	forger
gears	engrenages
to grind	meuler, rectifier
lathe	tour
machine-tool	machine-outil
nut	écrou
pincers	tenailles
pit	fosse
plane	rabot
pliers	pinces
pulley	poulie
(to) rivet	rivet(er)
rivetting gun	machine à riveter
safety fuse	fusible
screw	vis
screwdriver	tournevis
sledge-hammer	masse, marteau-pilon
to solder	souder
soldering iron	fer à souder
spanner	clé plate
adjustable spanner	clé anglaise
vice	étau

III. A.

Business file three

Market and product analysis

Analyse de marché et de produit

A. Situations

A.1. A skeleton in the Cupboard
A.2. In Search of Information
A.3. Memo
A.4. Letters of Complaint
A.5. Vocabulary (revision)

B. Records

B.1. Key sentences
B.2. Bicycle Boom...
B.3. Consumer Information
B.4. The U.S. Consumer (+ test)

III. A.

Storyline

David Lavelle's first move raises some sort of flurry: the precise questions he asks about some products get embarrassed answers until he insists on receiving a full memorandum.

He then discovers that there's a snag: complaints on the S/W 107 have been piling up.

Résumé

La première intervention de David Lavelle soulève un certain remue-ménage : les questions précises qu'il pose à propos de certains produits reçoivent des réponses embarrassées jusqu'à ce qu'il insiste pour obtenir un memorandum complet.

Il découvre alors qu'il y a « un hic » : des plaintes concernant le S/W 107 s'accumulent.

III. A.1. **A skeleton in the cupboard**

On taking up the job David Lavelle first decides to assess [esès] the present situation of the firm in the home market, and seeks [si:ks] to collect all relevant [rèlivent] data [déïte] concerning the various products. He needs information from the Sales, the Production and the Accounting departments.

His task is not an easy one, and his colleagues, fearing perhaps the discovery [diskœvri] of faults or weaknesses, are far from being cooperative at first, and tend to withhold [wiz*ôould] information.

But Miss Perkinson who has been appointed as David Lavelle's secretary, and who used to work in the Sales department, reveals [rivi:lz] that customer complaints concerning one of the products (Product S/W 107) have been piling [païlin*] up for several months.

This gives David Lavelle a useful lead he intends to follow and he soon finds out that the documents which are reluctantly [rilœ:ktentli] passed on to him confirm [kenfe:m] the customers' dissatisfaction with product S/W 107: there has been a considerable fall off in sales... without anybody trying to reverse [rive:s] the trend.

Murphy's laws

(1) Nothing is as easy as it looks.
(2) Everything takes longer than one thinks.
(3) If anything can go wrong, it will.

III. A.1. **Un squelette dans le placard**

S'attaquant[1] à son travail David Lavelle décide d'abord d'évaluer la situation présente de l'entreprise sur le marché intérieur et cherche à rassembler toutes les données utiles[2] concernant les différents produits.

Il a besoin de renseignements[3] en provenance des services de ventes, de production et de comptabilité.

Sa tache n'est pas aisée et ses collègues, craignant peut-être que des erreurs ou des faiblesses ne soient découvertes, sont loin[4] d'être coopératifs au départ et tendent à « retenir » l'information.

Mais Miss Perkinson qui a été nommée secrétaire de David Lavelle, et qui travaillait[5] au service des ventes, révèle que des plaintes de clients au sujet d'un (des) produits (S/W 107) s'accumulent depuis plusieurs mois[6].

Ceci met utilement David Lavelle sur une voie qu'il entend suivre et bientôt il découvre que les documents qu'on lui passe à contrecœur confirment le mécontentement des clients à propos du produit S/W 107 : il y a eu une baisse (chute) considérable des ventes... sans que qui que ce soit essaie d'inverser cette tendance.

---

(1) *on taking up :* la forme en -ing construit ici le « nom verbal » précédé d'une préposition ; il exprime « le fait de faire quelque chose ».

(2) *relevant :* mot à mot qui a rapport à, applicable, pertinent ; ici : utile.

(3) *information :* collectif singulier : des renseignements.

(4) *far from being :* cf. 1.

(5) *used to work :* forme fréquentative traduite par l'imparfait, elle exprime une répétition dans le passé.

(6) *have been piling up : present perfect* traduit par le présent français : l'action commencée dans le passé se poursuit dans le présent.

Lois de Murphy

(1) Rien n'est aussi simple qu'il n'y paraît.

(2) Chaque chose prend plus de temps que l'on pense.

(3) S'il existe une possibilité que quelque chose tourne mal, elle se réalisera.

III. A.2. **In search of information**

A telephone conversation

— Hello Tom, this is David... I hate to press you, Tom but you know I really need the memo I told you about before I can start anything here.

— You mean the one about the percentage [pe:sèntidz] of sales for the various channels and profit graphs per product?

— That's the one.

— Well, you see. I passed on your request to Scott in the accounting [ek**aou**ting*] department. He seemed to be a bit reluctant [rilœktent] about it. Said they were too busy at this time of year and that sort of thing. I'm beginning to suspect they haven't got the right data [déïte].

— Are you kidding? How can we know about the profitability of each product then? You're not implying we have no notion whether we make or lose money on a given item [**aï**tem], or whether we just break even, are you?

— It's probably not that bad. But I don't think they have the detailed information you want on the relative position of the various products.

— All the same, this is what I need here. Well, I think I'll get in touch with them personnally. Robert Scott's the one to talk to, isn't he?

— That's right. Meantime I'm going to supply [sepl**aï**] all I have concerning the results of our various outlets. The figures [figez] for supermarket sales, etc. I guess that's what you need. You'll get them by tomorrow.

— That'll be very helpful, Tom. Thanks a lot. I'm going to get on to Robert Scott and see what he can contribute. I'll try to work out the details [di:téïlz] myself...

— I hope you can manage. Please let me know if there 's any other way I can help.

— Very kind of you. I'll certainly do that. Bye. Thanks.

III. A.2. **Recherche de renseignements**

Conversation téléphonique

— Allô ! Tom ? Ici David... Je suis désolé de vous harceler Tom, mais vous savez que j'ai vraiment besoin du mémo dont je vous ai parlé avant de pouvoir démarrer quoi que ce soit.
— Vous voulez parler de celui sur les pourcentages de ventes selon les différents canaux et les courbes de bénéfices par produit ?
— C'est bien ça.
— Eh bien voyez-vous... J'ai transmis votre demande à Scott du département Comptable. Il paraissait un peu réticent à ce sujet. Il dit qu'ils sont trop occupés à cette époque de l'année, etc. Je finis par me demander s'ils n'ont pas les données qui conviennent.
— Vous plaisantez ? Alors comment pouvons-nous connaître la rentabilité de chaque produit ? Vous ne voulez pas dire que nous ne savons rien de nos gains ou de nos pertes sur un article donné[1], ou si nous ne faisons que rentrer dans nos frais[2], n'est-ce pas ?
— Cela ne va probablement pas aussi mal que ça[3]. Mais je ne pense pas qu'ils aient les renseignements détaillés que vous voulez sur la position relative des différents produits.
— Tout de même c'est ce dont j'ai besoin ici. Bon, je pense que je vais me mettre personnellement en rapport avec eux. Robert Scott est la personne à qui s'adresser[4], n'est-ce pas ?
— C'est bien cela. En attendant, je vais vous fournir[5] ce que je possède concernant les résultats dans nos divers points de vente. Les chiffres de ventes pour les supermarchés, etc. Je pense[6] que c'est ce dont vous avez besoin. Vous les aurez pour demain.
— Ce sera très utile, Tom. Merci beaucoup. Je vais contacter Robert Scott et voir ce qu'il peut apporter. J'essaierai d'étudier les détails moi-même.
— J'espère que vous pourrez y arriver. Faites-moi savoir si je peux vous aider d'une quelque autre façon.
— Très aimable à vous. Je n'y manquerai pas. Au revoir. Merci.

---

(1) *item :* article, rubrique ; *items on the agenda :* questions à l'ordre du jour.
(2) *to break even :* rentrer dans ses frais. *Break even point (B.E.P.) :* seuil de rentabilité.
(3) *that :* ici adverbe démonstratif = aussi, si, à tel point, tellement.
(4) *Robert Scott's the one : Robert Scott is the one.*
(5) *supply (ies) :* approvisionnement, fourniture, ravitaillement ; *supply and demand :* l'offre et la demande.
(6) *I guess :* je pense, je crois (U.S.), je devine (G.B.).

... on the basis [béïsis] of such documents.

Little information is available on customers' acceptance. No systematic assessment of progress or fall off in sales seems to have been undertaken so far on a permanent basis for individual products.

Significantly, we have no accurate [akiourit] data on the results of the March/April advertising campaign, the only documents filed being letters from agents and dealers expressing satisfaction at the way it was conducted. But, again no quantified [kwontifaïd] survey of its consequences in terms of sales.

Accordingly, the only reliable [rilaïebel] documents are end-of-year results, from which it is easy to draw the following conclusions:

a) The electrical appliances [eplaïensiz] department is doing very well, the X22 "switchet" heater being top of the list.

b) Household appliances and kitchen implements have been far from successful. And most of our lines no longer seem to be competitive. It would be advisable to narrow our range and concentrate on a few profitable lines, coffee grinders [graïndez] being one of them. A few models are definitely outmoded and grossly overpriced, the worst example being our egg whisk, that some dealers now refuse to handle. I suggest it should be dropped immediately.

c) In the automotive field, small subcomponents seem to be doing better than such spare parts as headlights, bumpers, etc. This is probably due to the structure [strœktche] of our distribution network and paradoxically we seem to be more efficient when we work as subcontractors than when we distribute the products ourselves.

d) In the bicycle division, we have been doing surprisingly well, and the energy [ènedji] crisis is likely to give us a big boost. Nevertheless, we get a lot of

III. A.3. **Memo**

... sur la base de tels documents.

Peu de renseignements sont disponibles sur les réactions de la clientèle. Aucune évaluation systématique d'une progression ou d'un ralentissement des ventes ne semble avoir été entreprise jusqu'à présent de façon permanente pour tel ou tel produit. Il est significatif que nous n'ayons pas de données précises sur les résultats de la campagne publicitaire de mars-avril, les seuls documents enregistrés étant des lettres d'agents et de fournisseurs exprimant leur satisfaction sur la façon dont elle fut menée. Mais, encore une fois, aucune enquête quantitative sur ses conséquences en matière de vente.

De même, les seuls documents dignes de confiance sont les résultats de fin d'exercice, desquels il est aisé de tirer les conclusions suivantes :

a) Le département des appareils électriques marche très bien, le radiateur « switchet X 22 », étant en tête de liste.

b) Les appareils ménagers et ustensiles de cuisine sont loin d'avoir du succès. Et la plupart de nos articles ne semblent plus être concurrentiels. Il serait opportun de restreindre notre gamme et de nous concentrer sur quelques produits rentables, les moulins à café étant de ceux-là.

Quelques modèles sont définitivement dépassés et leur prix tout à fait exagéré. Le meilleur exemple étant notre batteur à œufs, dont certains commerçants refusent maintenant de s'occuper. Je suggère qu'il soit immédiatement abandonné.

c) Dans le domaine de l'industrie automobile, les petits sous-composants semblent mieux marcher que les pièces de rechange du genre phares, pare-chocs, etc. Ceci est probablement dû à la structure de notre réseau de distribution et paradoxalement nous semblons être plus efficaces quand nous travaillons comme sous-traitants que lorsque nous distribuons les produits nous-mêmes.

d) Dans la division cycle, nous avons étonnamment bien réussi, et la crise de l'énergie est susceptible de nous donner un nouvel élan. Néanmoins, nous recevons beaucoup de

complaints about the gear-shift mechanism, which has been supplied for years by J.J. Johnson Co at favourable prices.

I would suggest however that we take up the matter with them, since customers complain about difficulties in changing gears and frequent [fri:kwent] repairs on this gear shift.

Should the talks with them not result in an improvement [improu:vment] of the system, a slight increase in cost would not constitute a problem since our margin is satisfactory here, and besides it could be passed on to the customers without impairing [impèerin*] our position on the market. What is needed is a reliable machine, and people are willing to pay extra money to get it, the more so as the present price is indeed very low.

I would suggest any one of the following steps :

1) subcontract with a different supplier,

2) manufacture the part ourselves,

3) rethink the system and see if R & D cannot come up with a more efficient new idea for this vexing problem of changing gears.

In any case I feel the market for bikes will develop at a tremendous pace in the years — not to say in the months — to come.

I would advise full priority [praïoriti] be given to the improvement of our present model, and new facilities allocated [alôoukéïtid] to its manufacturing as soon as the results of the latest survey are in (1).

I enclose a detailed plan for a promotion campaign and a report on the "bike craze" in the United States. It is also bound to reach us very soon.

(1) Voir B.2.

III. A.3. **Memo** (suite)

plaintes à propos du système de changement de vitesse, qui nous est fourni depuis des années par J.J. Johnson C° à des prix avantageux...

Je suggérerais cependant que nous prenions avec eux l'affaire en main puisque les clients se plaignent de difficultés dans le changement des vitesses et de fréquentes réparations du dérailleur...

Si les discussions avec eux ne débouchaient pas sur une amélioration du système, une légère augmentation du prix de revient ne constituerait pas un problème puisque notre marge est satisfaisante et qu'en outre elle pourrait être répercutée sur le client sans détériorer notre position sur le marché. Ce qui est recherché, c'est une machine sûre et les gens veulent bien débourser davantage pour l'obtenir, d'autant plus que le prix actuel est vraiment très bas.

Je suggérerais l'une quelconque des dispositions suivantes :

1) Sous-traiter avec un fournisseur différent,

2) Fabriquer l'élément nous-mêmes,

3) Repenser le système et voir si le département Recherche et Développement ne peut nous sortir une idée neuve plus efficace pour cet irritant problème de changement de vitesse.

En toute hypothèse, je pense que le marché des cycles se développera à une allure formidable dans les années, pour ne pas dire les mois, à venir.

Je conseillerais qu'une priorité totale soit accordée à l'amélioration de notre modèle actuel et que de nouvelles installations soient affectées à sa fabrication dès que les résultats de notre dernière enquête seront disponibles.

Je joins un plan détaillé de campagne de promotion et un rapport sur « la folie du vélo » aux U.S.A.[1], qui ne peut manquer de nous atteindre très prochainement.

---

(1) Voir B.2.

III. A.4. **Letters of complaint (claim letters)**

A

Dear Sirs,

The consignment [konsaïnment] covering our order arrived yesterday.
We acknowledge [aknôoulidj] receipt of the 100 "Lito" switchers and 12 "B22 Heaters".
But we were surprised to find that the shipment included 20 "Rippet" can openers. We had made it very clear that we wanted to discontinue our orders for this line, which no longer meets the quality standard expected by our customers.
We are therefore returning the goods to you by passenger train.
However in the event [ivènt] of a new model being launched we would be prepared to place a trial [traïel] order with you for the usual quantity (20).

Yours faithfully,

B

Dear Sirs,

This is to remind you of our latest order for 20 "Easy Rider" bicycles. The model is selling so well that our stock is running dangerously low, and we would be very grateful if delivery could take place on the 6th instead of the 12th of next month.
We would appreciate an early reply, as we do not want to give our customers inaccurate or misleading information.
At the present time, we are hardly in a position to book new orders.
Incidentally, the only complaint we have had about this model concerns a faulty gear shift.
If that were mended, you could no doubt work up a still greater demand.
As it is, we shall be only too happy to have the bicycles as early as possible.

Yours sincerely,

III. A.4. **Lettres de réclamations**

A

Messieurs,

L'envoi couvrant notre commande est arrivé hier.
Nous vous accusons réception des 100 commutateurs « Lito » et des 12 radiateurs B22.
Mais nous avons été surpris de découvrir que cette expédition comprenait 20 ouvre-boîtes « Rippet ». Nous avions très clairement fait savoir[1] que nous voulions mettre un terme aux commandes de cet article, qui ne correspond plus au niveau de qualité attendu par nos clients.
En conséquence, nous vous retournons les marchandises « en grande vitesse ».
Cependant au cas où un nouveau modèle serait lancé nous serions prêt à vous passer une commande d'essai pour la quantité habituelle (20).

Veuillez agréer, Messieurs, l'expression de nos sentiments les meilleurs.

B

Messieurs,

Nous vous rappelons notre dernière commande de 20 bicyclettes « Easy Rider ». Ce modèle se vend si bien[2] que nous risquons la rupture de stock et nous vous serions reconnaissant de nous livrer le 6 au lieu du 18 du mois prochain.
Nous apprécierons une réponse rapide car nous ne voulons pas donner à nos clients des renseignements imprécis ou inexacts.
A l'heure actuelle nous ne sommes guère en mesure d'accepter de nouvelles commandes.
Au passage, la seule plainte que nous ayons reçue au sujet de ce modèle concerne un dérailleur défectueux.
S'il était remédié à cela[3], vous pourriez sans aucun doute susciter une demande encore plus grande.
Quoi qu'il en soit, nous ne serons que trop heureux de recevoir les bicyclettes aussitôt que possible.

Veuillez agréer, Messieurs, l'expression de nos sentiments les meilleurs.

---

(1) *We had made it very clear:* notez la présence de *it*, qui annonce ce qui suit *that...*
(2) *This model is selling so well:* le verbe se construit avec *well*. Pensez à «*best-seller*» (un article) qui se vend très facilement.
(3) *If that were mended:* le verbe *to be* est ici au prétérit. Il s'agit d'une hypothèse, non réalisée jusqu'ici.

III. A.5. **Vocabulary** (revision)

A1

to assess	évaluer
to seek	chercher, rechercher
data	données, information
relevant	adequat, pertinent
information	renseignements
faults	défauts, vices
to withhold	retenir, garder pour soi
complaints	plaintes, réclamations
lead	point de départ
reluctantly	à contre-cœur
dissatisfaction	mécontentement
fall off	baisse marquée, chute
to reverse the trend	inverser la tendance, infléchir l'évolution

A2

memo	note, rapport
channels	chenaux, canaux
profit	bénéfice
graph	diagramme, graphique
request	demande
accountancy	comptabilité
to imply	impliquer, sous-entendre
to break even	atteindre le seuil de rentabilité,
Break even point	le seuil de rentabilité
to supply	fournir, approvisionner
outlets	débouchés, points de vente
figures	1) chiffres 2) silhouettes
to get on to	demander, prendre contact
to work out	étudier, calculer

A3

available	disponible
accurate	précis
advertising	publicité
campaign	campagne
filed	classé, archivé
dealers	distributeurs
quantified	chiffré
survey	étude, enquête

III. A.5. **Vocabulary - Revision** (suite)

reliable	sérieux, sûr, digne de foi, de confiance
appliances	appareils
implements	instruments
competitive	concurrentiel
outmoded	démodé, périmé
overpriced	vendu trop cher
automotive	automobile
subcomponents	sous-composants
boost	poussée, élan
repairs	réparations
improvement	amélioration, progrès
to impair	endommager, détériorer
to subcontract	sous-traiter
R & D: Research and Development	bureau d'études et de recherches
facilities	installations
allocated	affectées, attribuées

A4

consignment	envoi
to acknowledge	reconnaître, accuser réception
to discontinue	interrompre
line	ligne produit
event	cas, événement
inaccurate	imprécis
misleading	inexact, trompeur
to mend	réparer

III. B.1. **Essayez de traduire...**

1. La consommation augmente sans cesse.
2. Il nous faudra augmenter notre rythme de production pour faire face à nos engagements.
3. Les cultivateurs britanniques utilisent aujourd'hui dix fois plus de tracteurs qu'avant guerre.
4. On s'attend à ce que la demande en énergie augmente de près des deux tiers au cours des vingt années à venir.
5. Les firmes les plus durement atteintes sont celles qui vendent des appareils électriques et ménagers : leur chiffre de ventes a baissé de 7 %.
6. La loi de l'offre et de la demande n'explique pas de telles fluctuations.
7. Cette pénurie inattendue de matières premières inquiète sérieusement les fabricants.
8. La situation de nos usines nous permet d'acheter directement nos poissons aux pêcheurs de la région.
9. Le nouveau laminoir sera mis en service dès le 15 mai.
10. Avec moins de 10 % de leur population active travaillant dans l'agriculture, ils parviennent à nourrir 12 millions de personnes.
11. Depuis quelque temps, la plupart des importateurs de café subissent de lourdes pertes.
12. La montée brutale des prix agricoles devra être enrayée avant la fin du mois.
13. Le rendement de l'aciérie augmente régulièrement depuis la découverte de ce nouveau procédé.
14. Les minerais à basse teneur pourront être traités dès que les nouveaux hauts fourneaux auront commencé à fonctionner.
15. Les Italiens viennent de sortir un modèle qui vaut deux fois moins cher.
16. Notre chiffre d'affaires est en baisse de 6 % par rapport à l'année dernière.
17. Les pièces sont fabriquées en série et stockées sur place.
18. Chacun des postes de travail de la chaîne de montage a fait l'objet d'études attentives.

III. B.1. ... et contrôlez

1. Consumption keeps increasing.
2. We shall have to step up production in order to meet our commitments.
3. British farmers today use ten times as many tractors as before the war.
4. The demand for energy is expected to increase by nearly two thirds within the next twenty years (the 20 years to come).
5. The worst hit firms are those selling electrical and domestic appliances: their sales figure has fallen (dropped, gone down...) by 7%.
6. The law of supply and demand does not account for such fluctuations.
7. This unexpected shortage of raw materials is causing serious concern among manufacturers.
8. The location of our factories makes it possible for us to buy our fish direct from local fishermen.
9. The new rolling-mill will start operating as early as May 15th.
10. With under 10% of their working population engaged in agriculture, they succeed in feeding (manage to feed) 12 million people.
11. For some time, most coffee importers have suffered (sustained) heavy losses.
12. The sudden (sharp, steep) rise in agricultural prices will have to be checked (stemmed) before the end of the month.
13. The output of the steel-works has been rising steadily since the discovery of this new process.
14. It will be possible to process low-grade ores as soon as the new blast furnaces have started operating.
15. The Italians have just issued (launched) a model which is twice as cheap.
16. Our turnover is 6% down on last year('s).
17. The parts are mass-produced and stocked (stored) on the spot.
18. Each of the work-stations on the assembly-line has been subjected to careful studies.

III. B.2. **Bicycle boom still in high gear**

Bicycle riding is still showing a big upsurge [œpse:dj] across the nation—and new emphasis [èmfesis] on bikeways is expected to keep the trend going for some time to come. Close to 100 million Americans are now riding bikes, an increase of 20 million in two years.

This year, an estimated 15.4 million bicycles will be sold, a jump of 6.5 million since 1971. Sales will total 800 million dollars—including bike parts and accessories.

Bicycle enthusiasts [ins*iou:ziasts] gleefully point out that U.S. manufacturers are now making more bikes than automobiles. And bicycles-industry officials insist that only 5 per cent of their potential market has been reached.

Many predicted that the boom which began in the latter half of the 1960's would be over by now. But some recent developments have given new impetus [impites] to the pedal craze.

About 25,000 miles of bikeways are already in use, ranging from paths exclusively reserved for cyclists to routes marked for sharing with pedestrians and vehicles.

Just as the bike boom might have begun flattening out, the gasoline shortage hit, causing many Americans to renew their interest in cycling - both for getting to work and for pleasure.

Finally, many people are still turning to bikes for exercise [èksesaïz], for reducing air pollution and for escaping the traffic crunch. Auto drivers long ago began to notice that cycling neighbors often beat them home from work because of traffic tie-ups.

One important factor in the increased popularity of bicycles, industry officials note, was the development of the 10 speed bike. This improvement made it easier to climb steep grades and helped create a large adult market.

III. B.2. **L'essor de la bicyclette : toujours le grand braquet**

L'utilisation de la bicyclette marque toujours une forte poussée dans le pays, et on peut s'attendre à ce que l'effort fait pour les pistes cyclables maintienne cette tendance pendant un certain temps. Près de 100 millions d'Américains font maintenant de la bicyclette, soit une augmentation de 20 millions en 2 ans. Cette année, on estime qu'on vendra environ 15,4 millions de bicyclettes c'est-à-dire un bond de 6,5 millions depuis 1971. Les ventes totaliseront 800 millions de dollars — y compris les pièces détachées et accessoires. Les enthousiastes de la bicyclette font allègrement remarquer que les fabricants américains fabriquent maintenant plus de bicyclettes que d'automobiles. Et les responsables de l'industrie de la bicyclette insistent sur le fait que 5 % seulement de leur marché potentiel ont été atteints. Beaucoup de gens prévoyaient que cet essor qui débuta au cours de la deuxième moitié des années 60 serait terminé à l'heure actuelle. Mais des événements récents ont donné un nouvel élan à cette folie du vélo.

Environ 25.000 miles[1] de pistes cyclables sont déjà en service, s'étendant depuis les voies exclusivement réservées aux cyclistes, aux itinéraires partagés avec les piétons et les véhicules. Au moment même où la courbe ascendante de l'essor du vélo aurait pu commencer à se stabiliser, la pénurie de pétrole a frappé, amenant de nombreux Américains à marquer un renouveau d'intérêt pour le vélo, aussi bien pour se rendre à leur travail que pour leur plaisir. En définitive, beaucoup de gens se mettent au vélo pour faire de l'exercice, pour réduire la pollution atmosphérique, et pour fuir l'écrasement de la circulation. Il y a longtemps que les automobilistes ont remarqué que leurs voisins cyclistes rentraient souvent chez eux du travail avant eux-mêmes en raison des embouteillages. Un facteur important dans cette augmentation de la popularité des bicyclettes, remarquent les responsables de cette industrie, a été le développement du vélo à 10 vitesses. Cette amélioration a rendu plus facile la montée de pentes les plus raides et aidé à créer un grand marché parmi les adultes.

---

(1) 1 mile = 1.609 m.

III. B.3. **The U.S. consumer**

There are times when the U.S. consumer seems doomed [dou:md] to constant annoyance from the things he buys and the people who sell them to him.

The customer can complain, but very often his complaint will end up in a computer, which will analyze [anelaïz], quantify and correlate it before shooting back a form reply that never quite touches on the original problem.

There are countless examples of what some observers interpret as an alarming erosion [irôoujen] of quality —both in products themselves and in the management of people who make, distribute and service the products. In New York, garment retailers were complaining about a rash of missing buttons, faulty zippers and crooked seams. One store had returned 16,000 dresses in a three-month period.

A Houston professor ordered a carpet and received the wrong one, bought an assembled dresser, but received a disassembled one with missing pieces. Undaunted [œndo:ntid], he returned to the same store to buy tires, only to receive three good ones and a fourth that was out of round.

In Atlanta, a home builder confessed that quality workmanship [wè:kmenchip] is no longer the rule. "Nobody gives a damn anymore about his job", he wailed. "I'm trying to build a quality house but it's running me crazy. If we could take the materials [matierielz] we have now and put them together with the labor force we had 30 years ago, we'd really have something".

III. B.3. **Le consommateur américain**

Il y a des moments où le consommateur américain paraît condamné à être constamment contrarié par les choses qu'il achète et par les gens qui les lui vendent.

Le client a la possibilité de se plaindre, mais très souvent sa réclamation finira dans un ordinateur qui l'analysera, la mettra en chiffres et la mettra en corrélation avec d'autres avant de recracher une réponse sur formulaire qui n'aborde quasiment jamais le problème initial.

Il existe d'innombrables exemples de ce que certains observateurs interprètent comme une érosion alarmante de la qualité — à la fois dans les produits eux-mêmes et dans la conduite des gens qui fabriquent, distribuent et entretiennent les produits. A New York, des marchands de vêtements se plaignaient d'une « épidémie de boutons absents, de fermetures éclair défectueuses et de coutures de travers ». A lui seul un magasin avait renvoyé 16.000 robes sur une période de 3 mois.

Un professeur de Houston avait commandé un certain tapis et en avait reçu un autre, avait acheté un vaissellier tout monté et reçu un démonté auquel il manquait des éléments. Intrépide, il retourne au même magasin acheter des pneus, pour n'en recevoir que trois en bon état et un quatrième mal chappé.

A Atlanta un entrepreneur en bâtiment avouait que le travail soigné n'est plus la règle « tout le monde se fiche de son boulot », se lamentait-il. « J'essaie de construire des maisons de qualité mais ça me rend fou. Si nous pouvions utiliser les matériaux dont nous disposons maintenant et les assembler avec la main-d'œuvre dont nous disposions il y a 30 ans, nous aurions vraiment quelque chose d'extraordinaire. »

III. A.1. **A skeleton in the cupboard**

Choisissez la bonne solution (Solution en X bis).

1 - *According to the author of the passage*

a) There are too few computers to deal with the consumers' complaints.

b) Computers are always useless because they shoot back a false reply.

c) Very often, the reply to a consumer's complaint is irrelevant.

d) Computers are useless because their programming is wrong.

2 - *Garment retailers were complaining*

a) About crooks.

b) About defects in the quality of the articles they were supplied with.

c) Because 40 zippers and 16,000 dresses had been returned.

d) Because they could not sell 16,000 dresses in a three-month period.

3 - *According to the author, the professor returned to the same store because*

a) he wanted 3 good tyres.

b) he was not discouraged.

c) he had received a disassembled dresser.

d) there were only three shops round the corner.

4 - *According to a home builder in Atlanta*

a) Quality workmanship is general today.

b) Qualified workmen are very hard to train.

c) Quality workmanship is rare today.

d) Workmen are not to be trusted.

5 - *According to some observers, the erosion of quality is especially obvious*

a) In New York, Atlanta and Houston.

b) Not in products themselves, but in the management of people who make, distribute and service the products.

c) In the products themselves, but also in management and services.

d) In a limited number of instances, which are nevertheless alarming.

III. B.4. **Test de compréhension sur III. B.3.** (suite)

6 - *A dresser is*
   a) A three-piece suit.
   b) The professional garb of a university professor.
   c) A piece of furniture.
   d) A clothes dryer.

7 - *According to a home builder*
   a) The materials we have to-day cannot compare with those used 30 years ago.
   b) To-day's materials are better, but to-day's labour force is not so good as that of 30 years ago.
   c) Ordinary workers are better, but qualified labour is not so good as 30 years ago.
   d) To-day's workers are sometimes better than those of 30 years ago but they don't care about their jobs.

8 - *This text is mainly*
   a) A condemnation of computers, which are responsible for most of the mistakes in delivery.
   b) A complaint about the low quality of service in big department stores.
   c) A description of the plight of the honest trader.
   d) Concerned with a diminution in the quality of goods and services.

9 - *A rash is*
   a) A sad event.
   b) The act of tearing something off.
   c) A shortage.
   d) A large number of instances or manifestations in the same period.

10 - *A professor*
   a) Ordered a new carpet and received one which was already worn.
   b) Ordered a carpet and did not receive the model he was expecting.
   c) Ordered a carpet and received something else.
   d) received a carpet with a faulty design.

IV

Business file four

Meetings - Patents

Réunions - Brevets

A. Situations

A.1. Meeting at Global Tools
A.2. Meeting (continued)
A.3. A new patent

B. Records

B.1. Key sentences
B.2. Meetings
B.3. Patents
B.4. Exceptions to patentability
B.5. Vocabulary (patents)

IV. A. SITUATIONS

Storyline

As a result [rizœlt] of David Lavelle's memo, Arthur S. Briggs, Managing Director, decides to call a meeting of the Heads of the departments concerned.

Most of the discussion is going to focus [fôoukes] on how to boost bicycle sales and particularly [petikiouleli] on how to improve the current models. A new patent [péïtent] is presented.

Résumé

Résultat du rapport de David Lavelle, Arthur S. Briggs, administrateur délégué, décide de convoquer une réunion des responsables des services intéressés.

La majeure partie de la discussion sera centrée sur la façon de développer les ventes de bicyclettes, et en particulier d'améliorer les modèles actuels. Un nouveau brevet est présenté...

IV. A.1. **Meeting at Global Tools**

Arthur S. Briggs	*Managing Director*
David A. Lavelle	*Marketing Manager*
Frank Ford	*Production Manager*
Samuel Taylor	*Chief accountant*
Robert Seymour	*Company Secretary*

A.S.B. ... Now I suggest we discuss David's proposals [prepôouzelz] concerning the Easy Rider model.

D.L. If you will allow me, I feel it can hardly be called a proposal. My idea was simply to answer the situation in terms of possible alternatives [o:ltə:netivz]. But...

F.F. I'm sorry to interrupt, but are we all agreed to give priority [praïoriti] to the production of this model?
A.S.B. This is actually what we are here to discuss today.

S.T. On the basis of sales figures, there certainly is a strong case for pushing this model. And in view of the present situation, the prospects seem to be quite good for the next five years at least.

F.F. *Seem* to be? That's the point. Can we launch into this, I mean disrupt production of other models, allocate new facilities, increase the workload and so on without a more scientific [saïentifik] assessment of the situation? That's a leap in the dark!

A.S.B. I take your point, F.F., I think we all agree we need more concrete data about consumer [kensiou:mer] trends, economic forecasts and so on before we give top priority to the marketing of this model.

R.S. ...and anyway such an option would have to be submitted to the Board of Directors.

A.S.B. ... of course. But the decision we have to make today is different: we are only here to determine what we are going to do about this faulty gear shift. Whether we decide to increase production or not, we have to do something about it. The question of an overall promotion campaign will have to be solved later, in the light of further developments, such as consumer reactions, etc.

IV. A.1. **Réunion chez Global Tools**

Arthur S. Briggs	*directeur général*
David A. Lavelle	*directeur du marketing*
Frank Ford	*chef de production*
Samuel Taylor	*chef comptable*
Robert Seymour	*secrétaire général*

A.S.B. ... je suggère donc que nous discutions les propositions de David Lavelle, au sujet du modèle Facilensel.
D.L. Si vous permettez, j'ai le sentiment qu'on peut difficilement parler de proposition. Mon idée a simplement été de réagir à la situation par des solutions de rechange. Mais...
F.F. Je suis désolé de vous interrompre, mais est-ce que nous sommes tous d'accord pour donner la priorité à la production de ce modèle ?
A.S.B. C'est en effet bien la raison de cette discussion d'aujourd'hui ici.
S.T. Sur la base des chiffres de ventes, il y a certainement de bonnes raisons[1] de pousser ce modèle. Et au vu de la situation actuelle, les perspectives semblent assez bonnes pour les cinq années à venir au moins.
F.F. *Semblent* assez bonnes ? C'est bien là le problème. Pouvons-nous nous lancer[2] là-dedans, je veux dire désorganiser la production d'autres modèles, affecter de nouvelles installations, accroître le travail et tout ce qui s'en suit sans une évaluation plus scientifique de la situation ? C'est un saut dans l'inconnu[3] !
A.S.B. Je comprends votre point de vue F.F., je crois que nous sommes tous d'accord sur le fait que nous avons besoin de données plus concrètes sur les tendances de la consommation, les prévisions économiques et ainsi de suite avant de donner la priorité N° 1 au marketing de ce modèle.
R.S. ... et de toute façon, un tel choix devrait être soumis au conseil d'administration.
A.S.B. ... naturellement. Mais la décision que nous devons prendre aujourd'hui est différente : nous sommes ici seulement pour déterminer ce que nous allons faire au sujet de ce changement de vitesses défectueux. Que nous décidions ou non d'accroître la production, il nous faut faire quelque chose à son sujet. La question d'une campagne de promotion globale devra être résolue plus tard, à la lumière de nouveaux développements comme les réactions des consommateurs, etc.

---

(1) ***a strong case:*** **une bonne raison (*to put up a strong case for:* donner des arguments solides en faveur de).**

(2) ***to launch into:*** **se lancer.**

(3) ***a leap in the dark:*** **mot à mot: un saut dans le sombre.**

D.L. Yes, but it is my job to propose new policies and I think we should not wait too long before we decide whether to concentrate on this model. We now have the edge on our competitors. I'm not sure the situation will be the same in six months' time.

A.S.B. All right. This problem of priorities will have to be solved at Board Level. Robert, put it on the agenda [edjènde] for the next meeting. It's due to take place on the 6th if I remember right.

R.S. Right. I'll do that.

A.S.B. But today's problem is definitely this gear shift. Could you summarize [sœmeraïz] the various possibilities we are faced with, David.

D.L. Yes. Either we have the present model improved, or we find another supplier, or else we manufacture it ourselves.

A.S.B. I don't think we've got any choice actually. This part is supplied by Dickinson & C°, and we have been dealing with them for over ten years to our mutual satisfaction. And we need them for a number of other items [aïtemz] we have to subcontract.

F.F. You may be right, Sir. But I must say they haven't proved very cooperative on this. Last time I got their works manager on the phone, he almost told me to go to hell. He said this part was only a sideline [saïdlaïn] for them, and they were not prepared to spend any amount of money to improve it. He implied [implaïd] they only manufactured the part as a special favour [feïve] to us.

D.L. If that's how they feel about it, we might as well tell them we are no longer interested in this line... Now don't get excited Frank. There is no question of scrapping our other contracts with them. I'm pretty sure you can handle them smoothly [smou:z*li]. They might even be relieved [rili:vd].

A.S.B. Well then I think we ought to have Research and Development in on this. We can't go much further without them...

IV. A.2. **Réunion** (suite)

D.L. Oui, mais c'est mon travail de proposer des politiques nouvelles et je pense que nous ne devrions pas trop tarder à décider si nous nous concentrons sur ce modèle ou pas. Nous avons une longueur d'avance sur nos concurrents pour le moment. Je ne suis pas sûr que la situation sera la même d'ici six mois.

A.S.B. D'accord. Ce problème des priorités devra trouver sa solution au niveau du conseil d'administration. Robert, portez (notez)-le à l'ordre du jour de la prochaine réunion. Elle doit se tenir le 6 si je me souviens bien.

R.S. Bien, je vais le faire.

A.S.B. Mais le problème du jour est bel et bien ce dérailleur. Pourriez-vous résumer les différentes possibilités qui se présentent à nous, D.L. ?

D.L. Oui. Ou bien nous faisons améliorer le modèle actuel, ou nous trouvons un autre fournisseur, ou bien encore nous le fabriquons nous-mêmes.

R.S. A vrai dire, je ne crois pas que nous ayons le choix, cet accessoire est fourni par Dickinson & Cie, et voilà plus de dix ans que nous sommes en affaires avec eux, pour notre satisfaction mutuelle. Et nous avons besoin d'eux pour un certain nombre d'autres articles que nous devons sous-traiter.

F.F. Vous avez peut-être raison, Monsieur. Mais je dois dire qu'ils n'ont pas fait preuve d'un grand esprit de coopération dans cette affaire. La dernière fois que j'ai eu leur chef de fabrication au téléphone, il m'a presque envoyé au diable[1]. Il m'a dit que cette pièce n'était pour eux qu'une fabrication d'appoint, et qu'ils n'étaient pas disposés à dépenser le moindre argent pour l'améliorer. Il a laissé entendre qu'ils ne fabriquaient cette pièce que pour nous rendre tout spécialement service.

D.L. Si c'est leur sentiment là-dessus, nous pourrions tout aussi bien de leur dire que nous ne sommes plus intéressés par cette gamme de produits... Allons, ne vous énervez pas Frank. Il n'est pas question de balancer[2] nos autres contrats avec eux. Je suis bien certain que vous pouvez les manœuvrer en douceur. Il se pourrait[3] même qu'ils en soient soulagés.

A.S.B. Eh bien alors, je pense que nous devrions mettre la Recherche/Développement sur cette affaire. Nous ne pourrons guère[4] avancer sans eux...

---

(1) *to go to hell:* aller au diable.
(2) *to scrap:* mettre au rencart (*scrap metal:* ferraille).
(3) *They might be...:* il se pourrait qu'ils soient...
(4) *much further:* mot à mot, beaucoup plus loin.

IV. A.3. **A new patent**

The management meeting eventually resulted in R. & D. being requested to look for a technically sound solution. They do better than that, since they come out with a revolutionary [rèvelou:chneri] *invention—an automatic* [o:tematik] *gear shift (or derailler)* [diréïler]—*soon to be patented.*

Extract of patent specification: automatic gearshift for bicycle

Its working principle is as follows:

The transmission chain (1) moved by the crank gear (2) operates a rear sprocket (3) mounted on the axis (4) of the rear wheel. The torque applied to the rear sprocket is measured by a mechanical torque-meter [to:k-mi:te] (5). Onto the rear axis a speed variator (6) is mounted, which is operated:

— either by the torque-meter (5)

— or by a direct lever (7).

When the torque-meter detects for instance, an increase in the torque value [valiou:] C, it forces the speed variator to shift to a lower gear. Thus when the bicycle operator reaches a gradient [gréïdient], the gear changes to a lower ratio [réï:chiôou] (through faster pedalling resulting in adverse slackening of speed of bicycle), in such a way that the power transmitted to the rear sprocket reaches up to balanced position B (the technical manufacturing of the device [divaïs] can make the differences in power weaker than the corresponding changes of speed).

(1) Research and Development.

IV. A.3. **Un nouveau brevet**

Il résulta finalement de cette réunion de direction que le département Recherche et Développement fut prié de rechercher une solution techniquement sûre. Ses ingénieurs font mieux que cela puisqu'ils ressortent avec une invention révolutionnaire — un changement de vitesses automatique (ou dérailleur) — devant être bientôt breveté.

Extrait de brevet : changement de vitesses automatique pour bicyclette.

Son principe est le suivant :

La chaîne de transmission (1) mue par le pédalier (2) entraîne un pignon arrière (3) monté sur l'axe (4) de la roue arrière. L'effort transmis au pignon arrière est mesuré par un couplemètre mécanique (5). Sur l'axe de la roue arrière est monté un variateur de vitesses (6) actionné :

— soit par le couplemètre (5),

— soit par une commande directe (7).

Lorsque le couplemètre détecte, par exemple, une augmentation de couple C, il impose au variateur de vitesses d'adopter un rapport de vitesses inférieur.

Ainsi lorsque le cycliste aborde une côte, le rapport diminue (pédalage plus rapide et ralentissement du cycle) de façon telle que la puissance transmise au pignon arrière augmente jusqu'à la position d'équilibre B. (La réalisation technique du système peut rendre les variations de puissance faibles en regard des variations du rapport de vitesses.)

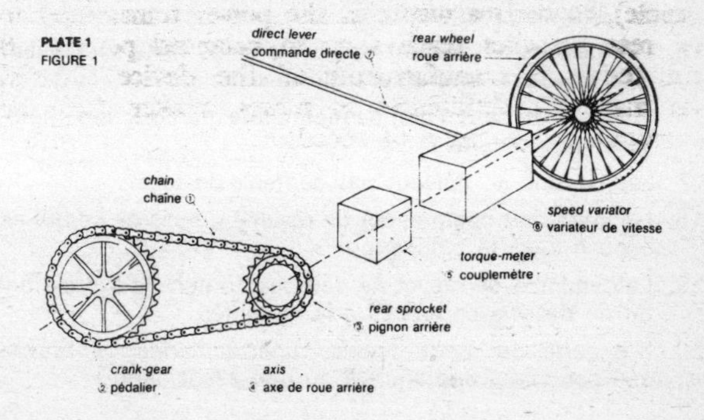

IV. B.1. **Essayez de traduire...**

1. Les réunions peuvent occuper jusqu'à 60 % du temps des cadres supérieurs.
2. On peut perdre de 40 à 80 % de son temps en réunions.
3. Parfois, les gens assistent aux réunions parce qu'ils n'ont rien d'autre à faire.
4. Ceux qui devraient y assister sont souvent trop occupés pour le faire.
5. On y discute parfois de sujets sans importance tandis que des décisions majeures sont prises hâtivement.
6. Souvent, ont évite soigneusement de mentionner le sujet principal du débat.
7. En effet, éviter de discuter le problème en question produit l'impression que la chose est déjà décidée.
8. La motion a été emportée avec une marge confortable.
9. Il avait promis aux deux parties de les soutenir.
10. Dans cette réunion, il y avait ceux qui n'entendaient pas ce qui se disait et ceux qui ne comprenaient pas, même s'ils entendaient.
11. Des formules imprimées seront mises gratuitement à la disposition des déposants.
12. La requête doit contenir le titre de l'invention.
13. Qui doit faire apparaître de manière claire et concise la désignation technique de l'invention.
14. La description doit préciser le domaine technique auquel se rapporte l'invention.
15. Les dessins ne devront pas contenir de texte sauf quand cela s'avérera absolument indispensable.
16. L'échelle du dessin doit permettre une reproduction photographique réduite claire.
17. Les dessins ne doivent pas contenir de texte.
18. L'abrégé doit comprendre un résumé concis de ce qui est exposé dans la fabrication.
19. La demande de brevet ne doit pas contenir d'expressions ou de dessins contraires à la moralité...
20. N'importe qui peut déposer une demande de brevet : une personne, une société ou une association.

IV. B.1. **... et contrôlez**

1. Meetings can occupy up to 60% of a top executive's time.
2. Forty to eighty per cent of one's time can be wasted in meetings.
3. Sometimes, people will attend a meeting because they have nothing else to do.
4. Those who ought to attend are often too busy to do it.
5. Unimportant subjects will sometimes be eargely discussed while major decisions will be taken hastily.
6. Often the main subject of the debate is carefully avoided.
7. In fact, to avoid discussing the matter at issue produces the impression that the thing is already decided.
8. The motion has been carried with a comfortable margin.
9. He had promised both parties to support them.
10. In this meeting, there were the ones who could not hear what was beeing said, and those who could not understand even if they could hear.
11. Printed forms shall be made available to applicants free of charge.
12. The request shall contain the title of the invention.
13. Which shall clearly and concisely state the technical designation of the inventor.
14. The description shall specify the technical field to which the invention relates.
15. The drawings shall not contain text-matter except when absolutely indispensable.
16. The scale of the drawing shall permit a clear photographic reproduction after reduction.
17. The drawings shall not contain text-matter.
18. The abstract shall contain a concise summary of what is contained in the description.
19. The patent application shall not contain expressions or drawings contrary to morality.
20. Anyone can apply for a patent: an individual, a company or an association.

IV. B.2. **How to avoid wasting time**

A committee is a group which keeps minutes and loses hours (Milton Berle)

1. Never get people together if a series of phone calls to individuals would serve your purpose.
2. Never invite anyone who is not essential, but make sure you include all who are.
3. Insist on punctuality. If you are two minutes late for a twenty-man meeting you waste forty man-minutes.
4. There will usually be some people who will only be needed to help settle certain specific matters. Arrange for them to stand by to be called in when required.
5. Keep the purpose of your meeting firmly in mind and make sure it is capable of achievement. Meeting may be held to inform, to discuss, to advise or decide but not—with the one notable exception of brainstorming sessions—to originate or create anything.
6. Draft an agenda that breaks all subjects down into their simplest constituents. A lengthy agenda, if well constructed, often means a short meeting.
7. Before sending out your agenda, read it all through from start to finish and examine all the points that can be misunderstood. In most meetings, most disagreements occur because people are not talking about the same thing. If the issues are crystal clear, the muddlers will have less chance of confusing them.
8. See that the agenda is circulated in sufficient time for people to read it before they come, but not so far ahead that they will have forgotten all about it by the time they arrive.
9. Set time limits for each section of the discussion. Make sure there is a clock everyone can see. Discussion, like work, expands to fill the time available.
10. When the action is agreed, always give *one man* the clear responsibility for carrying it out.

Eric Webster *How to win the business battle,* Penguin

IV. B.2. **Comment éviter de perdre son temps**

Une commission est un groupe qui conserve des « minutes » et perd des heures.

1. Ne rassemblez jamais les gens si une série de coups de téléphone individuels peut remplir votre objectif.
2. N'invitez jamais quiconque n'est pas essentiel, mais assurez-vous d'inclure tous ceux qui le sont.
3. Insistez sur la ponctualité. Si vous êtes deux minutes en retard à une réunion de vingt personnes, vous gaspillez quarante « minutes-homme ».
4. En général il y aura des gens dont on n'aura besoin que pour régler certaines affaires spécifiques. Arrangez-vous pour qu'ils se tiennent prêts à être appelés quand nécessaire.
5. Gardez bien en tête le but de la réunion et assurez-vous qu'elle est en mesure de le réaliser. On peut tenir des réunions pour informer, pour discuter, pour conseiller, ou décider, mais pas — avec l'exception du « brainstorming » — pour faire naître ou créer quoique ce soit.
6. Écrivez un ordre du jour qui fractionne tous les sujets en éléments simples. Un ordre du jour élaboré signifie souvent une réunion courte.
7. Avant de diffuser votre ordre du jour, lisez le bien d'un bout à l'autre et examinez tous les points pouvant prêter à malentendu. Dans la plupart des réunions, la majorité des désaccords se produisent parce que les gens ne parlent pas de la même chose. Si les questions sont claires comme le jour, les gens brouillons auront moins l'occasion de les confondre.
8. Veillez à ce que l'ordre du jour soit communiqué suffisamment à temps pour que les gens le lisent avant de venir, mais pas trop tôt à l'avance pour qu'ils ne l'aient pas oublié au moment où ils arrivent.
9. Fixez des limites de temps pour chaque section de la discussion. Assurez-vous qu'il y ait une pendule que chacun puisse voir. La discussion, comme le travail, s'étend pour remplir le temps disponible.
10. Quand un accord se fait sur une action, donnez toujours à une personne la responsabilité de la mettre à exécution.

IV. B.3. **Patents**

A number of European States, desiring to strenghthen co-operation between each other in respect of the protection of inventions and desiring also that such protection may be obtained by a single procedure for the grant of patents, and by the establishment of certain standard rules governing patents so granted, have agreed on the following provisions :

— a system of law, common to the contracting States, is established for the grant of patents for invention.

— Patents so granted shall be called European patents.

— A European Organisation is established, common to the contracting States, and endowed with administrative and financial autonomy.

Patentability

Patentable inventions.

1. European patents shall be granted for any inventions which are susceptible of industrial application, which are new and which involve an inventive step.

2. The following in particular shall not be regarded as inventions within the meaning of paragraph I:

a) Discoveries as such, scientific theories and mathematical methods.

b) Purely aesthetic creations.

c) Schemas, rules and methods for performing purely mental acts, for playing games or doing business, and programs for computers.

d) Methods for treatment of human or animal body by surgery or therapy, and diagnostic methods practised on the human or animal body.

e) Mere presentation of information.

IV. B.3. **Brevets**

Un certain nombre d'États européens, désireux de renforcer entre eux la coopération dans le domaine de la protection des inventions et désireux également qu'une telle protection puisse être obtenue par une procédure unique de délivrance de brevets et par l'établissement de certaines règles uniformes régissant les brevets ainsi délivrés, se sont mis d'accord sur les dispositions suivantes :

— il est institué un droit commun aux États contractants en matière de délivrance de brevets d'invention ;

— les brevets ainsi délivrés sont dénommés brevets européens ;

— il est institué une Organisation européenne des brevets, commune aux États contractants, et dotée de l'autonomie administrative et financière.

Brevetabilité

Inventions brevetables.

1. Les brevets européens sont délivrés pour toute invention impliquant une activité inventive et susceptible d'application industrielle.

2. Ne sont pas considérées comme des inventions au sens du paragraphe I notamment :

a) Les découvertes en tant que telles, ainsi que les théories scientifiques, et les méthodes mathématiques.

b) Les créations purement esthétiques.

c) Les plans, principes et méthodes dans l'exercice d'activités purement intellectuelles, en matière de jeu ou dans le domaine des activités économiques, ainsi que les programmes d'ordinateurs.

d) Les méthodes de traitement chirurgical ou thérapeutique du corps humain ou animal, et les méthodes de diagnostic appliquées au corps humain ou animal.

e) Les simples présentations d'informations.

IV. B.4. **Exceptions to patentability**

European patents shall not be granted in respect of:

a) Inventions the publication or exploitation of which would be contrary to morality, provided that the exploitation shall not be deemed to be so contrary merely because it is prohibited by law or regulation in some or all of the Contracting States.

b) Plant or animal varieties or essentially biological processes for the production of plants or animals. This provision does not apply to microbiological processes or the products thereof.

Novelty

1. An invention shall be considered to be new if it does not form part of the state of the art.

2. The state of the art shall be held to comprise everything made available to the public by means of a written or oral description, by use, or in any other way, before the date of filing of the European patent application.

Inventive step

An invention shall be considered as involving an inventive step if, having regard to the state of this art, it is not obvious to a person skilled in the art.

Industrial Application

An invention shall be considered as susceptible of industrial application if it can be made or used in any kind of industry, including agriculture.

Entitlement to File a European Patent Application

A European patent application may be filed by any natural or legal person, or any body equivalent to a legal person by virtue of the law governing it.

IV. B.4. **Exceptions à la brevetabilité**

Les brevets européens ne sont pas délivrés pour :

a) Les inventions dont la publication ou la mise en œuvre serait contraire aux bonnes mœurs, la mise en œuvre d'une invention ne pouvant être considérée comme telle du seul fait qu'elle est interdite, dans tous les États contractants ou dans l'un ou plusieurs d'entre eux, par une disposition légale ou réglementaire.

b) Les variétés végétales ou les races animales ainsi que les procédés essentiellement biologiques d'obtention de végétaux ou d'animaux, cette disposition ne s'appliquant pas aux procédés microbiologiques et aux produits obtenus par ces procédés.

Nouveauté

1. Une invention est considérée comme nouvelle si elle n'est pas comprise dans l'état de la technique.

2. L'état de la technique est constitué par tout ce qui a été rendu accessible au public avant la date de dépôt de la demande de brevet européen par une description écrite ou orale, un usage ou tout autre moyen.

Activité inventive

Une invention est considérée comme impliquant une activité inventive si, pour un homme de métier, elle ne découle pas d'une manière évidente de l'état de la technique.

Application industrielle

Une invention est considérée comme susceptible d'application industrielle si son objet peut être fabriqué ou utilisé dans tout genre d'industrie, y compris l'agriculture.

Habilitation à déposer une demande de brevet européen

Toute personne physique ou morale et toute société, assimilée à une personne morale en vertu du droit dont elle relève, peut demander un brevet européen.

IV. B.4. **Vocabulary** (revision)

A.1.

hardly	à peine
to be agreed	être d'accord
actually	en vérité
prospects	perspectives
to disrupt	désorganiser
assessment	évaluation
to agree	être d'accord
data	données
trends	tendances
forecasts	prévisions
and so forth	et ainsi de suite
whether	si (oui... ou non)
overall	global.
to solve	résoudre

A.2.

policy(ies)	politique(s)
to have the edge or	avoir l'avantage sur
competitor	concurrent
agenda	ordre du jour
to be due	devoir, être prévu pour
to summarize	résumer
to be faced with	être confronté à
to improve	améliorer
supplier	fournisseur
to deal with	traiter avec
item	article ; rubrique ; poste
to subcontract	sous-traiter
sideline	à côté, appoint
to imply	laisser entendre
line	article ; branche
to handle	manœuvrer
smoothly	en douceur
to relieve	soulager

A.3.

eventually	en fin de compte
gear shift	changement de vitesses
either... or	ou... ou
gradient	pente
sprocket	pignon
device	procédé, système
balance	équilibre

IV. B.5. **Vocabulary** *Patents - Brevets*

abstract	abrégé
advantageous effects	avantages de l'invention
assignment	cession
applicant	demandeur
apparatus	dispositif
arbitration court	tribunal d'arbitrage
appeal	recours
board of appeal	chambre de recours
catchword	mot clé
citation	antériorité
claim	revendication
conservation of evidence	conservation de la preuve
date of filing	date de dépôt
disclosure	divulgation, exposé
dispute	contestation
deletion	radiation
deficiency	irrégularité
earlier application	demande initiale
entries	inscriptions
to fall due	venir à échéance
grant	délivrance
hearing	audience
to incur	encourir, donner lieu
irregularity	vice
infringement	contrefaçon
identification (of the inventor)	désignation de l'inventeur
provisions	dispositions
patent application	demande de brevet
period	délai
priority right	droit de priorité
request for grant	requête en délivrance
renewal fees	annuités, taxes annuelles
revocation proceedings	annulation
rights of earlier date	droits antérieurs
representative	mandataire
registration	inscription
successor	ayant cause
state of the art	état de la technique
search division	division de la recherche
summons (to oral procedure)	citation à une procédure orale
technical features	caractéristiques techniques
time limit (extension of—)	délai, (prorogation de-)
to take out a patent	prendre un brevet
waiving	renonciation

V.

Business file five

Labour and employment

Main-d'œuvre et emploi

A. Situations

A.1. A dispute in view
A.2. Discussion between the Personnel Manager and the Shop Steward
A.3. Deadlock
A.4. Statements

B. Records

B.1. Key sentences
B.2. The Rise of the Unions (la Naissance des syndicats)
B.3. Vocabulary

V. A.

Storyline

For technical reasons (the redesigning of one of the assembly lines), a number of workers will have to be retrained [ritréïnd]. But some unskilled operators are not eligible [élidjibel] for the training scheme [ski:m] and will be made redundant.
Despite the granting of redundancy payment this step is very unpopular with the labour force in general, and the firm is about to face labour troubles.

Résumé

Pour des raisons techniques (le remodelage d'une des chaînes de montage), un certain nombre d'ouvriers devra être recyclé. Mais quelques ouvriers non qualifiés n'ont pas droit au plan de formation et seront débauchés.
En dépit de l'attribution d'une indemnité de renvoi cette mesure est très impopulaire parmi l'ensemble des travailleurs, et l'entreprise est sur le point d'affronter des troubles sociaux.

V. A.1. **A dispute in sight**

— Hello Bart, this is Ray speaking. I'm afraid we're in for trouble. Bill Evans, the shop steward [chop stioued], has just been here. Seems we have a dispute [disp**iout**] on our hands... Overtime ban!
— You mean to say the workers won't go along with the proposed schedule [ch**è**dioul] ?
— Seems they (are all set against) have made up their minds against it. Their main complaint seems to be the forthcoming (announced) redundancies. They claim there's enough work for everybody and they won't do overtime [**ôou**vetaïm], if it means somebody's going to lose his job.
— Can you join me in my office right away?
— I'd rather you came over here—I'm expecting a visit from Bill Biggs, the foreman. He will report on the situation.
— All right. I'm on my way up.
— Have you told Jerry and David about the ban?
— Not yet. I'm getting on to them immediately.

V. A.2. **A discussion**

William McRobertson, the Personnel Manager, is discussing with Bart Johnson and Bill Evans, the shop stewards, about the overtime ban.

W.M.R. ... Now Johnson, you know the situation as well as I do. Either we meet the deadline [d**è**dlaïn] or we will have to pay a heavy penalty, and probably lose an important customer into the bargain.
B.J. ... You can't blame Management's errors on the workers. We never signed [saïnd] the contract.
W.M.R. Now what about the stoppages [st**o**pidjiz] of work we've had in the last few weeks, and the negotiations [nigôouchi**éï**chenz] about the tea-break? You can't deny that's what caused the delay in production.
B.E. In any case, there's no getting away from the present situation: either the men get more for overtime, or they won't do any.

V. A.1. **Un conflit en vue**

— Bonjour Bart, Ray à l'appareil. J'ai bien peur qu'on soit bon pour des ennuis. Bill Evans, le délégué syndical (d'atelier) sort d'ici. Il semble qu'on ait un conflit sur les bras... Refus d'heures supplémentaires.

— Vous voulez dire que les ouvriers ne veulent pas du planning proposé ?

— Il semble qu'ils se soient décidés contre. Leur principale revendication porte sur les licenciements annoncés. Ils prétendent qu'il y a assez de travail pour tout le monde et ils refusent de faire des heures supplémentaires, si ça signifie que quelqu'un va perdre son emploi.

— Pouvez-vous me retrouver dans mon bureau tout de suite ?

— J'aimerais mieux que ce soit vous qui veniez. J'attends la visite de Bill Biggs, le contremaître. Il fera son rapport sur la situation.

— D'accord. Je monte.

— Avez-vous parlé du refus d'heures supplémentaires à Jerry et David ?

— Pas encore. Je les contacte tout de suite.

V. A.2. **Une discussion**

William McRobertson, le chef du personnel, discute avec Bart Johnson et Bill Evans, les responsables (syndicaux) d'ateliers, du refus d'heures supplémentaires.

W.M.R. Voyons Johnson, vous connaissez la situation aussi bien que moi. Ou bien nous respectons l'échéance ou bien nous devrons payer une lourde dose de pénalité, et en plus nous perdrons un client important.

B.J. Vous ne pouvez pas reprocher aux travailleurs les erreurs de la direction. Ce n'est pas nous qui avons signé le contrat.

W.M.R. Alors et les arrêts de travail des dernières semaines, et les négociations pour la pause ? Vous ne pouvez pas nier que c'est la cause des retards de production.

B.E. En tout cas, il n'y a pas à sortir de la situation présente : ou bien les ouvriers touchent plus pour les heures supplémentaires, ou ils n'en feront pas.

W.M.R. It's my duty to warn you. If Barnay & Nicholas stop ordering from us, it might spell financial [faïnanchel] trouble for the company... and redundancies.

B.J. Is that a threat?

B.E. I call it blackmail. But I don't think it's going to frighten [fraïten] anybody.

W.M.R. I'm just being realistic [rielistik]. I wish you people could do the same.

B.J. It's my duty to warn you too: this could develop into something big...

W.M.R. Meaning?

B.J. Other plants are keeping a close watch. This here is not the only place where workers have strong feelings about overtime. The whole thing may spread.

W.M.R. It seems high time I spoke to the workers. Somebody's got to give them the management's side of the story...

B.E. They're not going to change their minds about it. If you don't come up with precise proposals pretty soon you're going to wind [waïnd] up with a strike on your hands.

B.J. The general view seems to be: we don't want to strike on this if we can avoid it. But we'll certainly walk out if we have to.

B.E. ... and go to arbitration.

W.M.R. I'll speak to the men to-morrow, and I'm pretty sure their views are more moderate than yours.

B.J. Do you mean to say we don't represent the feeling on the shopfloor?

B.E. As elected representatives [rèprizèntetivz], we...

W.M.R. All I mean is I want to have a chance to talk to the people in this plant, before you put them on strike. After all I am the Personnel Manager. And now I must get in touch [tœtch] with the Board of Directors.

B.E. Does that mean you are prepared to negotiate?

W.M.R. I simply want the situation to be clear for everybody in case we actually start discussions...

V. A.2. **Discussion** (suite)

W.M.R. Il est de mon devoir de vous avertir. Si Barnay et Nicholas cessent leurs commandes, cela pourrait entraîner des difficultés financières pour la société... Et des licenciements.

B.J. C'est une menace ?

B.E. C'est du chantage, oui ! Je ne crois pas que ça va faire peur à quelqu'un.

W.M.R. Je suis seulement réaliste. Je voudrais bien que vous puissiez l'être aussi.

B.J. Il est de mon devoir de vous avertir aussi : ça pourrait mal[1] tourner.

W.M.R. Mais encore ?

B.J. D'autres usines surveillent cette affaire de très près. Il n'a pas qu'ici que les travailleurs soient très sensibilisés au problème des heures supplémentaires. Tout ça peut s'étendre.

W.M.R. J'ai l'impression qu'il est grand temps que je parle aux ouvriers. Il faut que quelqu'un leur donne la version (des faits) de la direction.

B.E. Ils ne veulent pas changer d'idée. Si, vous ne vous présentez pas avec des propositions précises assez vite, vous allez vous retrouver avec une grève sur les bras.

B.J. La position générale semble être « on ne veut pas la grève si on peut l'éviter ». Mais nous cesserons le travail (sortirons) s'il le faut.

B.E. ... Pour demander l'arbitrage.

W.M.R. Je parlerai aux ouvriers demain, et je suis presque sûr que leurs vues sont plus modérées que les vôtres.

B.J. Est-ce que vous voulez dire que nous ne représentons pas les sentiments de la base ?

B.E. En tant que représentants élus, nous...

W.M.R. Tout ce que je veux, c'est parler aux gens de cette usine avant que vous les mettiez en grève. Après tout, c'est moi le chef du personnel, non ? Et maintenant je dois me mettre en rapport avec le conseil d'administration.

B.E. Est-ce que ça veut dire que vous êtes prêts à négocier.

W.M.R. Je veux simplement que la situation soit claire pour tout le monde au cas où nous commencerions vraiment les discussions...

---

(1) mot à mot : se transformer en quelque chose d'important.

V. A.3. **Deadlock**

In a statement released [rili:st] yesterday, a management spokesman put the blame for the present deadlock on irresponsible [irisponsebel] behaviour [bihéivie] by some Union members.

"Contacts are being maintained, he said.

But the threat of a stoppage of work will do nothing to improve prospects. A meeting between Unions officials [efichelz] and the management is due to take place tomorrow, and we are hopeful that a satisfactory compromise [kompremaiz] will be arrived at."

Addressing a meeting of all the factory workers the shop steward said:

"We don't want to go on strike at this stage. We simply want management to recognize our rights and give us a fair hearing, but if it's forced on us, we'll certainly accept the fight, and this might grow into (result in) one of the worst labour disputes in the history of the firm.

We are going to stand our ground; and we shan't be satisfied with vague promises. We want a formal agreement whereby [wèebaï] no redundancy will take place in connection with the reorganisation of the workshops (with automation). The management will have to commit themselves on that, if they want the talks to resume.

V. A.3. **Impasse**

Dans une déclaration publiée hier, un porte-parole de la direction attribue l'impasse actuelle à l'attitude irresponsable de certains militants syndicaux.

« Les contacts sont maintenus », a-t-il ajouté.

« Mais la menace d'un arrêt du travail ne fera rien pour améliorer les perspectives. Une réunion entre la direction et les responsables syndicaux doit avoir lieu demain, et nous avons l'espoir d'aboutir à un compromis satisfaisant. »

Le délégué syndical, s'adressant à l'ensemble des ouvriers réunis, a déclaré :

« Nous ne voulons pas nous mettre en grève à ce stade. Nous voulons simplement que la direction reconnaisse nos droits et accepte de nous entendre ; mais, si on nous y oblige, nous accepterons certainement le combat, et cela pourrait se transformer en l'un des conflits les plus violents de l'histoire de cette société.

Nous allons tenir bon ; et nous ne nous satisferons pas de promesses vagues. Nous voulons un accord officiel selon lequel aucun licenciement lié à la réorganisation des ateliers (avec l'automatisation) n'aura lieu. La direction devra s'y engager si elle veut que les pourparlers reprennent. »

V. A.4. **Statements**

A new meeting has ended in deadlock, and the workers have actually gone on strike... New statements are issued to the Press.

1. *Spokesman for the Management*

... It has been made very clear that resumption [rizœm-pchen] of work is a prerequisite [pri:rèkouizit] to the reopening of the talks.

Although all attempts at serious discussion have failed so far, the management is ready to start negotiating the very moment work resumes.

It is in the interests of both parties to break the present deadlock and work out a realistic compromise. We only hope union representatives will now prove more responsible than at the beginning of the dispute.

If no solution is reached in a matter of days the plant may have to be closed for as long as will prove necessary.

2. *Spokesman for the workers*

... Right from the start, the management has refused to negotiate.

First they've tried to bypass our elected representatives, now they want to divide us: they hope to frighten some of us into resuming work. But we've stayed united, and we'll remain united until our demands are met. A tremendous [trimèndes] amount of support is building up for us. And the management would be well advised to come to terms now, before the strike spreads to other areas and to the industry as a whole.

V. A.4. **Déclarations**

Une nouvelle réunion a abouti à une impasse et les ouvriers se sont effectivement mis en grève.

De nouvelles déclarations sont communiquées à la presse :

1. *Porte-parole de la direction*

... Il a été précisé clairement que la reprise du travail est un préalable nécessaire à la réouverture des négociations.

Bien que toutes les tentatives en vue d'une discussion sérieuse aient échoué jusqu'à présent, la direction est prête à commencer à négocier au moment même où le travail reprendra.

Il est dans l'intérêt des deux parties de briser l'impasse actuelle et d'élaborer un compromis réaliste.

Nous ne pouvons qu'espérer que les délégués syndicaux se montreront plus responsables maintenant qu'au début du conflit.

Si aucune solution n'est atteinte dans quelques jours, l'usine pourra être fermée aussi longtemps que cela s'avèrera nécessaire.

2. *Porte-parole des ouvriers*

Dès le départ, la direction a refusé de négocier. D'abord, elle a essayé de court-circuiter nos représentants élus, maintenant, elle veut nous diviser : elle espère faire reprendre le travail à certains d'entre nous par l'intimidation. Mais nous sommes restés unis et nous resterons unis jusqu'à la satisfaction de nos revendications. Un formidable soutien se crée autour de nous. Et la direction serait bien inspirée d'en arriver à un accord maintenant, avant que la grève ne s'étende à d'autres secteurs et à l'ensemble de l'industrie.

V. B.1. **Essayez de traduire...**

1. Je n'ai encore rien vu d'intéressant dans les petites annonces.
2. Importante société industrielle recherche responsable de produit.
3. Pour être retenus, les candidats devront être âgés de 35 à 40 ans et de préférence être diplômés d'universités.
4. Salaires de début en fonction de l'âge, des compétences et de l'expérience.
5. L'augmentation du nombre de chômeurs commence à devenir inquiétante.
6. Nous n'avons pas de poste libre en ce moment, mais vous pouvez toujours poser votre candidature.
7. Comment se fait-il qu'ils se soient retrouvés sans travail du jour au lendemain ?
8. D'habitude, nous payions les stagiaires. Maintenant, il n'est même plus possible d'en prendre un seul, même non payé.
9. Depuis combien de temps sont-ils en grève ?
10. Je ne comprends pas pourquoi il veut démissionner : je croyais qu'il touchait un bon salaire.
11. J'ai l'honneur de solliciter le poste de contremaître actuellement vacant dans votre entreprise.
12. Ce système de primes d'encouragement n'est en vigueur que depuis janvier.
13. Il n'a pas encore annoncé à sa femme qu'il avait été licencié.
14. Les délégués d'atelier ne sont pas responsables des arrêts de travail.
15. C'est la deuxième fois qu'ils refusent d'accorder une augmentation de salaire.
16. On annonce la reprise des négociations.

V. B.1. **... et contrôlez**

1. I haven't seen anything interesting yet in the ads.
2. Leading (large major) industrial firm seeks Product Executive.
3. Successful candidates (applicants) should be in their late thirties preferably hold a university degree (preferably university graduates).
4. Starting (initial, commencing) salary commensurate with (depending on, in relation to) age, qualifications and previous experience).
5. The increase in unemployment figures (the rise in the jobless rate, in the number of unemployed) is beginning to be disturbing.
6. We have no vacancies (vacancy) at the moment, but you may still apply.
7. How is it (How come) they found themselves without jobs (jobless, workless, unemployed) overnight?
8. We used to pay the trainees. Today, it's not even possible to take on a single one, even without paying him.
9. How long have they been on strike?
10. I can't see why he wants to resign: I thought he was drawing good wages (earning a good salary).
11. I wish to apply for the position of foreman which is now vacant in your firm.
12. This incentive bonus scheme has only been applied (in force) since January.
13. He has not yet told his wife that he had been dismissed (laid off, fired, sacked).
14. The shop-stewards are not responsible for the stoppages of work.
15. It's the second time they have refused to grant a wage increase.
16. The resumption of (the) talks (negotiations) has been announced.

V. B.1. **Essayez de traduire...**

17. La commission a échoué dans sa tentative de conciliation.
18. Depuis combien de temps est-il en congé de maladie?
19. Selon le porte-parole de la direction, le conflit est loin d'être résolu.
20. L'origine du conflit est le refus des heures supplémentaires par les syndicats.
21. Les cheminots ont décidé d'organiser une grève du zèle.
22. L'assurance contre les accidents du travail est aujourd'hui obligatoire.
23. Est-ce qu'il a droit à une prime de licenciement?
24. Dans un communiqué publié hier, la direction a annoncé que les pourparlers étaient dans l'impasse.
25. Ce projet mérite le nom de programme social: il traite à fond les problèmes de la vieillesse, de la maladie et de la formation professionnelle.
26. Ce n'est pas de cadres que nous manquons, mais bien d'ouvriers qualifiés.
27. Depuis quelque temps, l'entreprise dispose de sa propre caisse de retraite.
28. La retraite obligatoire à 55 ans soulèverait de nombreux problèmes économiques et sociaux.
29. La plupart des employeurs veulent que leurs ouvriers prennent leur retraite à 65 ans.
30. Il faudra augmenter les cotisations syndicales.

17. The committee have failed in their attempt at conciliation (mediation).
18. How long has he been on sick leave?
19. According to the management spokesman, the dispute is far from being settled.
20. The origin of the conflict is (the conflict stems from, has arisen from) the overtime ban by the unions.
21. The Railway workers have staged (decided to organize) a work to rule.
22. Insurance against industrial injuries is now compulsory. (Workmen's compensation is...).
23. Is he entitled to (eligible for) redundancy payment (severance pay)?
24. In a statement issued (released) yesterday, the management announced that the talks were deadlocked.
25. The project deserves to be called a welfare programme: it deals in depth with the problems of old age, sickness and vocational training.
26. What we actually need is not executives, but skilled workers.
27. For some time, the firm has been operating its own pension fund (superannuation fund).
28. Compulsory (enforced) retirement at fifty-five would raise numerous economic and social problems.
29. Most employers want their workers to retire at 65.
30. Union fees (Union dues) will have to be raised.

V. B.2. **The rise of the unions (G.B.)**

A trade union is an association of wage-earners with the object of improving the conditions of their working lives. As long as terms of employment were settled between an employer and an individual workman, the latter's position was weak, especially in times of unemployment. The employer could dictate his own terms, whereas if workmen combined together and all agreed to stick by the same demands, then their bargaining power would be greatly increased.

Acts passed in 1871 and 1875 established the legality of trade unions beyond dispute, along with the right to conduct strikes. Now the unions have come a long way since the days when they had to work underground. Their legal standing and their rights are well established; they are as lawful and as respectable as banks. Their power and influence have never been greater. They have spread far beyond the ranks of the skilled craftsmen, where their early activity was centred. From 1890, unions of unskilled workmen began to appear. Then they spread to the non-manual workers: teachers, local government workers, Civil Servants.

At present about 10 million people, i.e. nearly half of the working population, belong to a union. Governments consult them carefully, employers treat them with respect. They wield a powerful influence on one of the two main political parties (the Labour party). Their leaders are better known and more often in the public eye than most politicians and play a prominent part in public life...

In the U.S.A. the biggest labour organisation is called the A.F.L.-C.I.O. It gathers the members of the former American Federation of Labor (1886) and of the Congress of Industrial Organizations (1938).

The Teamsters and railway labor unions, are the most important of the organized labor groups outside the A.F.L.-C.I.O.

V. B.2. **La naissance des syndicats**

Un syndicat est une association de salariés qui a pour objet l'amélioration des conditions de travail.

Tant que les conditions de l'emploi se réglaient entre l'employeur et un travailleur isolé, la position de ce dernier était faible, surtout dans les périodes de chômage.

L'employeur pouvait dicter ses propres conditions, tandis que si les travailleurs s'associaient et se mettaient d'accord pour s'en tenir aux mêmes revendications, leur pouvoir de négociation en serait considérablement augmenté.

... Des lois, passées en 1871 et 1875, établissent de façon incontestable la légalité des syndicats, parallèlement au droit de mener des grèves.

De nos jours, les syndicats ont parcouru un long chemin, depuis les temps où ils devaient travailler dans l'ombre. Leur statut juridique et leurs droits sont bien établis ; ils sont aussi licites et respectables que les banques. Leur pouvoir et leur influence n'ont jamais été plus grands. Ils se sont étendus bien au-delà des rangs des ouvriers spécialisés où se concentrait leur première activité. A partir de 1889, des syndicats d'ouvriers non qualifiés commencèrent à apparaître. Puis, ils s'étendirent aux travailleurs non manuels : professeurs/enseignants, employés des autorités locales, fonctionnaires, etc.

A présent, environ 10 millions de personnes, c'est-à-dire près de la moitié de la population active appartiennent aux syndicats. Les gouvernements prennent soin de les consulter, les employeurs les traitent avec respect.

Leur influence sur l'un des deux principaux partis politiques (le parti travailliste) est considérable. Leurs chefs sont mieux connus, et plus souvent sous les feux de l'actualité que la plupart des hommes politiques et jouent un rôle éminent dans la vie publique...

Aux U.S.A. la plus grande organisation de travailleurs se nomme l'A.F.L.-C.I.O. Elle réunit les membres de l'ancienne American Federation of Labor (1886) et du Congress of Industrial Organisation (1938).

Le syndicat des transporteurs et celui du chemin de fer sont les plus importants des groupes syndicaux organisés en dehors de l'A.F.L.-C.I.O.

V. B.3. **Vocabulary**

absenteeism	absentéisme
absence without leave	absence injustifiée
according to seniority	par rang d'ancienneté
to advertise a vacancy	annoncer une place vacante
allowance	indemnité
apprentice	apprenti
arbitration	arbitrage
assembly line production	travail à la chaîne
attempt at mediation	tentative de médiation
automation	automation, automatisation
break	pause, interruption
bank holiday (G.B.)	jour de fête légal
blue collar	travailleur manuel
bonus	prime
ca' canny strike	grève perlée
to call a strike	décréter une grève
clerical work	travail de bureau
closing of plants	fermeture d'entreprise
closing time	heure de fermeture
collective (labour) agreement	convention collective
collective bargaining	négociations collectives
contractor	entrepreneur
cost-of-living allowance	allocation de vie chère
craft union	syndicat de métier
daily wage	salaire journalier
to deduct from wages	retenir sur les salaires
to discharge, to dismiss	licencier, donner congé
to discharge without notice	licencier sans préavis
dispute	conflit
dismissal	licenciement
disablement, disability	invalidité
to draw wages	toucher un salaire
dole	indemnité de chômage
dues	cotisations
earnings, earned income	revenus
efficiency bonus	prime de rendement
employees, employed (the)	travailleurs, salariés
employee's association	association de travailleurs
employment	emploi, poste, place
employment agency (or exchange)	office de placement, bourse du travail

V. B.3. **Vocabulary**

to engage on probation	engager à l'essai
engagement	embauchage, embauche
factory hand	ouvrier d'usine
farm labourer	ouvrier agricole
to fill a vacancy	pourvoir à une vacance
to find employment for workers	placer des ouvriers
to fire	congédier, renvoyer
five-day week	semaine de 5 jours
flow production	travail à la chaîne
to form a trade union	se syndiquer
foreman	contremaître
full employment	plein emploi
to give a 3 months' notice	donner un préavis de 3 mois
to go on strike	se mettre en grève
go-slow strike	grève du zèle
grievance	conflit, différent
grievance committee	commission d'arbitrage
gross wages	salaire brut
hand	manœuvre, travailleur de force
to have a day off	avoir une journée de congé
to hire labour	embaucher des ouvriers
holiday with pay	congé payé
hourly wage	salaire horaire
incentive	prime d'encouragement
incentive bonus—(wage)	salaire au rendement
illicit work	travail noir
incapacitation for work	incapacité de travail
increase in wages	augmentation de salaire
industrial relations	relations industrielles
industrial injury	accident du travail
jobless	sans travail
joint-management	co-gestion
junior clerk	employé de bureau
to knock off work	cesser le travail
labour (G.B.), labor (U.S.)	1. travail, labeur, peine 2. main-d'œuvre
labour claims	revendications ouvrières
labour costs	coût de la main-d'œuvre
labour court	conseil de prud'hommes
labour contract	contrat de travail

V. B.3. **Vocabulary**

labour forces	effectifs ouvriers
labour law	droit du travail
labour market	marché du travail
labour office	bureau de placement
labour shortage	pénurie de main-d'œuvre
labour union	mouvement syndical
labourer	manœuvre
last in, first out basis	licenciement, en premier lieu, des derniers entrés
to launch a strike	lancer, déclencher une grève
to lay off	licencier (pour compression de personnel)
leave	congé
legal holiday	jour férié légal
lightning strike	grève surprise
lodge	section syndicale
to look for a job	chercher du travail
lump-sum settlement	règlement forfaitaire
manpower	main-d'œuvre
mass dismissal	licenciement collectif
maximum wage	salaire maximum
minimum guaranteed wage	salaire minimum garanti
net wages (cf. gross w.)	salaire net (après retenues)
night shift	équipe de nuit
night work bonus	prime pour travail de nuit
notice of dismissal	lettre de licenciement
occupational hazards	risques professionnels
office hours	heures de bureau
old age pension	pension de vieillesse
organized labour	les syndiqués
overtime	heures supplémentaires
paid leave	congé payé
part-time workers	travailleurs à temps partiel
pay-day	jour de paie
pay-deduction	retenue sur le salaire
pension fund	caisse de retraite
to pension (off)	mettre à la retraite
personnel representative	représentant du personnel
to picket a factory	installer des piquets de grève
piece work	travail à la pièce
piece (work) wage	salaire aux pièces

V. B.3. **Vocabulary**

plant manager	directeur d'usine
probation period	période d'essai, stage
to promote s.o.	donner de l'avancement à quelqu'un
promotion by seniority	promotion à l'ancienneté
protest strike	grève de protestation
to quit	quitter son emploi
redudancy	licenciement(s)
to resign	démissionner
resignation	démission
to resume work	reprendre le travail
resumption of work	reprise du travail
to retire (on a pension)	prendre sa retraite
retirement pension	pension de retraite
right to social insurance benefits	droit aux prestations sociales
right to strike	droit de grève
salaried worker	salarié
to screen applicants	trier les candidats
scab	briseur de grève, jaune
semi-skilled worker	ouvrier semi-qualifié
senior clerk	chef de bureau
seniority pay	prime d'ancienneté
severance pay	prime de licenciement
shop steward	délégué syndical
shop superintendent	chef d'atelier
shut-down of plant	fermeture d'entreprise
sick leave	congé de maladie
sickness benefit	indemnité de maladie
skilled worker	ouvrier qualifié
social insurance (legislation)	assurance (législation) sociale
social law	droit social
social policy	politique sociale
social welfare	prévoyance sociale
staff	le personnel (souvent au sens d'état-major)
to stage a demonstration	organiser une manifestation
stoppage of work	arrêt du travail, débrayage
to stop work	débrayer
stay-in strike	grève sur le tas
strike	grève
to be on strike, to strike	faire la grève

V. B.3. **Vocabulary**

striker	gréviste
strike breaker	briseur de grève
strike fund	fond de grève
strike notice	préavis de grève
strike picket	piquet de grève
supervisor	chef d'atelier
supervisory personnel	personnel de surveillance
superannuation fund	caisse retraite
sympathetic strike	grève de solidarité
team work	travail en équipe
to tender one's resignation	donner sa démission
term of notice	délai de préavis
3-shift system	les 3-8
token strike	grève symbolique
top wages	salaire maximum
trade union	syndicat
to transfer s.o.	muter, déplacer
travelling allowance	indemnité de déplacement
to trigger a strike	déclencher une grève
underemployment	sous-emploi
unemployment	chômage
unemployment benefit	allocation chômage
the unemployed	les sous-travail, chômeurs
unionism, union movement	syndicalisme, mouvement syndical
unionist	syndicaliste
union member	syndiqué
union leader	dirigeant syndical
union officials	responsables syndicaux (permanents)
union representative	délégué syndical
union organization	organisation syndicale
union contribution	cotisation syndicale
unfit for work	inapte au travail
unskilled worker	manœuvre, ouvrier non qualifié
vacation	vacances, congés annuels
wage(s)	salaire, paie, gage
wage agreement	convention salariale
wage claims (demands)	revendications salariales
wage control, freeze, stop	blocage des salaires
wage costs	charges salariales
wage dispute	conflit salarial

V. B.3. **Vocabulary**

wage-earner	salarié
wage packet	enveloppe de paie
wage policy	politique salariale
wage-price spiral	la spirale des prix et des salaires
warning strike	grève d'avertissement
welfare state	État-providence
welfare worker	assistant(e) social(e)
white collar worker	employé de bureau
wildcat strike	grève sauvage
to withold from wages	retenir sur les salaires
worker, working man	ouvrier
work(ing) day	jour ouvrable
working hours	horaire de travail
to work overtime	faire des heures supplémentaires
work(ing) to rule	grève du zèle
work in shift	travail par équipe
works	usine, fabrique, atelier
works manager	directeur d'usine

V. B.3. **Vocabulary** (revision)

A.2.

deadline	date limite
to warn	prévenir
blackmail	chantage
to wind up	finir, terminer
plant	usiné
threat	menace

A.3.

statement	déclaration
released	publié
behaviour	comportement, attitude
to give a hearing	accepter d'entendre
to stand one's ground	tenir bon, ferme
to commit	s'engager

A.4.

resumption	reprise
prerequisite	nécessité préalable
to fail	échouer
to work out	élaborer
to prove	s'avérer
to bypass	court-circuiter

VI

Business file six

Tapping a new market Economic survey

Attaque d'un nouveau marché - Enquête économique

Storyline

The company has now obtained a satisfactory share of the home market and is turning towards exports. Detailed studies are carried out to select the most profitable markets. A few countries are shortlisted, and one is eventually chosen.

The next step is to devise [div**aï**z] an efficient distribution policy, and to set up the appropriate [apr**ôou**priéït] network of retail outlets.

Résumé

La société a maintenant obtenu une part satisfaisante du marché intérieur et se tourne vers les exportations.

Des études détaillées sont menées pour sélectionner les marchés les plus rentables. Quelques pays sont retenus et l'un d'eux est finalement choisi.

L'étape suivante consiste à mettre au point une politique efficace de distribution, et à établir le réseau approprié de points de vente au détail.

VI. A.1. **Summary**

For several months, the factories have been working at full capacity [kepasiti], and the company is now faced with the problem of growth [grôous*]. New facilities [fesilitiz] have been purchased to meet the needs of an expanding production, and means are being sought to optimize [optimaïz] this new plant and equipment.

The company already has a large share of the home market in the fields where production is profitable (household appliances [eplaïensiz], see marketing report) and any attempts [etèmpts] at increasing this share would require such efforts for dubious [dioubies] results that they wouldn't be worthwhile [we:s*waïl].

Therefore, the decision has been made to tap new markets, and one of the most likely product to be exported appears to be electric coffee-grinders, for the following reasons:

1) This item is technologically advanced and technically faultless.

2) Its present selling price is highly competitive [kempètitiv], by international standards.

3) The profit margin is more than satisfactory [satisfaktori].

4) There are good prospects in many European countries, and in developing countries, for the marketing of such an article.

Two countries have been selected because they seem to offer favorable conditions in terms of their economic situation and consumer trends.

Below is a report on general economic conditions in one of them.

VI. A.1. **Sommaire**

Depuis plusieurs mois les usines travaillent à plein rendement et la société est maintenant confrontée au problème de la croissance. De nouvelles infrastructures[1] ont été acquises pour répondre aux besoins d'une production en expansion et on recherche des moyens pour optimiser les nouvelles installations et le nouveau matériel.

La société détient déjà une grande part du marché intérieur dans les domaines où la production est rentable (appareils ménagers, voir rapport marketing) et toute tentative d'augmenter cette part demanderait de tels efforts pour des résultats douteux que cela n'en vaudrait pas la peine.

En conséquence, la décision a été prise d'attaquer de nouveaux marchés et l'un des produits qui sont les plus susceptibles d'être exportés semble être les moulins à café électriques pour les raisons suivantes :

1) Cet article est technologiquement en avance et techniquement irréprochable.

2) Son prix de vente actuel est hautement concurrentiel selon les points de comparaison internationaux.

3) La marge bénéficiaire est plus que satisfaisante.

4) Il y a de bonnes perspectives dans de nombreux pays européens, et dans les pays en voie de développement, pour la mise sur le marché[2] d'un tel article.

Deux pays ont été sélectionnés parce qu'ils paraissent offrir des conditions favorables du point de vue de leur situation économique et de l'évolution de la consommation.

Voici plus bas un rapport sur les conditions économiques générales de l'un d'entre eux.

---

(1) *Facilities :* installations, moyens disponibles, etc. Faux-ami qu'il ne faut pas associer au français « facilités », comme dans « facilités de paiement » : on dira plutôt : *deferred payment* ou *hire purchase terms available*.

(2) *Marketing :* outre le sens désormais classique de recherche, conception et réalisation de produits après étude du marché, peut en anglais décrire le résultat ultime de cette série d'opération : la mise sur le marché. C'est d'ailleurs une forme du verbe *to market* (commercialiser) qu'il faut y retrouver, et non plus le substantif *marketing*.

VI. A.2. **Economic trends in Kashland**

On the whole, 1981 continued the strong profits performance [pefo:mens] that might have been expected in the first year of recovery [rikœvri] from recession. It is unusual to have two years of such rapid profit growth back-to-back, but 1973 was remarkably free of strikes and marked by an exuberant [igziou:brent] rise in orders, production and sales. Along with expanding output came the above-average [ebœv avridj] increases in productivity [prodoektiviti] usually associated with the early stages of recovery.

The preliminary returns of Totsbank's annual survey [se:vi] show a rise in corporate [ko:prit] aftertax earnings of 17% over those of 1980.

The improvement in earnings was evident among firms of all sizes. In fact, it appears that small and medium-sized [mi:diem saïzd] companies had better fourth-quarter gains than the biggest ones.

The prevailing mood among consumers is confidence and optimism. The rise in the standard of living and the availability of credit have resulted in some sectors in a genuine [djè:nouïn] spending spree. Textiles, household goods and electrical appliances have been the main beneficiaries [bènifichiriz]...

The Government [gœvenment] of Kashland has no restrictives policies concerning foreign investments and the installation of foreign firms, although steps have been taken to prevent the national economy from becoming too dependent on foreign supplies in such sectors as foodstuffs and chemicals. But the demand for consumer goods is increasing so fast that there seems to be plenty of room for foreign manufactures.

Marketing tests will now be carried out to determine the right channels of distribution, pricing policy, packaging [pakidjin*] and display, etc.

VI. A.2. **Tendances de l'économie au Kashland**

Dans l'ensemble 1973 a marqué la poursuite des résultats fortement bénéficiaires qu'on pouvait escompter au cours de la première année de convalescence après la récession. Il est rare d'avoir deux ans de suite une croissance des profits aussi rapide, mais 1973 fut remarquablement pauvre en grèves et marqué par une augmentation presque folle des commandes, de la production et des ventes.

Avec l'expansion de la production on constate des gains de productivité supérieurs à la moyenne, qu'on associe habituellement aux premières étapes du rétablissement économique.

Les résultats préliminaires de l'enquête annuelle de la Totsbank indiquent une augmentation de 17 % des gains des sociétés après impôts, par rapport à ceux de 1972.

L'amélioration des revenus fut évidente pour des entreprises de toutes tailles. En fait, il apparaît que les P.M.E. ont connu des gains meilleurs que les plus grosses affaires au cours du quatrième trimestre.

Parmi les consommateurs, l'atmosphère est à la confiance et à l'optimisme. L'élévation du niveau de vie et les facilités de crédit ont pour résultat une véritable vague de dépenses achats dans certains secteurs. Les textiles, et l'électroménager en sont les principaux bénéficiaires.

Le gouvernement de Kashland n'exerce pas de politiques restrictives à l'égard des investissements étrangers et l'installation de sociétés étrangères, bien qu'il y ait eu des mesures prises pour empêcher que l'économie nationale n'en vienne à dépendre trop des fournisseurs extérieurs dans des secteurs comme l'alimentation et la chimie. Mais la demande de produits de consommation augmente si rapidement qu'il semble qu'il y ait de la place pour des fabrications étrangères...

Des sondages de marketing seront donc effectués pour déterminer quels sont les canaux de distribution, la politique des prix, le conditionnement et la présentation les mieux adaptés...

VI. A.3. **Selecting a test area**

Conversation between Marketing Manager (D.L.) and Sales Manager (Tom O'Neal)

D.L. It is obvious [**o**bvies] we cannot open our own retail outlets throughout [s*r**ou**aout] Kashland.

T.O'N. But we cannot rely entirely on one agent.

D.L. No, we can't. Besides, that would mean losing control over the marketing of our products.

T.O'N. And then, do we want to have a nation-wide launch, or do we want to try our product locally first?

D.L. Yes. A test area [**è**erie]... We don't know the market well enough to do without such preliminary testing.

T.O'N. In the report about consumer habits and preferences, it says that our product is likely to sell more in department stores and multiples.

D.L. This is why I think the best idea would be to negotiate a contract with one of the big chains. They could launch the product in one specific area to start with, and then market it throughout the country.

T.O'N. You mean they would have exclusive right of sale?

D.L. Whether or not they would be our sole agents, and for what period, remains to be seen. Another point is that we should be careful not to leave all the planning to them. We must have our say in such matters as pricing policy, packaging, advertising, etc. We must be responsible for our own strategy [str**a**tidji]. Besides our brand image is at stake [stéïk].

T.O'N. I agree entirely. As you always say, if we really want to learn something about the market, we must have some control over the distribution of our products, and keep in touch with the consumers.

VI. A.3. **Choix d'un secteur témoin**

Conversation entre le directeur du marketing (David Lavelle) et le chef des ventes (Tom O'Neal)

D.L. Il est évident que nous ne pouvons pas ouvrir un réseau de détaillants à nous dans tout le Kashland.

T.O'N. Mais nous ne pouvons pas nous en remettre à un seul concessionnaire.

D.L. Non. D'ailleurs ça reviendrait à perdre le contrôle de la commercialisation de nos produits.

T.O'N. Et puis, est-ce que nous voulons un lancement sur une échelle nationale, ou bien d'abord des essais localisés ?

D.L. Oui, un secteur témoin... Nous ne connaissons pas assez bien le marché pour nous dispenser de tels essais préliminaires.

T.O'N. Dans le rapport sur les préférences et les habitudes des consommateurs, il est dit que notre produit pourrait se vendre mieux dans les grands magasins et les succursalistes.

D.L. C'est pourquoi je crois que le mieux serait de négocier un contrat avec une des grandes chaînes. Ils pourraient faire le lancement d'abord dans un secteur déterminé, puis dans le pays tout entier.

T.O'N. Vous voulez dire qu'ils auraient l'exclusivité de la vente ?

D.L. Agents exclusifs ou non et pour quelle durée, cela reste à voir. Autre point : nous devons faire attention à ne pas leur abandonner toute la programmation. Il faut que nous ayons notre mot à dire sur des sujets tels que la politique des prix, le conditionnement, la publicité, etc. Nous devons avoir la seule responsabilité de notre propre stratégie. C'est notre image de marque qui est en jeu.

T.O'N. Entièrement d'accord. Comme vous avez l'habitude de le dire, si nous voulons réellement apprendre à connaître le marché, il nous faut contrôler tant soit peu la distribution de nos produits, et garder le contact avec le consommateur.

VI. B.1. **Essayez de traduire...**

1. La situation économique au cours des derniers mois n'a pas été encourageante.
2. La morosité (torpeur) a persisté pendant toute l'année.
3. La plupart des prévisions ont dû être révisées en baisse.
4. Les perspectives immédiates sont sombres (l'avenir immédiat est sombre).
5. L'inquiétude quant à une aggravation du ralentissement des affaires est largement partagée.
6. Les affaires sont au point mort.
7. Une dévaluation donnerait aux exportateurs un avantage sur leurs concurrents.
8. Une dévaluation a souvent pour conséquence une augmentation des coûts de production des prix et des salaires.
9. Nous allons droit à la crise.
10. La situation est compliquée (rendue plus préoccupante) par l'inflation et les troubles sociaux.
11. La stagflation fait rage. (On est en pleine stagflation.)
12. Des informations inquiétantes font état d'un désordre croissant et de licenciements généralisés.
13. Le chômage a augmenté peu à peu pendant toute l'année.
14. Les industriels aux abois cherchent désespérément comment faire face à cette vague de grèves sauvages.
15. Il faudra endiguer la marée inflationniste.
16. Il faudrait décourager les syndicats d'accélérer la course prix-salaires.
17. Si la demande des consommateurs se stabilise ou décroit, les employeurs n'auront finalement plus d'autre choix que de licencier du personnel.
18. Le gouvernement envisage actuellement un blocage des salaires.
19. Des mesures complémentaires devront être prises pour réduire les pressions inflationnistes sur les coûts et les prix.
20. Le T.U.C. et la C.B.I. devraient jeter les bases d'une politique commune de relations industrielles.

VI. B.1. ... et contrôlez

1. The economy's performance in the last few months has not been encouraging.
2. Sluggishness has persisted throughout the year.
3. Most estimates have had to be revised downward.
4. The immediate outlook is gloomy.
5. There is widespread concern over a deepening of the business slowdown.
6. Business is at a standstill.
7. A devaluation would give exporters a competitive edge.
8. The aftermath of a devaluation is often a rise in production costs, prices and wages.
9. We are headed for a slump.
10. The situation is compounded by inflation and labour unrest.
11. Stagflation is rampant.
12. There are disturbing reports of mounting chaos and widespread lay-offs.
13. Unemployment has been inching up all year.
14. Beleaguered industrialists are casting about for means of coping with the rash of wildcat strikes.
15. The rising tide of inflation will have to be stemmed.
16. Unions should be discouraged from speeding up the wage-price spiral.
17. If consumer demand levels off or falls, employers will eventually have no alternative but to cut their payrolls.
18. The government is now contemplating a wage-freeze.
19. Additional measures will have to be taken to reduce upward pressures on costs and prices.
20. The Trades Union Congress[1] and the Confederation of British Industries[2] should work out guidelines for a common policy on industrial relations.

(1) T.U.C. : Organisation Confédérale des Syndicats Britanniques.
(2) C.B.I. : Organisation Patronale, équivalent au Centre National du Patronat Français (C.N.P.F.).

VI. B.1. **Essayez de traduire...**

21. Les espoirs d'une reprise prochaine (rapide) de l'économie ont été déçus.
22. Bien des économistes estiment qu'une stimulation artificielle de la demande est préférable à une économie languissante.
23. La seule solution est de stimuler une économie en perte de vitesse.
24. Il faudra recourir à un certain nombre de mesures de relance si l'on veut redresser l'équilibre du pays.
25. Le pays paraît être sur la voie d'une reprise.
26. Un puissant mouvement d'achat se développe.
27. Les consommateurs ont été saisis d'une frénésie d'achats.
28. La reprise se confirme (gagne de nouveaux secteurs), bien que le pays soit toujours en proie à l'inflation.
29. Malgré l'optimisme officiel, il n'est toujours guère évident que l'économie se remette de sa relative récession.
30. Les ventes au détail n'ont augmenté que de 3 % par rapport à l'année dernière — ce qui représente en fait une baisse de volume compte tenu de l'inflation.
31. De nouvelles incitations aux investissements (dépenses) de capitaux sont aujourd'hui très sérieusement à l'étude.
32. Il faut relancer l'emploi et la consommation.
33. Telle est la question : comment maintenir la prospérité tout en jugulant l'inflation.
34. Savoir si le Federal Reserve Board va assouplir le crédit est un point controversé.
35. Les industriels (chefs d'entreprises) ont été peu enclins à utiliser le crédit déjà disponible.
36. Avec la baisse des taux d'intérêts aux U.S.A., les capitaux spéculatifs gagneraient (seraient dirigés) vers l'Europe pour y profiter d'une meilleure rémunération du capital.
37. La confiance ne se rétablit pas du jour au lendemain.
38. Le ralentissement des affaires préoccupe sérieusement les milieux gouvernementaux.
39. Le Produit National Brut (P.N.B.) a augmenté de 5 %.

21. Expectations of an early rebound in the economy have been disappointed.
22. Many economists feel that artificially stimulated demand is preferable to a slack economy.
23. There is no alternative but to spur the lagging economy.
24. Some amount of pump-priming will be needed if the country is to be set on its feet again.
25. The country now seems on its way to recovery.
26. A powerful surge of buying has been developing.
27. (The) consumers have gone on a spending-spree.
28. The revival spreads, although the country is still plagued by inflation.
29. Despite official optimism, it is still far from sure that the economy is recovering from its mild recession.
30. Retail sales are up only 3% over last year — an actual drop in volume after discounting inflation.
31. New incentives to spur capital spending are currently under active consideration.
32. There is a need to beef up employment and consumption.
33. The question is: how to retain prosperity while curbing inflation (while checking inflation).
34. Whether the Fed[1] will open the money tap wider remains open to question.
35. Businessmen have been loath to use the credit already available.
36. With U.S. interest rates falling, hot money would flow to Europe to take advantage of the higher returns there.
37. Confidence cannot be restored overnight.
38. The business slowdown is causing serious concern in government circles.
39. The Gross National Product (G.N.P.) has increased by 5%.

(1) *The Fed:* The Federal Reserve Board (U.S.), qui agit comme organisme bancaire fédéral régulateur du marché monétaire et financier.

VI. B.2. **What is economics about?**

Economics is about the everyday things of life; how we get our living and why sometimes we get more and sometimes less. Nowadays everybody realizes the important part played in their lives by economic factors, because nothing seems to stay put for more than a few weeks on end. Prices are continually changing, generally upwards, and no sooner do we congratulate ourselves on being a bit better off than we seem to lose all we have gained because of having to pay more for everything we want. Industries, such as coal mines and railways, which we have taken for granted as a natural part of the scene, decline in size, and other quite new ones, electronics [ilèktroniks] and plastics and so on, take their place as big fields of employment; and these changes in size directly affect the lives of hundreds of thousands of families.

Those of us who are now middle-aged can recall the shock we had during the war when the scarcity [skèesiti] of so many of the goods we needed for our day-to-day living brought vividly home to us how much we depend on the four corners of the world for all the things we normally use without generally giving a moment's thought to their origin.

There was a time when each family actually produced for itself most of the things it needed for its everyday life. In the modern world, the relationship between work and wants is much less direct than it used to be, for most of us spend our time making things for sale and not for our own use. This specialization, which is the characteristic of the modern economy, enables us to enjoy things of which our grandfathers never dreamed, motor-cars bicycles and planes, vacuum cleaners and refrigerators [rifridjeréïtez], rayon and plastic clothing, more varied [vèerid] foods, and all sorts of other goods, but it also makes the world very much more complex.

Gertrude Williams
(The Economics of Everyday Life)

VI. B.2. **L'économie, qu'est-ce que c'est?**

L'économie se rapporte aux choses ordinaires de la vie : comment nous la gagnons, tantôt plus, tantôt moins. Chacun comprend de nos jours, le rôle important que les facteurs économiques joue dans sa vie, car rien ne semble rester en place pendant plus de quelques semaines d'affilée. Les prix changent sans cesse, en général en hausse, et à peine nous félicitons-nous d'être un peu plus à l'aise, que nous paraissons tout perdre en ayant à payer plus cher tout ce qu'il nous faut. Des industries comme les mines de charbon et les chemins de fer, qui nous apparaissent comme un élément familier de notre environnement, diminuent d'importance, et d'autres tout à fait nouvelles, celles de l'électronique, des plastiques, etc., prennent leur relais comme secteurs importants d'emplois ; et ces variations de volume affectent directement la vie de centaines de milliers de familles.

Ceux qui parmi nous sont d'un certain âge se souviennent du choc reçu durant la guerre, lorsque la rareté de tant des produits dont nous avions besoin dans notre vie quotidienne nous fit comprendre (de façon imagée) à quel point nous dépendons du reste du monde pour toutes ces choses que nous utilisons habituellement sans la moindre pensée pour leur provenance.

Il fut un temps où chaque famille produisait la plupart des choses qui servaient à sa vie quotidienne. Dans le monde moderne, la relation entre le travail et les besoins est bien moins directe qu'autrefois, car nous passons pour la plupart notre temps à fabriquer des objets destinés à la vente, et non à notre propre usage. Cette spécialisation qui est la marque de l'économie moderne, nous permet de jouir de choses dont nos grands-parents n'ont jamais rêvé : automobiles, bicyclettes et avions, aspirateurs et réfrigérateurs, textiles artificiels et tissus synthétiques, aliments plus variés, et toutes sortes d'autres produits ; mais elle rend aussi notre monde beaucoup plus complexe.

VI. B.3. **Definitions**

(Free) Market Economy

An economic system in which the market—that is the relations between producers and consumers, buyers and sellers investors and workers, management and labour [l**éï**be]—is supposed to be regulated by the law [lo:] of supply [sepl**aï**] and demand. Business firms are supposed to compete freely, and any attempt at hindering free competition ("restrictive practices") is punishable by law.

Direct government intervention is theoretically [Si*or**è**:tikli] ruled out although the government will influence the economic situation through its fiscal and budgetary policies.

Planned economy

A system whereby [w**è**erbaï] the structure of the market is deliberately planned by the state, in which production and consumption quotas are fixed beforehand, and where there is no real competition between industrial or commercial organisations. In the Soviet model, for instance, all the means of production and the channels of distribution are state controlled. Private ownership [**ôou**nechip] does not exist in this field.
In practice, there is a wide gap between the theorical models and economic relaties: the so-called market economies rely more and more on Government planning and intervention, whereas in planned economies, such capitalistic [k**a**pitl**i**stitk] notions as profit tend to be reintroduced [ri:intredi**ou**st].

National income

It is the Gross National Product less sums set aside for depreciation and indirect taxes, plus state subsidies.

VI. B.3. **Définitions**

Économie de marché (libre)

Système économique dans lequel le marché, c'est-à-dire les relations entre producteurs et consommateurs, acheteurs et vendeurs, investisseurs et travailleurs, direction et salariés, est supposé régi (régulé) par la loi de l'offre et de la demande. Les entreprises sont censées se concurrencer librement, et toute tentative pour entraver la libre-concurrence (« manœuvres restrictives ») tombe sous le coup de la loi.

L'intervention directe du gouvernement est théoriquement interdite par la loi, encore que le gouvernement influence la situation de l'économie par le jeu des politiques fiscale et budgétaire.

Économie dirigée (ou dirigisme)

Système par lequel la structure du marché est délibérément planifiée par l'état, où les taux de production et de consommation sont fixés d'avance, et où il n'y a pas de vraie concurrence entre organisations commerciales ou industrielles. Dans le modèle soviétique par exemple, tous les moyens de production et tous les canaux de distribution sont nationalisés. La propriété privée n'existe pas dans ce domaine.

Dans la pratique, il apparaît un large fossé entre les modèles théoriques et les réalités économiques : les prétendues économies de marché s'en remettent de plus en plus aux prévisions et aux interventions gouvernementales, tandis que dans les économies dirigistes, on tend à réintroduire des notions aussi capitalistes que celle de profit.

Revenu national

C'est le produit national brut (P.N.B.) diminué des amortissements et des impôts indirects, et augmenté des subventions gouvernementales.

VI. B.4. **Keynes's principles**

Some economists suggest that the economics of plenty may have to be superseded [siou:pesi:did]—at least for a while—by the economics of scarçity.

In the 1930s, British economist John Maynard Keynes touched off a revolution in economic policy making by demonstrating that, left to their own devices, a nation's people often saved too much and spent too little of their earnings [e:nin*z] to keep all its farms, factories and workers busy.

Therefore, Mr. Keynes showed, by borrowing some of the public's excess [iksès] savings—that is, by running budget deficits—governments could increase their spending to create jobs and provide new services for the public without putting undue [œndiou:] strain on the economy.

Or, if they chose, governments could simply cut taxes, thereby transferring new spending power to consumers and increasing purchases and employment that way.

Introduced in the administration of Franklin D. Roosevelt, these principles have found increasing acceptance in the United States. They have been widely credited with fostering prosperity and dampening recessions in the years since World War II.

Now, however, there are signs [saïnz] that the conditions Mr. Keynes observed [ebze:vd] may have changed. Savings, which were excessive in Mr. Keynes's day, now may not be fully adequate to finance the nation's investment needs, some economists say.

VI. B.4. TEXTE **Les principes de Keynes**

Certains économistes laissent entendre que l'économie d'abondance peut avoir été détrônée, au moins provisoirement, par l'économie de pénurie.

Dans les années trente, l'économiste britannique J.M. Keynes déclencha une révolution dans la pratique économique en démontrant que livré à lui-même, un peuple épargne souvent une part trop forte et dépense une part trop faible de ses revenus pour maintenir le plein emploi dans l'agriculture, les usines et parmi les travailleurs.

Mr. Keynes démontra donc qu'en en empruntant une partie de l'épargne publique excédentaire, c'est-à-dire en ouvrant un déficit budgétaire, les gouvernements pouvaient accroître leurs dépenses afin de créer des emplois et offrir de nouveaux services au public sans exercer une pression insupportable sur l'économie.

Ou bien, s'ils le voulaient, les gouvernements pouvaient tout simplement réduire l'impôt, et ainsi transférer une capacité de dépenses (pouvoir d'achat) nouvelle aux consommateurs, pour accroître la dépense et donc l'emploi.

Introduits dans l'administration de F.D. Roosevelt, ces principes ont rencontré des échos de plus en plus favorables aux États-Unis. On leur a généralement attribué le mérite d'avoir favorisé la prospérité et atténué les récessions au cours des années qui suivirent la Seconde Guerre mondiale.

Pourtant on croit déceler aujourd'hui que les conditions observées par Mr. Keynes ont pu changé. Il se peut que l'épargne, excessive du temps de Mr. Keynes, ne soit pas suffisante d'après certains économistes, pour financer les besoins en investissements de la nation.

VI. B.5. **Vocabulary** (revision)

A.1. household appliances	appareils ménagers
dubious	incertains
to be worthwile	valoir la peine
to tap	attaquer (un marché)
grinders	broyeurs, moulins
item	article
faultless	parfait, sans défaut
competitive	concurrentiel, bien placé
profit margin	marge bénéficiaire
prospects	1. perspectives 2. clients potentiels
in terms of	du point de vue de
trends	tendances
A.2. performance	1. représentation 2. résultat
output	rendement, production
average	moyenne
survey	enquête, étude
corporate	de l'entreprise
earnings	gains
improvement	amélioration
gains	gains, profits
confidence	confiance
availability of credit	facilités de crédit, crédit possible
genuine	authentique, vrai
foodstuffs	produits alimentaires
to carry out	effectuer, mener à bien
packaging	conditionnement
A.3. obvious	évident
throughout	à travers, dans tout
to rely (on)	s'en remettre (à)
besides	d'ailleurs, en outre
nation-wide	national
area	zone, secteur
likely (to)	susceptible (de)
multiples (multiple shops)	succursalistes (magasins à succursales)
sole agents	agents, concessionnaires exclusifs
brand image	image de marque
to be at stake	constituer l'enjeu, être en jeu
to keep in touch	rester en rapport,

VI. B.5. **Vocabulary - Economics**

affluent society	société de l'abondance
average returns	rendements moyens
barter transaction (= deal)	opération de troc
boom	prospérité, essor
booming	en expansion, en plein essor, prospère
budget policy	politique budgétaire
the building-trade	le bâtiment, l'industrie du bâtiment
business quarters (= circles)	milieux d'affaires (= économiques)
capital expenditure (= investment)	investissements, placements
capital goods	biens d'investissement
capital investment	investissement de capitaux
capitalistic system	système capitaliste
City News (G.B.), financial columns	rubriques financières
consumer goods	biens de consommation
consumerism	défense du consommateur
(state) controlled economy	économie dirigée
corporate income tax (U.S.)	impôt sur les sociétés
credit squeeze	encadrement, resserrement du crédit
crisis, slump	crise
to curb (to check), inflation	juguler, endiguer l'inflation
to stem, to halt inflation	stopper l'inflation
downward trend	tendance à la baisse
economic	économique (se rapportant à l'économie, qui a trait à l'économie)
economical	a) qui fait faire faire des économies b) rentable
economics	a) économie politique b) science de l'économie
the economy	état de l'économie d'un pays donné à un moment donné
employer's social security contribution	cotisation patronale à la sécurité sociale

VI. B.5. **Vocabulary - Economics** (continued)

entrepreneur	patron, chef d'entreprise
escalator clause	clauses d'indexation, d'échelle mobile
excess demand	gonflement (= excès) de la demande
expected future trend (of the market) economic outlook (= prospects)	perspectives de l'évolution, conjoncture
fisheries	les pêcheries, la pêche
free market economy, competitive profit system	économie de libre concurrence
general slackness	ralentissement général
government planning	planification gouvernementale
to grant government subsidies	accorder l'aide des pouvoirs publics
the gross national product (G.N.P.)	produit national brut (P.N.B.)
growth	croissance
housebuilding (G.B.), home-building (U.S.)	construction de logements
household budget	budget familial
housing policy (shortage)	politique (crise) du logement
to improve the living standard	améliorer le niveau de vie
incomes policy	politique des revenus
increase in productivity	accroissement de la productivité
the iron and steel industry	la sidérurgie
laws affecting business	législation (droit) économique
to lay off	licencier (par compression du personnel)
the manufacturing (= processing) industries	les industries de transformation
market (= sale) value	valeur marchande (= vénale)
national product	produit national

VI. B.5. **Vocabulary - Economics** (continued)

the oil industry	l'industrie pétrolière
overall demand	demande nationale
per capita consumption	consommation individuelle
the power industry	l'industrie énergétique
power resources	ressources énergétiques
pressure group, lobby	groupe d'intérêts (de pression)
price-freeze	blocage des prix
profit, returns, proceeds, produce, yield	produit, rapport, rendement
public utilities	(les entreprises) de service public
rally	reprise (surtout boursière)
real estate	l'immobilier
recovery, upturn, revival, rebound	reprise, redressement, relance
redundancies	licenciements, personnes licenciées
to restrain competition	freiner le libre jeu de la concurrence
runaway inflation	inflation galopante
self-sufficient economy	économie fermée, autarcique
shortage	crise, pénurie
stagflation	stagflation (stagnation plus inflation)
stalemate	marasme
standard of living	niveau de vie
standstill	arrêt, point mort, immobilisation
strain	tensions, difficultés
subsidy, grant, subvention	subvention, subside
surplus production	production excédentaire
tariff policy	politique douanière
tax(ation) (= fiscal) policy	politique fiscale, fiscalité
unemployment	chômage
underproduction	sous-production,
wage and price spiral	course des prix et des salaires
wage-freeze	blocage des salaires
wage-scale	échelle des salaires

VII

Business file seven

Preparing a business trip

Préparation d'un voyage d'affaires

A. Situations

A.1. Preparing a schedule (I)
A.2. Preparing a schedule (II)
A.3. Booking a hotel room
  a) in writing
  b) on the phone

B. Records

B.1. Key sentences (1)
B.2. Key sentences (2)
B.3. Taxation, inflation & the expense account
B.4. Vocabulary

Storyline

David Lavelle now has to go abroad, in order to ensure contacts with potential agents throughout Europe. He asks his secretary to make all necessary arrangements [eréïnjments] for a short but fruitful [frou:tfoul] business trip.

Résumé

David Lavelle doit maintenant se rendre à l'étranger, afin d'assurer des contacts avec des agents potentiels à travers l'Europe. Il demande à sa secrétaire de prendre les dispositions utiles pour un voyage d'affaires court mais fructueux.

VII. A.1. **Preparing a schedule** (1)

David Lavelle, Marketing Manager
Ann Perkinson, his private secretary

D.L. Will you repeat what you've just noted down about all the reservations, Ann? Then get in touch with Ronnie Peterson at World Travels; he handles G.T.'s budget there.

A.P. Of course Sir. You want to be in Düsseldorf on the 22nd lunchtime, spend the afternoon on our stand at the Trade Fair, overnight, [ôouvenaït] and leave in the morning for Basel. You'll spend the day there and drive over to Strasburg in a rental car.
You'll have to eat and sleep in town, and leave early the next morning to see our local agent whose offices are in the suburbs [sœbe:bz]. He'll keep you there all day, and put you on the evening plane to Brussels [brœselz]. Hired car to be returned to the airport office. That will be the 24th. You'll be leaving in the evening for Antwerp [antoue:p], by car, to stay overnight and spend the morning there, then you'll drive to Rotterdam in the afternoon. You'll be sleeping there and you'll fly back here the following evening. Your flight should be in no later than 6 p.m. Is there anything I forgot Sir?

D.L. No, that's perfect, Ann. I ish I had more time to spend on this trip. I'd hate to miss the ball simply because things are running behind schedule [skèdioul/chèd*ioul*] here and I must be back on Friday 26th. Make sure you keep a close track of my itinerary [aïtinreri] in case there should be any need to get in touch with me.

Before the war you took you secretary abroad and called her your wife.
Now for tax purposes, you travel with your wife and call her your secretary.

Punch

VII. A.1. **Préparation d'un programme** (1)

David Lavelle, directeur du marketing
Ann Perkinson, sa secrétaire particulière

D.L. Bon, voulez-vous répéter[1] ce que vous venez de noter au sujet des réservations, Anne ? Puis contactez Ronnie Peterson de World Travels ; il s'occupe du compte de la Global Tools.

A.P. Bien sûr Monsieur. Vous voulez être à Düsseldorf le 22 à midi, passer l'après-midi sur notre stand de la Foire Commerciale, coucher en ville et partir, le lendemain matin pour Bâle. Vous passerez la journée là, puis vous vous rendrez à Strasbourg dans une voiture de location. Vous devrez dîner et coucher en ville, et vous partirez le lendemain matin de bonne heure pour rencontrer notre agent local dont les bureaux sont en banlieue. Il vous gardera toute la journée, et vous accompagnera à l'avion du soir pour Bruxelles. La voiture de location sera rendue au bureau de l'aéroport[2]. Cela nous met le 24. Vous vous rendrez dans la soirée à Anvers en voiture, vous y passerez la nuit et la matinée, puis vous irez en voiture à Rotterdam dans l'après-midi. Vous coucherez là-bas et vous rentrerez par avion en fin d'après-midi. Votre vol devra atterrir[3] à 18 h au plus tard. Est-ce que j'ai oublié quelque chose Monsieur ?

D.L. Non, Anne, c'est parfait. Si seulement j'avais plus de temps à consacrer à ce voyage[4]... Celà m'ennuierait énormément de rater l'affaire uniquement parce que les choses prennent du retard ici, et qu'il faut que je sois rentré vendredi 26. Veillez bien à ne pas perdre de vue mon programme, au cas où il serait nécessaire[5] de me joindre.

---

(1) ***will you repeat :*** **ce futur équivaut à une forme de politesse.**

(2) ***Hired car to be returned :*** **style télégraphique sans article pour** ***the car is to... To be to :*** **devoir avec la nuance « inscrit au programme », « dans l'ordre des choses ».**

(3) ***to be in :*** **ici sous-entendu** ***at the airport.*** **En somme synonyme de** ***to arrive.***

(4) ***I wish I had more time :*** **exprime le regret de ce qui ne peut avoir lieu.**

(5) ***in case there should be : there should be*** **est traduit par un conditionnel, et implique une hypothèse peu probable, mais qu'on préfère envisager.**

Avant la guerre vous emmeniez votre secrétaire à l'étranger en la faisant passer pour votre femme. Maintenant, pour des raisons fiscales, vous voyagez avec votre femme et vous la faites passer pour votre secrétaire.

VII. A.2. **Preparing a schedule** (2)

(Same Characters [kariktez]*)*

A.P. Now about hôtels [hôoutèlz], do you have any preference [prèfrens] Sir?

D.L. Not at all, there's no question of disrupting [disrœptin] the routine [routi:n*], especially as we have so little room for errors and last minute snags—even minor ones. But make sure there's a telex in each of them, though, and possibly good secretarial help. I'm going to miss you there. In the future [fioutche], I won't have such hurried [hœrid] trips anymore, and I may have you come along on some of them.

A.P. Thank you Sir, how kind of you!

D.L. Ah Ah! Don't thank me, you'd be surprised how tiring travelling on business can be. What with all those changes in times, foods, clothes, especially when you leave Europe.

A.P. I know Sir, Mr. Seymour took me along to an International Conference in Mexico, as I can speak Spanish.

D.L. That so? It may be useful for me too. We'll see anyhow. Ah, what you could also manage would be sorting out all the specification sheets and pamphlets in relation to the Trade Fair in Düsseldorf. They're in my "New Processes" [prôousesiz] file. I never seem to find the time to look at what's really interesting in that.

A.P. Certainly Sir. Will you phone here while you're away?

D.L. I think so, but, I intend to send you a tape every other day with my report recorded on it.

A.P. A tape or a cassette [kasèt] Sir? They have very convenient new cassette recorders at the General Office I could borrow one for you, couldn't I?

D.L. Very good idea, they're easier for you and me to handle, aren't they? Now I'd like you to type my reports as they come in, so that I have only a few details to add in on my return...

VII. A.2. **Préparation d'un programme** (2)

(Mêmes personnages)

A.P. Pour les hôtels, avez-vous une préférence, Monsieur ?

D.L. Aucune, il n'est pas question de bouleverser la routine (habituelle), surtout que nous avons si peu les moyens de risquer (mot à mot : si peu de place pour) une erreur ou des ennuis de dernière minute, même mineurs. Mais assurez-vous qu'il y a le télex dans chacun, cependant, ainsi peut-être qu'un bon service de secrétariat. Vous allez me manquer là-bas[1]. A l'avenir, je refuserai de faire des voyages aussi bousculés[2], et il se peut que je vous demande de m'accompagner pour certains.

A.P. Merci Monsieur, comme c'est aimable à vous !

D.L. Oh oh ! Ne me remerciez pas, vous seriez surprise de voir comme les voyages d'affaires peuvent être épuisants. Et puis il y a tous ces changements de fuseaux horaires, de nourriture, de vêtements, surtout quand on sort d'Europe.

A.P. Je sais Monsieur. Monsieur Seymour m'a emmenée à un Congrès International à Mexico, parce que je parle espagnol.

D.L. Ah bon ? Ça pourrait m'être utile aussi. Nous verrons bien. Ah, ce que vous pourriez aussi faire, c'est trier toutes les fiches techniques et les prospectus en rapport avec la Foire de Düsseldorf. Ils sont dans mon dossier « Nouveautés ». On dirait que je n'ai jamais le temps de regarder ce qui s'y trouve de vraiment intéressant.

A.P. Certainement Monsieur. Téléphonerez-vous pendant votre absence ?

D.L. Je pense que oui, mais j'ai l'intention de vous envoyer une bande tous les deux jours, avec l'enregistrement de mon rapport.

A.P. Une bande ou une cassette Monsieur ? Ils ont de nouveaux magnétophones à cassette très commodes, au secrétariat général. Je pourrais en emprunter un pour vous, n'est-ce pas ?

D.L. Très bonne idée, ils sont plus faciles à manipuler pour vous comme pour moi, non ? Bon, et puis j'aimerais que vous tapiez mes rapports au fur et à mesure qu'ils vous arrivent, de sorte que je n'aie plus que quelques détails à ajouter à mon retour...

---

(1) *To miss somebody* est construit comme « se languir de quelqu'un » en français.
(2) *I won't have such trips* : « *I won't* » prend souvent le sens de « je refuse ».

VII. A.3. **Booking a hotel room**

A. *In writing*

The Manager
Hôtel Carlton

June 15th, 198-

Dear Sir,

We should like to book a single room with bath from July 2nd until July 4th after breakfast. The reservation is to be made in the name of James K. Eastman.

Mr. Eastman will check in on the morning of the 2nd; he will require secretarial help for two days, together with a qualified German/English interpreter familiar with the electronics industry. Telex facilities would also be a help.

Should there be no vacancies on these dates, would you be so kind as to suggest possible alternatives sufficiently in advance so that the necessary arrangements can be made here?

We look forward to an early reply.

Yours sincerely,

B. *On the telephone*

Hôtel Carlton: Reception, how can I help you?
David Lavelle: Yes, I'd like to speak to the Manager, if it's possible.
H.C. Hold on a moment Sir, I'll ask if Mr. Condotti is in at the moment... Yes, you're through now...
D.L. Hello Mr. Condotti, this is David Lavelle, how are you? ... Fine thank you. Listen, I have a small party of experts from Kashland coming to visit us; could you arrange something extra special for them?... I mean, red carpet and all that... Well normally there should be seven of them, and they should stay about five days... That's a good idea, and there should be a grand dinner with our own people, too, on the last night preferably. No problem? ... I'll send over my secretary with the whole schedule, and the details of names, dates and the lot. I know you'll do your usual best. I'll drop in myself to say hello sometime next week. Bye bye for now.

VII. A.3. **Réservation d'une chambre**

A. *Par écrit*

Monsieur le Directeur
Hôtel Carlton

Le 15 juin 198-

Monsieur le Directeur,

Nous souhaitons retenir une chambre d'une personne, avec salle de bain, du 2 au 4 juillet après le petit déjeuner. La réservation est au nom de James K. Eastman.

Monsieur Eastman se présentera le 2 au matin ; il aura besoin d'une secrétaire pour une durée de deux jours, ainsi que d'un interprète allemand/anglais qualifié, et familiarisé avec l'industrie de l'électronique. Des installations de télex seraient également utiles.

Au cas où vous n'auriez pas de chambre libre à ces dates, auriez-vous l'obligeance de nous proposer des solutions de rechange suffisamment à l'avance, en sorte que les dispositions utiles puissent être prises de notre côté ?

Nous comptons vivement sur une réponse rapide, et nous vous prions d'agréer...

B. *Par téléphone*

Ici la réception. Hôtel Carlton : qu'y a-t-il pour votre service ?

David Lavelle : Je désirerais parler au directeur, si c'est possible.

H.G. Veuillez patienter Monsieur, je vais demander si Monsieur Condotti est ici en ce moment... Oui, vous l'avez.

D.L. Allô M. Condotti, ici David Lavelle, comment allez-vous ?

... Très bien merci. Écoutez j'ai un petit groupe d'experts du Kashland qui vient nous rendre visite ; pourriez-vous leur mettre sur pied quelque chose de tout à fait spécial ?

... Eh bien je veux dire, le tapis rouge et tout le reste.

..., Bien, normalement ils devraient être sept, et rester cinq jours... C'est une excellente idée, et il faudrait aussi un dîner de gala avec les gens de chez nous, de préférence le dernier soir. Aucun problème ?... Je vous enverrai ma secrétaire avec le programme complet, et le détail des noms, des dates et tout le reste. Je sais que vous ferez pour le mieux, comme d'habitude. Je ferai un saut moi-même, pour vous dire bonjour, un jour de la semaine prochaine. Au revoir maintenant.

VII. B.1. **Essayez de traduire...**

1. Est-ce que l'agence a fait déposer les billets ?
2. Le vol a été annulé à cause du brouillard.
3. Qu'ils ne me mettent pas dans le même hôtel que la dernière fois, c'était bien trop loin.
4. Il sera plus simple de louer une voiture sur place.
5. N'oubliez pas de vous munir de monnaie si vous voulez téléphoner de l'aéroport.
6. Il n'y a pas de vol direct le jeudi pour Kashland-City, il faudra changer d'avion à Rome.
7. Vous pouvez utiliser votre carte de crédit pour louer une voiture sans caution.
8. J'ai une lettre de crédit sur la Banque du Commerce : croyez-vous que je pourrai toucher des espèces à la B.I.P. ?
9. En partant mardi soir vous gagnerez une journée.
10. Si vous perdez vos traveller's cheques, nous vous les remplaçons sur le champ.
11. Avez-vous votre carnet international de santé ? N'oubliez pas que certaines vaccinations sont obligatoires.
12. La Chambre de Commerce organise des visites des installations portuaires sur rendez-vous.
13. Le séminaire aura lieu du 15 au 20 à l'hôtel Intercontinental à Copenhague.
14. Je n'ai toujours pas été remboursé de mes frais de voyage.
15. Je n'ai pu le voir que 2 heures à Londres, il était en transit, il repartait pour Sidney.
16. N'oubliez pas de faire (re-)confirmer votre retour.
17. Avec un peu de chance vous finirez pas retrouver vos bagages : les miens sont arrivés le dernier jour de mon séjour.
18. Je ne comprends pas pourquoi on m'a mis dans une chambre double, j'avais pourtant bien demandé une chambre pour une personne avec bain.
19. Je n'aurai pas le temps de repasser à mon bureau avant mon départ ; préparez-moi le dossier tout de suite.
20. Où sont les toilettes s'il vous plaît ?

VII. B.1. **... et contrôlez**

1. Did the agency have the tickets left (brought)?
2. The flight was cancelled because of the fog.
3. Don't let them put me in the same hotel as last time, it was much too far away.
4. It'll be easier to hire (rent) a car on the spot.
5. Don't forget to get (some) change if you want to phone (make phone calls) from the airport.
6. There's no through flight to Kashland-City on Thursdays, you'll have to change planes in Rome.
7. You can use your credit card to rent (hire) a car with no deposit.
8. I have a letter of credit on the Bank of Commerce: do you think I will be able to cash money at the B.I.P.?
9. If you leave on Tuesday night you'll gain an extra day.
10. If you lose your Traveller's cheques (U.S.: Traveler's checks), we shall replace them at once.
11. Have you got (do you have) an International Health Certificate? Remember (Don't forget) that some vaccinations are compulsory.
12. The Chamber of Commerce will organise visits of the Harbour on (by) appointment.
13. The seminar will take place from the 19th until the 20th at Hotel Intercontinental in Copenhagen.
14. My travel expenses haven't been paid back (reimbursed, refunded) to me yet.
15. I could only see him for two hours in London, he was on transit and about to leave for Sidney.
16. Don't forget to have your home (return) flight (re-) confirmed.
17. With a little (bit of) luck you will eventually find (retrieve) your luggage again: mine was delivered (mine turned up) on the last day of my stay.
18. I can't understand why I've been put in a double room, I did ask for a single room with bath, though.
19. I won't have time to call at the office before I leave; get the dossier (file) ready at once.
20. Where's the loo (U.S.: john)?

VII. B.2. **Essayez de traduire...**

1. Désolé, mais votre carte de crédit n'est plus valable.
2. Je réglerai ma note avec un bon d'agence.
3. Tout a été réglé d'avance avec un mandat international.
4. J'ai bien peur de ne pas savoir si ce bon d'agence est un forfait ou un acompte.
5. Voulez-vous endosser ces chèques de voyage et me présenter une pièce d'identité, s'il vous plaît ?
6. Si vous désirez louez une voiture, vous pouvez utiliser soit une carte accréditive internationale, soit laisser un dépôt en espèces.
7. Le moyen le plus sûr pour vous procurer des espèces rapidement serait de vous faire adresser par express une lettre de crédit à l'une des agences locales d'une banque internationale.
8. Je désire un double de ma note (facture).
9. Quel est le cours du change du franc suisse ces jours-ci ?
10. Nous changerons vos dollars au cours officiel.
11. Vous n'avez pas oublié de porter mes coups de téléphone sur mon compte, n'est-ce pas ?
12. Je crains de ne pas bien voir ce que représente cet article sur mon addition.
13. Où puis-je louer une voiture de maître (mot à mot : une limousine avec chauffeur).
14. Est-ce que vous faites les séminaires résidentiels ?
15. Nous acceptons les réceptions après arrangement.
16. J'aurais besoin d'une secrétaire bilingue pendant deux jours.
17. On a laissé un message pour vous cet après-midi.
18. Pourriez-vous faire le necessaire pour que j'aie une réservation dans un hôtel de votre chaîne à Amsterdam ?
19. Si je prends le bus de 7 h pour l'aéroport à l'aérogare, est-ce que j'arriverai à temps pour l'avion de Londres à 7 h 45 ?
20. A quelle heure ce train doit-il arriver à la gare principale de Milan ?

VII. B.2. **... et contrôlez**

1. We are sorry but this credit card is no longer valid.
2. I'll be settling my bill with an agency voucher.
3. Everything was paid for in advance with an I.M.O. (International Money Order).
4. I'm afraid I don't know whether this voucher is a prepaid or a deposit one.
5. Will you please endorse these traveller's cheques and show me some identification?
6. If you want to hire a car, you can either use an international credential card, or leave a deposit in cash.
7. The safest way for you to get cash promptly would be to have a letter of credit sent to you express at the local branch of an international bank.
8. I want a duplicate of my bill (invoice).
9. What's the exchange rate for the Swiss franc these days?
10. We'll exhange your dollars at the official rate.
11. You didn't forget to charge my phone calls on my account, did you?
12. I'm afraid I don't clearly see what this item on my bill is for.
13. Where can I hire a chauffeured limo?
14. Do you arrange for residential seminars here?
15. We cater for parties by appointment.
16. I would need a bilingual secretary for two days.
17. There's been a message for you this afternoon.
18. Could you arrange a booking for me in a hotel of your chain in Amsterdam?
19. If I leave the Air Terminal on the 7 o'clock bus to the Airport, shall I make it in good time for the 7.45 plane to London?
20. What time is this train due at Milan Central Station?

VII. B.2. **Essayez de traduire...** (2)

21. Rappelez-vous que l'heure d'été locale en Allemagne retarde d'une heure sur le temps universel.
22. En hiver à Paris, il est une heure plus tot que le méridien de Greenwich.
23. L'heure d'hiver (mot à mot: l'heure qui économise la lumière du jour) change aujourd'hui dans cet État.
24. Si vous louez une voiture sans chauffeur, méfiez-vous des limitations de vitesse: il est facile d'attraper une contravention pour excès de vitesse, et les amendes coûtent cher.
25. La plupart des autoroutes françaises (ne pas utiliser freeways en américain dans ce cas) sont soumises à péage en dehors des zones urbaines.
26. Un aller-retour se dit round-trip en américain, return ticket en anglais.
27. Notre nouveau tarif APEX prendra effet le 1-1-1982.
28. Ce tarif offre des réductions spéciales pour réservation anticipée.
29. Au tout dernier moment on déplaça le lieu où devait se tenir la conférence d'un hôtel du centre de la ville à la salle des congrès de la jeune Chambre Économique.
30. Les communications faites aux diverses séances seront publiées dans le compte-rendu officiel du congrès, qui peut être envoyé sur demande à chaque participant.
31. La foire se tient chaque printemps sur un terrain à l'air libre situé en bordure du boulevard de ceinture.

21. Remember summer local time in Germany is one hour behind G.M.T. or U.T. (Greenwich Mean Time or Universal Time).
22. Paris time is one hour ahead of G.M.T in winter.
23. Daylight Saving Time starts today in this state.
24. If you rent a self-drive car, mind the speed limits: tickets are easy to get for speeding, and the fines are heavy.
25. Most French motorways (U.S.: expressways, speedways, tollways, but not freeways here) are subject to toll outside urban areas.
26. Rounds trips in the U.S. are the same as return tickets in the U.K.
27. Our new APEX fares will apply as of Jan. Ist, 1982.
28. These fares offer special reductions for advanced booking.
29. At the very last minute, the conference venue was changed from a downtown hotel to the Junior Chamber of Commerce Convention Hall.
30. The papers presented at the various sessions will be published in the official proceedings of the convention, which can be sent to each participant on request.
31. The fair is held each spring on open grounds located along the ring-road.

VII. B.3. **Taxation, inflation and the expense account**

What happens when direct taxation takes as much as 25% of the national income was first noticed by Lord Keynes in about 1923. It was he who pointed out that taxation, beyond a certain point, is the cause of inflation. When there is a high tax on the profits of industry, employers can reduce the tax by distributing the profits among their staff; a form of generosity which costs little. With this lessened resistance to wage demands, the value of the currency declines. One way in which profits can be distributed is through entertainment. Some American observers have already called attention to the inflationary effect of the 'expense account economy'. Many minor executives prefer a generous expense account to a raise in salary which would be heavily taxed and more soberly spent. It is they who support the so-called 'expense account restaurants', places of exotic décor where patrons lunch in a darkness which is all but complete. They cannot see to read the prices on the menu but these, in the special circumstances, are irrelevant. For the company, it is a less expensive form of remuneration. For the community it is yet another, if minor, cause of inflation. As inflation progresses, a policy of devaluation then finds general support, with the result that the State's creditors, the investors in government stock, are cheated in what has become the normal fashion.

C. Northcote Parkinson
(The Law of Delay)

C.N. Parkinson, born in 1909 has taught history at Cambridge and at the University of California at Berkeley. In 1957 he published *Parkinson's Law* where, among others, he demonstrated that officials want to multiply subordinates, not rivals and that they make work for each other...

VII. B.3. **L'impôt, l'inflation et la note de frais**

Lorsqu'on prélève en impôts directs jusqu'à 25 % du revenu national cela a des effets que Lord Keynes a été le premier à relever vers 1923. C'est lui qui souligna que l'impôt, au-delà d'une certaine limite, est cause d'inflation. Lorsqu'il existe un impôt élevé sur les bénéfices de l'industrie, les employeurs ont la possibilité de le réduire en redistribuant les bénéfices aux employés, ce qui est une forme de générosité qui ne coûte pas cher. Du fait de cette moindre résistance aux pressions salariales, la valeur de la monnaie faiblit. Une des façons de redistribuer les bénéfices passe par la « note de frais personnels ». Des observateurs américains ont déjà attiré l'attention sur les effets inflationnistes de la « politique de la note de frais ». Bon nombre de cadres moyens préfèrent une « note de frais » substantielle à une augmentation de salaire qui donnerait lieu à une imposition sévère et des possibilités de dépenses modestes. Ce sont eux qui font vivre ce qu'on appelle les « restaurants à note de frais » : le décor y est exotique et les habitués déjeunent dans une obscurité presque totale. On n'y voit pas assez pour lire les prix de la carte, mais ceux-ci, en l'occurence, n'ont aucune importance. Pour l'entreprise, c'est une forme de rémunération moins coûteuse. Pour l'ensemble du pays c'est encore une cause d'inflation supplémentaire, même si elle est mineure. Comme l'inflation gagne, l'idée d'une dévaluation devient alors acceptable ; résultat, les créanciers de l'État, les épargnants, qui ont acheté des bons du Trésor, sont grugés d'une manière qui est devenue normale.

Né en 1909, C.N. Parkinson a enseigné l'histoire à Cambridge et à l'Université de Californie (Berkeley). En 1957, il publia « La loi de Parkinson » où, entre autres, il démontra que les fonctionnaires veulent multiplier leur subordonnés et non leurs rivaux et qu'ils se donnent mutuellement du travail... »

VII. B.4. **Vocabulary**

Fairs and Exhibitions	*Foires et expositions*
admission	entrée, admission
assignment of space	répartition des emplacements
attendance to, participation in	participation à
Bristih food fair	salon de l'alimentation
British Industries Fair	salon des industries britanniques
buyer's pass	carte d'acheteur
to cancel one's registration	annuler son inscription
closing date, registration deadline	clôture des inscriptions
deadline for applications	forclusion
day ticket	carte (entrée unique)
entrance fee	droit d'entrée
events organised in connection with the fair	manifestations dans le cadre de la foire
to exhibit, to participate in an exhibition	exposer
exhibit(ion), show	exposition, salon
exhibition of domestic arts, household appliances show	salon des arts ménagers
exhibition site	terrain d'exposition
exhibition space (floor)	surface, emplacement d'exposition
exhibitor	exposant
exhibitor's pass	carte d'exposant
(trade) fair	foire
fair directory, list of exhibitors	l'annuaire des exposants
fair-grounds	terrain de foire
fair pass, season ticket	carte permanente
foreign exhibitors	participation étrangère
free (complimentary) ticket	entrée gratuite, invitation
to hold an exhibition	tenir une exposition
ideal home exhibition	salon des arts ménagers
information centre	bureau de renseignements
machine tool exhibition	exposition de la machine-outil
motor show	salon de l'automobile
outdoor locations	emplacements à l'air libre
peak attendance	record d'affluence
permanent exhibition	exposition permanente
to put up, to remove a stand	monter, démonter un stand
to register, to apply for space	s'inscrire pour une foire, etc.

VII. B.4. **Vocabulary**

show hall	hall d'exposition
stand, stall, booth (U.S.)	stand
a throng of visitors	affluence
travelling exhibition	exposition itinérante
visitor, fairgoer	visiteur
Transports	*Transports*
affreightment	affrêtement
aircraft, airplane, aeroplane	avion, aéroplane
air liner	avion de ligne (régulière)
as per B/L	suivant connaissement
barge	chaland, péniche
bulk cargo	cargaison en vrac
to bulk (consolidate U.S.) shipment	grouper les envois
by fast freight (U.S.)	en grande vitesse
by passenger train (G.B.)	en grande vitesse
by slow freight (U.S.)	en petite vitesse
cargo pit (hold)	soute à frêt
carriage forward	port dû
carriage paid	port payé, franco de port
carrier's liability	la responsabilité du transporteur
to check one's luggage	faire enregistrer ses bagages
consignee	le consignataire, le destinataire
consigner	le consignateur, l'expéditeur
consignment note, waybill, railroad bill of lading (U.S.)	lettre de voiture
conveyance (carriage, transport) of goods	le transport des marchandises
coach, bus (U.S.)	autocar
dock	bassin
longshoreman (U.S.) / docker, dock worker	docker, débardeur
draught	tirant d'eau
dry dock	cale sèche
dump lorry	camion (à) bascule
exchange station	gare de transbordement
express train	l'express
fast train	le rapide
flag of convenience	pavillon de complaisance

VII. B.4. **Vocabulary**

fleet of vehicles	parc de voitures
freight assessed by weight	frêt au poids
freight rate	taux de frêt
freight yard (U.S.)	gare de marchandises, de petite vitesse
gauge	l'écartement
haulage contractor, (road) haulier	entrepreneur de transports (= roulage)
hold	cale
hull	coque
inland navigation	navigation fluviale
junction line	voie de raccordement
liner	navire de ligne
lock	écluse
lorry (G.B.), truck (U.S.)	camion, poids lourd
main line, trunk line	voie principale
marshalling yard (G.B.)	gare de triage
means of transport, transportation facilities	moyens de transport
to moor	amarrer
oil-tanker	pétrolier
parcels train	train de messageries
piggy-back	fer-routage
port dues (= charges)	droit de port
port facilities	installations portuaires
port of call	port d'escale
quay (wharf)	quai
railroad network (U.S.)	réseau ferroviaire
railway junction	nœud ferroviaire
railway (G.B.) railroad (U.S.)	chemin de fer, voie ferrée
route	itinéraire, trajet, parcours
semi-trailer	semi-remorque
short (long) hauls	transports à courte (longue) distance
shunting yard (U.S.)	gare de triage
side-track, siding	voie secondaire, voie de garage
slow train	l'omnibus
steamship (S/S)	(navire à) vapeur
stower, stevedore	arrimeur
switching track (G.B.)	voie de manœuvre

VII. B.4. **Vocabulary**

tapering rates	tarif dégressif
to taxi	rouler au sol
taxiway	piste de roulement
through train	le (train) direct
track	la voie
trailer	remorque
tramp	tramp, navire de tramping
tug (boat)	remorqueur

Vocabulary (revision)

A.1.

to handle	traiter, s'occuper de
rental	de location
suburbs	faubourgs, banlieue
schedule	horaire, programme

A.2.

characters	personnages
spec heets (specification sheets)	notices techniques
pamphlets	brochure, prospectus
processes	systèmes, techniques
tape	ruban, bande magnétique
recorder	enregistreur, magnétophone

A.3.

single room (single)	chambre d'une personne, pour une personne
to check in	se présenter à la réception, à l'accueil, à l'enregistrement
electronics	l'électronique
alternative	solution de rechange,
to look forward	se faire un plaisir de, espérer, compter sur
to be through	avoir la ligne, être branché
party	groupe, réunion, réception
grand	d'apparat, de gala, grandiose
preferably	de préférence

VIII

Business file eight

Contract of distribution Buying and selling Wholesale and retail

Contrat de distribution
Achat et vente
Gros et détail

A. Situations

A.1. A discussion with the Head of a large multiple
A.2. Buyers and Sellers

B. Records

B.1. Key sentences: wholesale, and retail
B.2. Key sentences: buying and selling
B.3. Channels of distribution
B.4. Vocabulary

VIII. A.

Storyline

David Lavelle is now in Kashland; on arriving at his hotel, he has found a note confirming his appointment with Mr. John Gilliribo, the Managing Director of Barton & Windfall Ltd, a well known chain of Multiples. This in itself is encouraging.

Mr. Gilliribo seems to be very keen on obtaining exclusive [ikskl**ou**:siv] sales rights for the Rexo Coffee grinder [gr**aï**nde] and is very cooperative. But the real talks will take place with Mr. MacCoy, the sales Manager for Barton & Windfall.

Résumé

David Lavelle est maintenant au Kashland; en arrivant à l'hôtel, il a trouvé une note confirmant son rendez-vous avec M. John Gilliribo, directeur général de Barton & Windfall Ltd., chaîne de succursalistes bien connue. Ceci est en soi encourageant.

M. Gilliribo semble vivement désireux d'obtenir les droits (de vente) exclusifs pour le moulin à café Rexo, et est vraiment très coopératif. Mais les discussions sérieuses auront lieu avec M. MacCoy, directeur commercial de Barton & Windfall.

VIII. A.1. **A discussion with the head of a large multiple**

J.G. = John Gilliribo; D.L. = David Lavelle

J.G. I'm sorry to have kept you waiting... But I had to get one of our representatives [riprizèntetivz] on the phone. It's about the only time of day I can get in touch with him.

D.L. That's quite all right. It's dead on half past nine. I actually arrived a bit early.

J.G. Good. Now let's get down to business. You know, I think we are going to place this order with you.

D.L. That's good news.

J.G. But we still have this problem of terms of payment to settle.

D.L. Well, we can offer the usual 5% discount [dis-**kaount**], plus the guarantee that we'll take back whatever doesn't sell within 6 months.

J.G. This sounds like an interesting proposition... Now what about credit terms? You see, we don't want to commit ourselves to cash payment for all future orders. What we need is some kind of instalment [inst**o**:lment] plan.

D.L. I take your point. This could be worked out in detail during your visit to our head office. I can assure you our own people are quite willing to help.

J.G. I'm pleased to hear that. Shall I draw up a draft proposal then, and send it out to you?

D.L. You can do that, I'll gladly submit it to the management. Another point I'd like to take up with you is the promotion campaign...

J.G. Yes... I understand you have no advertising [advetaïzin*] agent in this country.

D.L. No. We thought we'd first find a distributor before taking any definite steps...

J.G. What we have already done on past occasions is to have our own agent, Batford and Rowlings, run a campaign along the lines set forth by one of our suppliers...

VIII. A.1. **Discussion avec le chef d'un important organisme de succursalistes**

J.G. = *John Gilliribo;* D. L. = *David Lavelle*

J.G. Je suis désolé de vous avoir fait attendre... Mais il fallait que j'aie un de nos représentants au téléphone. C'est à peu près le seul moment de la journée où je peux le joindre.

D.L. Il n'y a pas de mal. Il est exactement neuf heures trente. A vrai dire je suis arrivé un peu en avance.

J.G. Bon. Eh bien mettons-nous au travail. Voyez-vous, je pense que nous allons vous passer cette commande.

D.L. Voilà une bonne nouvelle.

J.G. Mais il nous reste toujours ce problème des conditions de paiement à résoudre (régler).

D.L. Voyons, nous pouvons vous proposer la remise de 5 % d'usage, plus la garantie que nous reprendrons tout ce qui n'est pas vendu d'ici six mois.

J.G. Ceci paraît une proposition intéressante... Eh bien, voyons les conditions de crédit ? Vous savez, nous ne voulons pas nous engager sur du règlement comptant pour toutes nos commandes futures. Ce qu'il nous faut, c'est une espèce de plan d'échéances.

D.L. Je comprends votre point de vue. Ça pourrait être mis au point plus en détail au cours de votre visite à notre siège. Je peux vous assurer que chez nous, les gens sont tout à fait désireux de vous aider.

J.G. Voilà qui fait plaisir à entendre. Voulez-vous que je rédige une proposition provisoire, donc, et que je vous l'envoie ?

D.L. Faites-le, je serais heureux de la soumettre à la direction. Un autre point que j'aimerais aborder avec vous, c'est la campagne de promotion...

J.G. Ah oui... Si je comprends bien, vous n'avez pas d'agent de publicité dans ce pays.
D.L. Non. Nous pensions d'abord trouver un distributeur avant d'entreprendre quoi que ce soit.

J.G. Ce que nous avons déjà fait dans le passé, c'est de faire faire une campagne par notre propre agent, Batford et Rowling, selon les directives établies par l'un de nos fournisseurs.

VIII. A.2. **Buyers and sellers**

After the previous conversation in Kashland, Mr. John Gilliribo has made a trip to the Global Tools Head Office to finalize [f**aï**nelaïz] *the contract. The following is a conversation between John Gilliribo, and Tom O'Neal.*

T.O'N. I see we quoted [kw**ôou**tid] you ex-warehouse prices. Do you want me to give you the prices F.O.B. ?

J.G. No. I think we should prefer to have an idea of the total cost, delivered to our works. Or at least, if this is too complicated to work out now, we'd like to have your C.I.F. prices.

T.O'N. Yes. That'll be easier. I can get C.I.F. prices worked out by my shipping clerk while we go on talking. Caroline, please take these price quotations to the shipping department and get them to work out C.I.F. prices for Mr. Gilliribo.

J.G. I'd like to ask you next about delivery, Mr. O'Neal. How soon can it begin?

T.O'N. Will you take part deliveries ? I mean, we could let you have, say, one third of the order immediately from stock, and this can be dispatched just as soon as we can get shipping space.

J.G. Oh yes, of course, we should like to have that, but what about the balance [b**a**lens] of the order? You see, we don't want our campaign to fail because of a shortage [ch**o**:tidj] of supplies. We'll have to supply immediately what we advertise, especially during the launching [l**o**:ntchin*] stage.

T.O'N. What about one third for prompt delivery, and the final consignment [kens**aï**nment] for forward [f**o**:wed] delivery?

J.G. Excuse me, but I think we should like to have a definite date for the last shipment or couldn't we stipulate in the order: "not later than such or such a date"?

T.O'N. Well, that depends on the production programme of the mills and the orders in our books. But I trust it can be arranged to your convenience [kenv**i**:niens].

VIII. A.2. **Acheteurs et vendeurs**

A la suite de la précédente conversation au Kashland, M. John G. a effectué un voyage au siège social de Global Tools pour porter le contrat à sa conclusion. Ce qui suit est une conversation entre J.G., et T. O'N.

T.O'N. Je vois que nous vous avons donné des prix départ entrepôts. Voulez-vous que je vous fournisse les prix F.A.B. (franco à bord) ?
J.G. Non. Je pense que nous préférerions avoir une idée du prix total, livré en notre usine. Ou du moins, si ceci est trop compliqué à calculer maintenant, nous aimerions avoir vos prix C.A.F. (coût, assurance, frêt).
T.O'N. Oui. Cela sera plus facile. Je peux faire[1] calculer les prix C.A.F. par mon employé des expéditions pendant que nous continuons à bavarder... Caroline, s'il vous plaît, portez ces prix au service des expéditions et faites calculer les prix C.A.F. pour M. Gilliribo.
J.G. J'aimerais ensuite vous questionner sur les livraisons, M. O'Neal. A partir de quand peuvent-elles commencer ?
T.O'N. Accepterez-vous des livraisons échelonnées ? C'est-à-dire que nous pourrions vous faire avoir, disons, un tiers de la commande immédiatement sur stock, et ceci peut vous être expédié dès que nous pourrons trouver de la place chez un transporteur.
J.G. Oh oui, bien sûr, nous aimerions les recevoir, mais qu'en sera-t-il du solde de la commande ? Voyez-vous, nous ne voulons pas que notre campagne échoue à cause d'une pénurie de matériel. Il nous faudra fournir immédiatement ce que nous annonçons, spécialement pendant la période de lancement.
T.O'N. Que diriez-vous d'une livraison immédiate pour un tiers de la commande et d'une livraison à terme pour l'envoi final ?
J.G. Pardonnez-moi, mais je pense qu'il nous faudrait fixer une date précise pour la dernière expédition ; ou alors, ne pourrait-on stipuler dans la commande : « ... pas plus tard qu'à telle ou telle date » ?
T.O'N. Et bien cela dépend du programme de production des usines et de nos carnets de commandes. Mais je suis sûr que cela pourra s'arranger à votre convenance.

---

(1) ***I can get prices worked out*: je peux faire calculer les prix**
— faire + infinitif à sens passif = *to have* ou *to get* + participe passé,
— par contre, faire + infinitif à sens actif = *to have* ou *to make* + infinitif sans *to*.
***I make* (ou *I have*) *him work out the prices*: je lui fais calculer les prix.**

VIII. B.1. **Essayez de traduire...**

1. Avez-vous enregistré ma commande ?
2. Ils viennent d'ouvrir des succursales en province.
3. Les producteurs cherchent désespérément de nouveaux débouchés.
4. La concurrence est de plus en plus serrée.
5. Les petits détaillants protestent contre la décision d'implanter un supermarché.
6. Je croyais qu'il était étalagiste, mais en fait il est chef de rayon dans un grand magasin.
7. On accuse parfois les grossistes d'être des intermédiaires improductifs.
8. Le détaillant indépendant est libre du choix de ses fournisseurs.
9. Nous vendons surtout des appareils électriques et des articles ménagers.
10. Nous vendons directement au consommateur.
11. Dans certains cas, c'est le grossiste qui s'occupe du tri et de l'emballage.
12. Quelles conditions de crédit êtes-vous prêts à nous consentir ?
13. Il est grand temps que nous ayons nos propres entrepôts et salles d'exposition.
14. Votre commande vous sera envoyée par colis postal.
15. Cette nouvelle gamme de produits semble plaire à notre clientèle.
16. Le chiffre d'affaire de cette entreprise de ventes par correspondance a doublé en trois ans.
17. Les indépendants ont perdu une partie de leur clientèle au profit des succursalistes.
18. Nous achetons en gros et à crédit.
19. Nous vendons au comptant, mais nous accordons des escomptes considérables.
20. La vendeuse s'approcha et demanda : « Est-ce qu'on s'occupe de vous ? »
21. Le vol à l'étalage, dans les rayons et sur les étagères, représente 4 à 5 % de notre chiffre de ventes.
22. Il y a un parc de stationnement à côté du centre commercial.

1. Have you booked my order?
2. They have just opened branches in the provinces.
3. (The) Producers are desperately looking for new outlets.
4. Competition is keener and keener.
5. (The) Small retailers are protesting against the decision to set up a supermarket.
6. I thought he was a window-dresser, but he is actually department supervisor in a department store.
7. Wholesalers are sometimes accused of (charged with) being unproductive middlemen.
8. Independent retailers are free to select (choose) their suppliers.
9. We mostly sell electrical appliances and household goods (electrical and domestic appliances).
10. We sell direct to the consumer.
11. In certain cases, it is the wholesaler who takes care of (looks after, attends to) sorting and packing.
12. What credit terms are you prepared to grant us?
13. It's high time we had our own warehouses and display rooms (exhibition rooms).
14. You order will be sent to you by parcel post.
15. This new range of products seems to appeal to our customers.
16. The turnover of this mail-order firm has doubled in three years' time.
17. Independent retailers have lost part of their custom to multiples (multiple shops; chain stores).
18. We buy in bulk and on credit.
19. We sell for cash, but we grant considerable (substantial) discounts.
20. The salesgirl (shop-assistant) walked up and asked: 'Are you being attended to?' ('Can I help you?').
21. Shoplifting, from counters and shelves, amounts to 4 to 5% of our sales figure.
22. There is a parking lot close to the shopping centre.

VIII. B.2. **Essayez de traduire...**

1. Vous auriez dû passer commande beaucoup plus tôt.
2. J'accuse réception de votre lettre du 17 courant.
3. La caisse était marquée « fragile ».
4. Nous sommes prêts à vous accorder un rabais de 4 %.
5. On m'a demandé de verser des arrhes de 20 % à la commande.
6. N'oubliez pas de leur envoyer notre dernier tarif, ainsi que nos conditions de vente.
7. La plupart de nos prix s'entendent départ usine.
8. Le solde aurait dû être réglé à la livraison.
9. Les marchandises ne sont pas conformes à l'échantillon.
10. J'ignorais que les marchandises devaient être envoyées franco magasin.
11. Veuillez trouver ci-joint un double de la facture.
12. Nous vous conseillons d'annuler votre commande.
13. Les emballages vides ne sont pas repris.
14. Nous serons heureux d'exécuter votre commande.
15. Tous les achats doivent être réglés en espèces.
16. Leur dernière commande remonte à 198-. Nous n'avons rien reçu d'eux depuis.
17. Il nous faudra présenter le reçu.
18. Les délais de livraison n'ont pas été respectés.
19. Nous tenons à vous remercier de la rapidité avec laquelle vous nous avez fourni les renseignements demandés.
20. Les échantillons devraient vous parvenir sous peu.
21. Les conditions de paiement sont 40 % à la commande et le solde par versements échelonnés sur six mois.

VIII. B.2. **... et contrôlez**

1. You should have ordered much earlier (you ought to have placed an order much sooner).
2. I acknowledge receipt of your letter of the 17th of this month.
3. The case (crate) was marked "handle with care".
4. We are prepared (willing) to grant you (allow you) a 4% discount (rebate).
5. I have been required to leave (make; pay) a 20% deposit with the order (when ordering).
6. Don't forget to send them our latest price-list, together with our terms of sale.
7. Most of our quotations are ex-works (ex-plant; x-mill; x-factory).
8. The balance ought to have been settled on delivery.
9. The goods are not up to sample (true to sample).
10. I didn't know the goods had to be (were to be) sent free to customer's store (free to buyer's warehouse; free to customer's warehouse; franco).
11. We enclose (please find enclosed; we send you herewith) a copy (duplicate) of the invoice.
12. We would advise you to cancel the order.
13. Empties are not taken back (refunded; returnable).
14. We shall be pleased to fulfil (carry out; execute) your order.
15. All the purchases must be paid for in cash.
16. Their last order dates back to 198-. We haven't booked anything from them since their (ever since).
17. You will have to produce (show) the receipt.
18. The delivery time-limits (dates; deadlines) have not been met (complied with).
19. We wish to thank you for supplying us so quickly with the required information.
20. The samples should reach you (very) shortly.
21. The terms of payment are 40% with the order and the balance by instalments over 6 months.

VIII. B.3. **Channels of distribution**

1. *Single shops:* single branch shops, operated by "sole proprietors" (U.S.). "The small shop round the corner" belongs to this type: the local grocer, butcher, tobacconist is most of the time an independent small trader. Such independent shops often get together to form "voluntary chains" in order to benefit by the discounts and favourable terms granted for bulk buying.

2. *Multiple shops,* or *multiples,* with several branches specializing in one category of products—or engaged in multiple trade (chain stores).

3. *Cooperative societies, cooperative stores.* They may be set up locally or have branches throughout the country. The original idea was for consumers to own the shop or store. Profits would be shared in proportion not to the number of shares, but to the amount of purchases made.

4. *Department stores* are large stores that carry several lines of merchandise and that are organized into several departments.

5. *Self-service* is operated by single and multiple shops and by cooperative stores.

6. *A Supermarket* is a self-service store with a selling area of at least 2,000 square feet.

7. *A Hypermarket* is a giant supermarket.

8. *Mail-order businesses* (M.O.B.) send out catalogues by mail and the customers order by post (or even by telephone). They may be mail-order firms specializing in this form of trade, or the mail order sections of a department store.

VIII. B.3. **Canaux de distribution**

1. *Commerces individuels:* magasins sans succursales tenus par des propriétaires uniques (ou indépendants). « La boutique du coin de la rue » appartient à ce type : l'épicier, le boucher, le buraliste de quartier sont la plupart du temps des petits commerçants indépendants. De tels commerces indépendants se regroupent souvent en « chaîne volontaire » afin de bénéficier de remises et de conditions de paiement avantageuses consenties pour achat groupé (mot à mot : en quantité).

2. *Magasins à succursales ou succursalistes:* (comprennent) plusieurs succursales et sont spécialisées dans une gamme unique de produits ou bienp ratiquent la vente de produits diversifiés (chaîne de magasins).

3. *(Associations) coopératives, magasins coopératifs:* ils peuvent être établis en un lieu donné ou bien avoir des succursales dans tout le pays.
L'idée originale de départ étaient que les consommateurs soient propriétaires du magasin ou de la boutique, les bénéfices étant répartis non pas en fonction du nombre des actions, mais selon le volume des achats effectués.

4. *Grands magasins:* ce sont des magasins de grandes proportions qui vendent plusieurs types de marchandises et qui sont organisés en rayons.

5. Un *libre-service* est pratiqué par les magasins indépendants, les succursales et les magasins coopératifs.

6. Un *supermarché* est un magasin en libre-service ; il a une superficie d'au moins 2.000 pieds carrés.

7. Un *hypermarché* est un supermarché géant.

8. *Les entreprises de ventes par correspondance* (V.P.C.) envoient des catalogues par la poste et les clients commandent par courrier (et même par téléphone). Il peut s'agir de sociétés de V.P.C. spécialisées (dans cette forme de commerce) ou bien des services de V.P.C. d'un grand magasin.

VIII. B.4. **Vocabulary** (revision)

A.1.

multiple	magasin à succursale
to get down to business	se mettre au travail
whatever	tout ce qui, ce que ; quoi que ce soit
to sound	paraître (ce que l'on entend) ; résonner, retentir
to commit oneself to...	s'engager à...
instalment	acompte, versement échelonné
to take s.o's point	comprendre le point de vue de quelqu'un
draft	projet, brouillon, ébauche, plan

A.2.

to finalize	mettre au point, conclure
to quote	citer, donner, faire (un prix)
ex-warehouse prices	prix départ entrepôt
F.O.B.	franco à bord (F.A.B.)
delivered to our works	livré en notre usine
C.I.F.	coût, assurance, fret (C.A.F.)
shipping clerk (department)	employé (service) des expéditions
part deliveries	livraisons partielles (fragmentées, échelonnées)
from stock	(tiré, extrait, pris) du stock
to dispatch	expédier (et *to ship*)
the balance	le solde, le reste, la différence
to fail	échouer
shortage	pénurie, manque
the launching stage	la période, l'étape de lancement
immediate delivery	livraison immédiate
consignment	envoi
forward delivery	livraison à terme
mills	usines
to trust	croire, être persuadé ; faire confiance

VIII. B.4. **Vocabulary**

actual price	prix réel
actual stock on hand	stock réel (net)
agreed price	prix convenu
to allow a discount	accorder un rabais, faire une ristourne
allowance	remise
to appoint an agent	nommer un agent
average price	prix moyen
bargain price	prix d'occasion
to be out of stock	manquer en magasin
to be well stocked with	être bien approvisionné en
branch	succursale
broker	courtier, agent
to build up stocks	constituer des stocks
to buy wholesale (= in bulk)	acheter en gros
to carry in stock	avoir en stock
cart	chariot
cash desk	caisse
cash discount	escompte de caisse (au comptant)
cash price	prix (au) comptant
chain stores	grand magasin à succursales
cheap	bon marché
check-out counter	caisse (de supermarché)
to clear the stock	liquider le stock, solder
cold store	entrepôt frigorifique
collapse of (slump in) prices	effondrement des prix
commercial traveller	voyageur de commerce, commis-voyageur, représentant
competitive prices	prix compétitifs (concurrentiels)
to conclude (= sign, enter into) an agreement	conclure un contrat
consumer price	prix au consommateur (à la consommation)
consumer price index	indice des prix à la consommation
contract price	prix contractuel (à forfait, forfaitaire)
cost	prix d'achat
cost price	prix de revient,

VIII. B.4. **Vocabulary**

current (ruling) price	prix du jour (en vigueur, actuel)
dealer	distributeur
department	rayon
department store	grand magasin
discount	escompte
distributor	concessionnaire
door-to-door selling	(vente) porte-à-porte
to draw on (dip into) the stocks	puiser dans les stocks
exclusive right of sale	droit exclusif de vente
exhaustion of stocks	épuisement des stocks
fall (drop, decline) in prices	baisse (chute) des prix
to go shopping	faire des achats (emplettes), courir (faire) les magasins
to go window-shopping	faire du lèche-vitrines
to grant a rebate	accorder un rabais, faire une ristourne
grocer's shop, grocery store	épicerie
to have in stock	avoir en stock
hawker	a) camelot, colporteur b) marchand des quatre-saisons
head-office	siège (social, principal),
high-priced	cher, coûteux
housewife	ménagère
inclusive price	prix tous frais compris
to increase (raise) prices	augmenter les prix
in stock	en magasin (stock = rayon)
intermediary	intermédiaire
inventory	a) inventaire; b) stock
invoice price	prix de facture
jobber (U.S.)	commerçant en gros, grossiste
to lay in a stock of	faire (une) provision de, s'approvisionner en
low-priced	bon marché
mail-order house	maison de vente par correspondance

VIII. B.4. **Vocabulary**

to make an allowance	accorder un rabais, faire une ristourne
market (= trade) price	prix marchand (du marché,)
mark up (= margin)	marge bénéficiaire
middleman	intermédiaire,
multiple shops	grand magasin à succursales, chaîne de magasins
net price	prix net
to overstock	surstocker
packaging	conditionnement
to peddle	colporter, faire le colportage
to peg prices	maintenir les prix
to price something	fixer un prix pour quelque chose,
price freeze	blocage des prix
price index	indice (index) des prix
price list	tarif
price policy	politique des prix
price regulation	réglementation des prix
prices are soaring (sky-rocketing)	les prix montent en flèche,
prices fall (= go down, drop)	les prix baissent
prices show a downward trend	les prix accusent une tendance à la baisse
prices show an upward tendency	les prix tendent à la hausse
prices rise (increase, go up)	les prix montent
pricing	fixation des prix
purchase price	prix d'achat
rebate	rabais
to cut (reduce) prices	diminuer (réduire) les prix
refund	remboursement, ristourne
representative	représentant de commerce
retail trade	commerce de détail
to retail	vendre au détail, détailler
retail dealer	marchand au détail, détaillant
retailer	détaillant
retail price	prix de détail
retail price index	indice des prix de détail
retail sale	vente au détail
return	ristourne

VIII. B.4. **Vocabulary**

rise (= increase) in prices	hausse des prix
self-service store	(magasin) libre-service
to sell by retail	vendre au détail, détailler
to sell cheap	vendre à bas prix
to sell wholesale	vendre en gros
to shop	faire des achats, (courses)
shop-assistant (= clerk)	vendeur, employé de magasin
shop-front	devanture de magasin
shopkeeper	commerçant, marchand, boutiquier
shop-lifter	voleur à l'étalage
slot (=vending U.S.) machine	distributeur automatique, l'automate
sole (= exclusive) agency	agence exclusive
sole selling rights	droits de vente exclusifs
standard price	prix standard
stock	stock
stock building	constitution des stocks, stockage
stock control	contrôle des stocks
stock control card	fiche de stock
stock in warehouse (= in trade, in hand)	les stocks disponibles (en magasin)
stock record card	fiche de stock
stock taking	inventaire
stock turnover	rotation des stocks
to stock with	faire (une) provision de, s'approvisionner en
the stock is running low	les stocks diminuent (s'épuisent)
storage	magasinage
storage (warehouse, warehousing) charges	frais d'entreposage (d'entrepôt, de magasinage)
storage facilities	installations d'entreposage
storage warehousing	emmagasinage, magasinage, entreposage
store (house)	entrepôt, magasin, dépôt de marchandises
to store	(em)magasiner, entreposer
storekeeper	(chef) magasinier, garde-magasin
stores	stock

VIII. B.4. **Vocabulary**

storing	emmagasinage, magasinage, entreposage
subsidized (supported, pegged) price	prix subventionné (de soutien)
supermarket	supermarché
to take stock	faire (dresser) l'inventaire
trade discount	escompte d'usage, escompte au commerce
traveling salesman (U.S.)	voyageur de commerce, commis-voyageur, représentant
trolley	chariot
to undercut prices	vendre meilleur marché, casser les prix, brader
warehouse	entrepôt, magasin, dépôt de marchandises
to warehouse	emmagasiner, entreposer
warehouseman	magasinier, garde-magasin
to wholesale	vendre en gros
wholesale cooperative	coopérative d'achat
wholesale price	prix de gros
wholesale price index	indice des prix à ia consommation
wholesaler	commerçant en gros
wholesale trade	commerce de (en) gros
wholesale trader (dealer; merchant)	grossiste
world market price	prix du marché mondial

IX

Business file nine

First shipment abroad (means of transport) Import - Export

Premier envoi à l'étranger (moyens de transport)
Import - Export

A. Situations

A.1. Letter or order
A.2. Acknowledgement of order
A.3. Something goes wrong...
A.4. A further order
A.5. We cannot book your order
A.6. Confirmation of order

B. Records

B.1. Key sentences: Import and export
B.2. Key sentences: Means of transport
B.3. Définitions I Quotations
II Charter-party
III Shipping document
B.4. Illustrations
a) Bill of lading
b) Extract from a charter-party
B.5. Vocabulary (Import-Export)
B.6. Test

IX. A.

Storyline

The contract between Global Tools and Crown Equipment Co Ltd. has been formalized [fo:me-laïzd], and an order has been placed and confirmed

The first shipment is on its way.

It consists of 2 containers which have been transported by road from the factory to a sea port and loaded onto a ship bound for Kashland.

Résumé

Le contrat entre Global Tools et Crown Equipment Co Ltd. a été officiellement établi et une commande a été passée et confirmée.

Le premier envoi est en route.

Il se compose de deux conteneurs qui ont été transportés par la route depuis l'usine jusqu'à un port et chargés sur un bateau à destination du Kashland.

IX. A.1. **Order**

Dear Sirs,

We thank you for your letter of 7th October (your ref DL/ap).

For this first shipment, we have selected the four items listed in the enclosed order form.

As you know, we are in urgent need of these parts, and we trust you will despatch them without delay.

We are also interested in your B 26 Model, for which we will probably place a large order in the near future.

Yours sincerely,
For Crown Equipment Co Ltd,

Encl. Order No. 2705

IX. A.2. **Acknowledgement of order**

Dear Sirs,

We acknowledge [aknolidj] receipt of your order No. 2705.

The goods are being despatched today, and should reach you by the end of next week.

The accompanying [ekœmpani-in*] documents will be forwarded tomorrow, so that you can get them in advance.

We are at your disposal for any further orders. In particular, if you are still interested in our B 26 Model, we would like to know what quantity you would require, since we only maintain a limited stock of such articles.

Yours sincerely,

IX. A.1. **Commande**

Messieurs,

Nous avons bien reçu votre lettre du 7 octobre (réf. DL/ap). Pour cette première expédition, nous avons sélectionné les quatre articles figurant dans la commande ci-jointe.

Comme vous le savez, nous avons un besoin urgent de ces pièces, et nous comptons sur vous pour les expédier rapidement.

Nous sommes également intéressés par votre modèle B 26, et nous en passerons probablement une commande importante dans un proche avenir.

Je vous prie d'agréer l'assurance de nos sentiments distingués.

P.O. Crown Equipment Co Ltd.

P.J. bordereau de commande N° 2705.

IX. A.2. **Accusé de réception de commande**

Messieurs,

Nous accusons réception de votre commande N° 2705.

Les marchandises seront expédiées aujourd'hui, et devraient vous parvenir à la fin de la semaine prochaine.

Les documents d'accompagnement vous seront envoyés demain, afin que vous puissiez les avoir d'avance.

Nous sommes à votre disposition pour toute nouvelle commande. En particulier, si vous êtes toujours intéressés par notre modèle B 26, nous aimerions savoir de quelle quantité vous auriez besoin, car nous ne disposons que d'un stock limité de tels articles.

Veuillez agréer, etc.

Pour ce qui touche à la forme de la correspondance commerciale, voir B.F. XIX.

IX. A.3. **Something goes wrong**

The Marketing Manager of Global Tools has just had a phone call from Mr. Catford, head of Crown Equipment Co Ltd, complaining that their shipment has not yet arrived. The Marketing Manager immediately calls the forwarding agent on the phone.

— Is that you Bob? This is David Lavelle. I am sorry to disturb you but I have an urgent problem to solve.
— Yes? How can I help?
— Well, you remember this shipment to Crown Equipment? Their first order actually. They complain it hasn't arrived yet.
— How come? It was shipped on the 8th, as agreed, and everything's been taken care of. I can't imagine what went wrong.
— Could you please make inquiries? And call me back as soon as you have any clue [klou:].
— I'll certainly do that. I'll get on to the customs office in East Docks. I have an old friend there. I'll ring you back as soon as I have something.
— Thanks a lot. You see it's an important contract and...
— I know how you feel. I'll check immediately.

At 5 o'clock, Bob Robson's telephone rings again.

— Hello, Robson speaking.
— It's David again, anything new on our shipment?
— Yes. I've managed to trace it. It was stored in the wrong warehouse. Those people don't seem to have tried terribly hard to locate it. Actually it didn't take long to find it. Anyway, it's there for them to collect.
— Thanks a lot. I'll give them a ring immediately.
— I've already taken care of that myself. They will take delivery of it tomorrow.
— Well, you've done a good job. Thank you again. It's such a relief [rili:f].
— I'm glad it's OK now.
— Bye bye.

IX. A.3. **Quelque chose qui ne va pas...**[1]

Le directeur du marketing de Global Tools vient de recevoir un coup de téléphone de M. Catford, patron de Crown Equipment Co., qui se plaint que leur commande n'ait pas été livrée. Le directeur du marketing appelle l'agent transitaire au téléphone.

— C'est vous Bob ? Ici David Lavelle. Désolé de vous déranger, mais j'ai un problème urgent à résoudre.
— Ah bon ? Que puis-je faire pour vous ?
— Eh bien vous vous rappelez cette expédition à Crown Equipment ? Leur première commande d'ailleurs[2]. Ils se plaignent de n'avoir encore rien reçu.
— Comment ça se fait[3] ? Ça a été expédié le 8, comme convenu, et tout le nécessaire a été fait. Je ne comprends pas ce qui a pu ne pas aller (comment ça a pu mal se passer).
— Pourriez-vous faire une enquête s'il vous plaît, et me rappeler dès que vous avez un indice ?
— Mais bien entendu. Je vais me mettre en rapport avec le bureau de douane des bassins est. J'y connais quelqu'un. Je vous rappellerai dès que j'aurai du nouveau.
— Merci beaucoup. Vous savez, c'est un contrat important et...
— Je sais ce que c'est. Je vérifie tout de suite.

A 5 heures, le téléphone de Bob Robson sonne à nouveau.

— Allô, Robson à l'appareil.
— C'est encore moi, David. Vous avez du nouveau sur notre envoi ?
— Oui, j'ai réussi à retrouver sa trace : emmagasiné par erreur dans un autre entrepôt. Ces gens-là ne semblent pas s'être donnés beaucoup de mal. Il ne m'a vraiment pas fallu longtemps pour le retrouver. En tout cas, ils peuvent passer le prendre.
— Merci bien. Je vais leur passer un coup de fil.
— Je m'en suis déjà occupé personnellement. Ils prendront livraison demain.
— Bon, vous avez fait du bon boulot. Encore une fois merci. Quel soulagement.
— Bien content que tout soit en ordre.
— Au revoir.

---

(1) *To go wrong:* aller de travers, ne pas marcher.
(2) *Actually:* vraiment, réellement, en vérité. Pour traduire « actuellement », utilisez *now, right now, at the moment.*
(3) *How come?:* Comment cela se fait-il ? Comment est-ce possible ? On dit aussi : *How is it?*

IX. A.4. **A further order**

Dear Sirs,

With reference to your letter of 25th October, we wish to confirm our interest in your B 26 Model.
We have pleasure is enclosing herewith [hiewiz*] our order No. 2812.
We must stress that the delivery date of 15th November in an absolute deadline [dèdlaïn]. Any delay would disrupt our production schedules.
Kindly inform us by return whether you can book the order on these terms.

IX. A.5. **We cannot book your order**

Dear Sirs,

In reply to your letter of Nov. 8th, we are sorry to inform you that we cannot book your order along the lines you suggest.
We cannot commit ourselves to deliver the bulk of the order for 15th November. But we suggest you might agree to take one half of the order before 15th November, and the balance [balens] before 1st December.
Should you find such a solution acceptable, we should be prepared to extend our credit terms to 60 days after the second shipment.
We are indeed sorry we cannot meet your requirements [rikwaïements], and hope the above proposal will receive your approval.

IX. A.6. **Confirmation of order**

Thank you for your letter of Nov 12th.
We enclose confirmation of our order for B 26 electric whisks.
Delivery will, as you suggest, take place in two consignments [kensaïnments], the first one to reach us before 15th November, the second one not later 1st December.
Your compliance [kemplaïens] with these time limits is, of course, absolutely necessary.
We trust you will understand our emphasis [èmfesis] on this just as we understand your difficulties.

IX. A.4. **Une nouvelle commande**

Messieurs,

Comme suite à votre lettre du 25 octobre, nous vous confirmons l'intérêt que nous portons à votre modèle B 26.
Nous sommes heureux de vous adresser ci-joint notre commande N° 2812.
Il nous faut souligner que la date du 15 novembre est une limite absolue pour la livraison. Tout retard désorganiserait nos plans de fabrication.
Nous vous serions reconnaissant de nous faire savoir par retour si vous pouvez enregistrer notre commande dans ces conditions.

IX. A.5. **Nous ne pouvons enregistrer votre commande**

Messieurs,

En réponse à votre lettre du 8 novembre, nous avons le regret de vous faire savoir qu'il nous est impossible d'enregistrer votre commande dans les conditions que vous proposez.
Nous ne pouvons nous engager à livrer la totalité de la commande pour le 15 novembre. Mais peut-être accepteriez-vous de recevoir la moitié de la commande avant le 15 novembre, et le reste avant le 1er décembre.
Au cas où cette solution vous paraîtrait acceptable, nous serions prêts à porter nos délais de paiement à 60 jours après la deuxième expédition.
Nous regrettons vivement de ne pouvoir vous donner satisfaction, et nous espérons que la proposition ci-dessus vous agréera.

IX. A.6. **Confirmation de commande**

Nous vous remercions de votre lettre du 12 novembre.
Veuillez trouver ci-joint confirmation de notre de batteurs électriques B 26.
La livraison se fera, comme vous le proposez, en deux expéditions dont la première devra nous parvenir avant le 15 novembre et la seconde le 1er décembre au plus tard.
Il est évidemment absolument nécessaire que vous respectiez ces délais.
Nous sommes convaincus que vous comprendrez notre insistance sur ce point comme nous comprenons vos difficultés.

IX. B.1. **Essayez de traduire...**

1. Selon notre transitaire, les formalités douanières ont été exécutées normalement.
2. Pratiquement tous les droits de douane appliqués en France le sont sur la base du tarif *ad valorem*.
3. Le taux de change est celui annoncé par le Bureau de douane à la date du dédouanement.
4. En France la taxe à la valeur ajoutée est perçue sur les importations et calculée sur la valeur C.A.F. des marchandises dédouanées.
5. Cela fait plusieurs années qu'on annonce la suppression du contingentement.
6. Le nouveau règlement douanier sera appliqué à partir du 1er juin.
7. Deux exemplaires au moins de la facture détaillée doivent être envoyés à l'importateur.
8. Un double, certifié conforme par l'importateur, doit être annexé à la déclaration en douane.
9. Les voyageurs ont le droit de faire entrer deux cartouches de cigarettes en franchise.
10. C'est par erreur que les marchandises ont été placées en entrepôt sous douane.
11. Adressez-vous à un agent en douane : il règlera toutes les formalités pour votre compte.
12. Je vois bien le nom de l'expéditeur, mais je ne trouve pas celui du destinataire.
13. J'aimerais avoir des renseignements sur le financement des exportations.
14. L'abaissement des barrières douanières préoccupe les producteurs de vin.
15. Les certificats d'origine peuvent être émis par les chambres de commerce ou les autorités consulaires du pays importateur dans le pays exportateur.

IX. B.1. ... et contrôlez

1. According to our forwarding agent, the customs formalities have been effected (carried out, performed) normally.
2. Virtually all the customs duties charged in France are on an ad valorem basis.
(Virtually all the customs duties in force in France are levied on an ad valorem basis).
3. The conversion rate is the one announced by the Customs Office on the date of clearance.
4. In France, value-added tax is levied on imports and assessed on the C.I.F. duty-paid value of the goods.
5. The elimination (abolishing) of quotas has been announced for several years.
6. The new customs regulation will come into force (take effect, become operative, be implemented, be applied, be enforced) as from [of] June 1st.
7. At least two copies of the detailed invoice must be sent to the importer.
8. A copy, certified true and correct by the importer should be attached (annexed) to the customs declaration.
9. Passengers are allowed to bring in 2 cartons of cigarettes.
10. It is by error (owing to a mistake) that the goods have been stored in a bonded warehouse.
11. Apply to a customs broker (custom-house broker): he will effect all the formalities on your behalf.
12. I can see the name of the consignor, but I can't find that of the consignee.
13. I would like to obtain information about export financing.
14. The lowering of tariff walls (customs barriers) is causing concern among wine-growers.
15. Certificates of origin may be issued by Chambers of Commerce or by the consular authorities of the importing country in the exporting country.

IX. B.2. **Essayez de traduire...**

1. Leur parc de camionnettes de livraison ne cesse d'augmenter.
2. J'ai été retardé par les embouteillages ; mon moteur a calé et j'ai dû faire venir une dépanneuse.
3. Le camion est en panne et il va falloir décharger les caisses.
4. La circulation était bloquée par un semi-remorque qui s'était retourné.
5. Malgré le péage, c'est plus rentable de prendre l'autoroute.
6. Les wagons ont été mis sur une voie de garage, et personne ne s'est préccupé de ce qu'ils transportaient.
7. Renvoyez-leur les cageots en petite vitesse.
8. Nous prendrons livraison des colis à la gare.
9. Les trains de banlieue sont toujours bondés.
10. Les prix que nous indiquons sont franco wagon.
11. Vous reste-t-il un exemplaire du connaissement ?
12. La charte-partie constitue un contrat entre l'armateur et l'affréteur.
13. Le cargo avait une voie d'eau, et il a fallu jeter une partie de la cargaison par-dessus bord.
14. L'assurance prétend que la cargaison était mal arrimée dans la cale.
15. L'utilisation de conteneurs et le ferroutage ont amené une véritable révolution dans les transports.
16. Le pétrolier a été endommagé lors de la collision et nos remorqueurs ne sont pas assez puissants pour le remorquer.
17. Avec ces nouveaux pousseurs, les voies navigables peuvent redevenir florissantes.
18. Évidemment, les péniches ne vont pas aussi vite que des avions à réaction. Mais le prix n'est pas le même non plus.
19. Le prix du fret aérien n'est pas en passe de diminuer.
20. A l'aéroport de destination, la remorque est déchargée et attelée à un camion.

IX. B.2. ... et contrôlez

1. Their fleet of delivery vans keeps increasing.
2. I've been held up by the traffic (delayed); my engine stalled, and I had to call for a tow-truck.
3. The lorry (U.S. truck) has broken down and the cases (boxes) will have to be unloaded.
4. Traffic was blocked (jammed) by an articulated lorry (semi-trailer) which had overturned.
5. In spite of the toll, it's more economical to take the motorway.
6. The trucks (waggons, U.S. cars) were shunted into a siding, and nobody worried about what they were carrying.
7. Return the crates to them (send the crates back to them) by goods train (U.S. slow freight train).
8. We shall collect (pick up, take delivery of) the parcels at the station.
9. Commuter trains are always crowded (overcrowded).
10. We are quoting F.O.R. (Free on Rail) prices.
11. Have you got a copy of the Bill of Lading left? (Do you still have a copy of the B/L?)
12. A Charter-Party constitutes a contract between (the) shipowner and (the) charterer.
13. The cargo-ship had sprung a leak and part of the cargo had to be jettisoned (thrown overboard).
14. The insurers (insurance company) claim that the cargo was not properly stowed in the hold.
15. The use of containers and piggybacking have brought about a genuine revolution in transport.
16. The tanker was damaged in the collision and our tugs are not powerful enough to tow it.
17. With these new tow-boats (thanks to...) the waterways may thrive again.
18. Admittedly, barges are not as fast as jet-planes. But the costs (rates) are not the same either.
19. Air freight-rates are not about to fall (decrease).
20. At the airport of arrival (destination) the trailer is unloaded and hooked up to a truck.

IX. B.3. **Definitions**

I. Quotations

1. *In a commercial transaction the prices quoted may be:*

• *ex-works*, or *ex-mill*, or *ex-warehouse* or *loco*, a local price which does not cover any transport expense. The goods will have to be picked up by the buyer at the works, mill or warehouse where they lie.

• *F.O.R. (Free on rail)* covers the loading of the goods onto trucks or wagons.

• *Free alongside ship*, includes the cost of the goods, plus the carriage and handling charges incurred.

• *F.O.B. (Free on board)* includes transport and handling charges to the harbour, plus the cost of having the goods loaded aboard the ship.

• *C.I.F. (Cost, Insurance, Freight)*: F.O.B. price + insurance and freight charges to the port of destination.

• a *Duty paid price* includes the preceding + customs duties. In other terms, the price is that of the goods after they have been cleared through the customs.

2. *Other quotations are:*

• *C. & F. (cost and freight)*: C.I.F. minus the cost of having the goods insured.

• *In bond prices:* C.I.F. prices + the expenses incurred in having the goods stored in a bonded warehouse.

• *Free to receiving station:* Duty paid price + cost of having the goods transported to the station of destination.

• *Free to customer's premises or Franco* covers all transport and handling charges up to the delivery of the goods to the importer.

II. Charter-party

A contract by which the owners of a ship let the ship to another person or company to be used by him or them for transportation over a give period. The charter-party states the destination, the type of the cargo and the freight to be paid. A ship may be chartered whole or in part.

IX. B.3. **Définitions**

I. Propositions de prix

1. *Dans une transaction commerciale, les prix établis peuvent être :*

- *Départ usine*

Prix « sur place » qui ne couvre pas les frais de transport. Les marchandises devront être prises par l'acheteur à l'usine où à l'entrepôt où elles se trouvent.

- *Franco wagon*

Couvre le chargement des marchandises sur les wagons.

- *Franco le long du navire* (ou « franco à quai »)

Inclue le coût plus les frais de transport et de manutention des marchandises.

- *Franco à bord*

Inclue les frais de transport et de manutention jusqu'au port, plus le coût du chargement des marchandises à bord.

- *C.A.F. (coût, assurance, fret)*

Prix F.O.B., plus les frais d'assurance et de fret jusqu'au port de destination.

- *Franco hors douane*

Inclue le précédent plus la somme correspondant aux droits de douane. Autrement dit, c'est le prix des marchandises dédouanées.

2. *Autres prix :*

- *C.F. (coût et fret)*

C.A.F. moins le coût de l'assurance des marchandises.

- *Sous douane*

C.A.F. plus frais de stockage des marchandises dans un entrepôt en douane.

- *Franco en gare de destination*

Franco hors douane plus frais de transport jusqu'à la gare de réception.

- *Franco domicile, ou franco*

Couvre tous les frais de transport et de manutention jusqu'à la livraison des marchandises chez l'importateur.

II. Charte-partie

Contrat aux termes duquel les propriétaires d'un navire louent celui-ci à une autre personne ou à une société pour l'utiliser aux fins de transport pendant une période donnée.
La charte-partie indique la destination, le type de cargaison et le prix du transport. Un navire peut être affrété en totalité ou en partie.

III. Shipping documents

1. *Certificate of origin*

It is a document stipulating in which country the goods have been manufactured.
It allows the importer to benefit by preferential rates (in terms of customs duties) when there is a customs agreement between the importing and the exporting countries.

2. *Bill of lading, or B/L:* it has three purposes,

a) It is a receipt given by the captain for goods taken on board his ship.

b) It stipulates the terms of the contract of carriage.

c) It is a proof of ownership of the goods (a title deed) and may accordingly be used by the importer as security to obtain a loan from a bank.

3. *Consular invoice*

It is a special invoice bearing the seal of the consular authorities of the importing country in the exporting countries. This obviously facilitates the clearing of the goods abroad.

4. *Documentary bill*

This is a draft sent by/through the seller's bank to the purchaser's bank, together with the documents concerning the goods (invoice, consular invoice, bill of lading, insurance policy). Two different types:

a) *Documents against payment (D/P):* the documents necessary to take possession of the goods will only be surrendered to the purchaser (importer) after the amount of the draft has been paid (sight draft).

b) *Documents against acceptance (D/A):* the necessary documents will be surrendered to the importer against acceptance of the draft—or bill—(to accept a draft is simply to sign it). Payment will then take place when the draft comes to maturity. A foreign bill is usually drawn payable 30, 60 or 90 days after sight.

IX. B.3. **Définitions** (suite)

III. Documents relatifs au transport

1. *Certificat d'origine*

C'est un document qui stipule dans quel pays les marcahndises ont été fabriquées. Il permet à l'importateur de bénéficier de tarifs préférentiels (en matière de droits de douane) lorsqu'il existe un accord douanier entre les pays importateurs et exportateurs.

2. *Connaissement :* il a trois objets,

a) C'est un reçu donné par le capitaine pour des marchandises prises à bord de son navire.

b) Il précise les termes du contrat de transport.

c) C'est un titre de propriété des marchandises, qui peut donc être utilisé par l'importateur comme garantie pour obtenir un prêt bancaire.

3. *Facture consulaire*

C'est une facture spéciale qui porte le sceau des autorités consulaires du pays importateur dans le pays d'exportation. Ceci facilite évidemment le dédouanement.

4. *Traite documentaire*

C'est une traite envoyée par (ou par l'intermédiaire de) la banque du vendeur à celle de l'acheteur, accompagnée des documents relatifs aux marchandises (facture, facture consulaire, connaissement, police d'assurance).
Deux cas différents se présentent :

a) *Documents contre paiement :* les documents nécessaires au retrait des marchandises ne seront remis à l'acheteur (importateur) qu'après que le montant de la traite aura été payé (effet à vue).

b) *Documents contre acceptation :* les documents nécessaires seront remis à l'importateur une fois la traite (ou effet) acceptée (c'est-à-dire signée). Le paiement aura lieu quand la traite viendra à échéance. Une traite sur l'étranger est en général payable à 30, 60 ou 90 jours (de vue).

A. Bill of lading (B/L)

Shipped on board the goods or packages said to contain goods hereinafter mentioned in apparent good order and condition unless otherwise indicated herein, to be transported subject to all the terms of this bill of lading, by the route and via the place or places described and agreed in Articles 6, 9 and 10 hereof to the port of discharge named herein or such other port or place as is provided for in Article 9 hereof or so near thereunto as the vessel can safely get, lie and leave, always afloat at all stages and conditions of water and weather, and there to be delivered or transhipped on payment of all charges thereon. If requested, one signed bill of lading duly endorsed must be surrendered in exchange for the goods or delivery order. In accepting this bill of lading, the shipper, consignee, holder of this bill of lading and owner of the goods agree to be bound by all of its stipulations, exceptions and conditions, whether written, typed, stamped or printed on the front or back hereof as if signed by such person, any local customs or privileges to the contrary notwithstanding, and agree that all agreements or freight engagements for the shipment of the goods are superseded by this bill of lading.
In witness whereof, the number of original bills of lading stated herein, all of this tenor and date, has been signed, one of which being accomplished, the others to stand void.

B. Extract from a charter-party : [...]

5. Dues and other charges levied against the cargo shall be paid by the Charterers and dues and other charges levied against the vessel shall be paid by the Owners.
6. Cash for vessel's use, if required, not exceeding one third of the calculated amount of freight shall be advanced against Captain's receipt at the port of loading, subject to 3 per cent to cover interest, commission and cost of insurance. [...]

IX. B.4. **Illustrations**

A. Connaissement

Ont été chargés à bord les marchandises ou colis mentionnés ci-dessous apparemment en bons état et condition sauf indications contraires dans le présent document pour être transportés aux termes de la totalité des clauses de ce connaissement, selon l'itinéraire et en transitant par le lieu ou les lieux décrits et stipulés dans les articles 6, 9 et 10 du présent document jusqu'au port de déchargement nommé dans ce document ou jusqu'à tel autre port au lieu indiqué au terme de l'article 9 ou jusqu'à tel lieu voisin où le navire pourra se rendre, mouiller et reprendre la mer, en étant toujours capable de tenir la mer, quelque soit l'état de celle-ci et les conditions climatiques, pour y être livrés ou transbordés, sur paiement de tous droits afférents. Sur demande un exemplaire signé et duement endossé du connaissement doit être présenté en échange des marchandises ou du bon de livraison. En acceptant ce connaissement, l'expéditeur, le destinataire, le détenteur de ce connaissement et le propriétaire des marchandises, s'engagent à respecter toutes ces clauses, exceptions et conditions, qu'elles soient écrites, tapées à la machine, tamponnées ou imprimées sur le recto ou le verso dudit document comme si elles étaient signées par une telle personne en dépit de toute coutume ou tout privilège local qui s'y opposeraient, et reconnaît que tous les accords ou engagements concernant le fret pour l'expédition de marchandises sont annulés par le présent connaissement. En foi de quoi, le nombre de connaissements d'origine mentionnés ici tous de même teneur et de même date, a été signé, l'exécution d'un seul rendant les autres nuls.

B. Exrait d'une charte-partie

[...]

5. Les droits et autres charges levés sur la cargaison seront payés par les affréteurs et les droits et autres charges levés sur le navire seront payés par les armateurs.

6. Une avance au comptant pour l'utilisation du navire, si nécessaire, et n'excédant pas le total de la somme calculée pour le fret, sera faite contre reçu du capitaine au port de chargement, moyennant un droit de 3 % pour couvrir l'intérêt, la commission et le coût de l'assurance.

[...]

IX. B.5. **Vocabulary** (revision)

A.1.

shipment	envoi, expédition
items	articles, produits, rubriques, numéros...
to list	établir une liste
to trust	faire confiance, confier, espérer
to despatch	expédier

A.2.

acknowledgement	reconnaissance, aveu
to acknowledge	reconnaître, admettre
to forward	expédier
to require	désirer, avoir besoin

A.3.

to complain	se plaindre, réclamer
forwarding agent	agent transitaire
to solve	résoudre
to ship	expédier
as agreed	comme convenu
clue	indice, idée, renseignement
customs	douane
to locate	repérer, situer
to collect	ramasser, prendre
relief	soulagement, secours

A.4.

herewith	ci-joint, inclus
deadline	date limite
delay	retard
to disrupt	désorganiser

A.5.

to commit onself (to)	s'engager (à)
the bulk	le gros, l'ensemble, le vrac
balance	solde, bilan, équilibre
credit terms	conditions de paiement

A.6.

consignment	envoi, lot
beyond	au-delà de
compliance	conformité, exécution
emphasis	accent, insistance

IX. B.5. **Vocabulary - Import - Export**

adverse trade balance	balance commerciale déficitaire
allocation of foreign exchange allocation of foreign currency	allocation de (en) devises
to apply for an import licence	demander une licence d'importation
at sender's risk(s)	aux risques et périls de l'expéditeur
balance of trade	balance commerciale (rapport entre les importateurs et les importations de marchandises d'un pays donné)
balance of payments	balance des paiements
bonded warehouse	entrepôt en douane
cash against documents	comptant contre documents
cash in advance	paiement d'avance
certificate of origin	certificat d'origine
to clear the goods through (the) customs	dédouaner les marchandises
clearance, clearing	dédouanement
collection	encaissement
consignee	destinataire
consigner, consignor	expéditeur
consignment	expédition, envoi, chargement
for consignment abroad	à destination de l'étranger
consular invoice	facture consulaire (facture qui porte le sceau du consul du pays importateur dans le pays exportateur ce qui facilite les formalités douanières)
country of origin	pays d'origine
customs documents	documents douaniers
customs duty	droits de douane
documentary draft	traite documentaire
documents against acceptance	document contre acceptation
document against payment	document contre paiement
documents of title	titres de propriété
duty free	exempt de droits, admis en franchise

IX. B.5. Vocabulary

expiry date	date d'expiration
export	exportation
export documents	documents d'exportation
exporter	exportateur
export manager	directeur de (à) l'exportation
export trade	commerce d'exportation
favourable trade balance	balance commerciale excédentaire
foreign agent	représentant à l'étranger
foreign branch	succursale à l'étranger
foreign subsidiary	filiale étrangère
free trade	libre échange
to hand documents to a bank for collection	remettre des documents à une banque aux fins d'encaissement
import	importation
import agent	agent importateur
importer	importateur
import licence	licence d'importation
import quota	contingent d'importation
import trade	commerce d'importation
indent	commande, ordre d'achat (en provenance de l'étranger)
lay-days	(es)staries, jours de planche (pour chargement d'un navire)
licensee	preneur de licence
licensor	donneur de licence
manufacturing under license	fabrication sous licence
overseas	à l'étranger, outremer
to produce a document	fournir un document
pro forma invoice	facture pro-forma
quota	contingent
removal of tariff walls	suppression des barrières douanières
restrictive practices	pratiques portant atteinte à la libre concurrence, entraves à la liberté du commerce

IX. B.5. **Vocabulary**

shipment	expédition
shipping documents	documents d'expéditeurs
to smuggle	passer en contrebande
to subsidize	subventionner
subsidy	subvention
tariff barrier	barrière douanière
tariff wall	barrière douanière
terms of trade	termes de l'échange
time-charter	affrêtement à temps (couvrant une certaine période)
trade agreement	accord commercial
trade barrier	barrière commerciale barrière douanière
transit agent	transitaire
unfair practices	pratiques qui portent atteinte à la libre concurrence
way-bill	lettre de voiture
world trade	commerce mondial

IX. B.6. **Test** (Solution en X bis)

a) write in full:

F.A.S.; F.O.R.; F.O.B.;
F.O.T.; X-Whf; X-Ml; C.I.F.;
B/L; C/P

b) give the French equivalent:

free of charge
true to sample
duty paid
in bond
way-bill

X

Business file ten

Board meetings
Types of business organisation

Conseils d'administrations
Types de sociétés

X. A.

Storyline

Global Tools is now contemplating the purchase of a smaller firm, Rowlands and Baxter Ltd, specialising in electrical equipment.

The situation will be discussed at the next Board meeting.

Résumé

Global Tools envisage maintenant l'acquisition d'une firme plus petite Rowlands & Baxter Ltd., spécialisé en équipement électrique.

La situation sera discutée à la prochaine réunion du conseil d'administration.

X. A.1. **Notice of directors' meeting**

Dear Sir,

You are hereby [hieb**aï**] notified [n**ôou**tifaïd] that the regular monthly meeting of the board of Directors of Global Tools Ltd will be held at the offices of the Company, Room 25, Hancock Building, No. 234 Buck Street, City of Erewhon at 10 o'clock a.m. on the 15th day of March 197-.

X. A.2. **Board meeting**

On the appointed day, the meeting is opened by the Chairman, and the minutes [m**i**nits] of the last meeting are read and agreed.

Then discussion proceeds to the first item on the agenda:

The intended purchase of Rowlands and Baxter Ltd.

1st Director: I was under the impression that we only contemplated acquiring [ekw**aï**erin*] a controlling interest in Rowlands and Baxter Ltd.

Chairman: That was actually the original idea. But as it turns out, their financial position is so bad that our main contribution would be to put them back on their feet again. And this we can do more efficiently if we own the company wholly [h**ôou**li].

... (to other director) yes?...

2nd Director: I don't quite follow. What's the interest of rescuing [r**è**skiou:in*] a firm that cannot pay its way?

Chairman: I think David Lavelle would like to answer you on this.

Marketing Manager: Thank you Mr. Chairman. I think the failure of Rowlands and Baxter is almost entirely because of bad management. Their diversification policy has been a complete flop and they have acquired such a bad reputation among wholesalers for delays in deliveries, errors on quantities etc, that they are past recovery.

But they do have a couple of sound, reliable products that would complete our lines effectively.

X. A.1. **Convocation à une réunion du Conseil d'Administration**

Monsieur,

Nous avons l'honneur de vous informer que la réunion mensuelle ordinaire du conseil d'administration de Global Tools Ltd. aura lieu au siège de la société, salle 25, Hancock Building, N° 234 Buck Street, ville de Trapellun à 10 heures du matin, le 15 mars 197-.

X. A.2. **Réunion du Conseil d'Administration**

Au jour dit, la réunion est ouverte par le Président, et le procès-verbal de la dernière réunion est lu et approuvé.
La discussion en vient alors au premier point de l'ordre du jour :
— l'intention de rachat de Rowlands & Baxter S.A.

1er Administrateur: j'avais cru comprendre que nous n'envisagions qu'une prise de contrôle de majorité chez Rowlands & Baxter Ltd.
Président: c'était en effet l'idée à l'origine. Mais, il apparaît que leur position financière est si mauvaise que notre principale contribution serait de les remettre à flot. Et cela, nous pouvons le faire encore plus efficacement si nous avons la propriété totale de la société... (à un autre administrateur) : oui ?

2e Administrateur: je ne comprends pas très bien. Quel est l'intérêt de renflouer une entreprise qui ne s'en sort pas toute seule ?
Président: je pense que David Lavelle souhaiterait vous répondre sur ce point.
Directeur marketing: merci Monsieur le Président. Je crois que la faillite de Rowlands & Baxter est à mettre presque entièrement sur le compte d'une mauvaise gestion. Leur politique de diversification a été un échec total, et ils se sont fait une réputation tellement mauvaise auprès des grossistes avec leurs retards de livraison, leurs erreurs sur les quantités, etc., qu'ils ne peuvent plus remonter la pente.
Mais ils ont par contre quelques produits sains et sûrs qui complèteraient utilement nos gammes.

For example, their bath heater is technically very good, and might sell like hot cakes if we put our name on it.
And, as you know, the location [lô**ou**kéïchen] of their factory and commercial premises is excellent.

3rd Director: What about the staff and labour force?

Chairman: The sales force seems to be pretty weak and I think we could do without them. But the technical staff is outstanding. Besides industrial relations have been satisfactory up until recently, when it's become obvious [**o**bvies] that the firm was on its last legs.

1st Director: Now gentlemen, isn't this too much of a leap in the dark? How do we benefit by acquiring a firm with such a bad name in business? It seems to me we are heading for no end of trouble and all for one or two items that seem satisfactory? Why can't we manufacture something similar ourselves?

Company Secretary: Now you are forgetting about patents and licences... Besides, we'd also buy the facilities, plant and machinery, and I'm told they are exactly what we need.

But I'd like to add something... Please, this is strictly off the record... There is a... rumour [r**ou**:me] shall we say? Rowland and Baxter have also been approached by Elex Ltd. Needless to say that I'm having this information checked. But if it were true, you realize...

2nd Director: Rowlands' and Baxter is actually a Public Limited Company isn't it? So what about the share holders? If we want to take over the company, we'll have to offer them some kind of share exchange, a share for share arrangement of some sort... And if we are not the only one to bid for them, there is no telling how far competition may take us...

The meeting has been inconclusive [inken'kl**ou**:siv] *and a new meeting is convened for the following week. It is hoped that, on the basis of more detailed information, a final decision may be arrived at.*

X. A.2. **Réunion du Conseil d'Administration** (suite)

... Par exemple, leur chauffage de salles de bains est techniquement bon et se vendrait comme des petits pains[1] si nous y mettions notre marque.

Enfin, comme vous savez, l'emplacement de leur usine et de leurs locaux commerciaux est excellent.

3e Administrateur: et le personnel et la main-d'œuvre ?

Président: les vendeurs semblent assez faibles, et je crois que nous pourrions nous en passer. Mais le personnel technique est remarquable. D'autre part, les relations sociales ont été satisfaisantes jusqu'à une période récente, quand il est apparu à l'évidence que l'entreprise était au bout du rouleau.

1er Administrateur: voyons Messieurs, est-ce qu'il ne s'agit pas ici d'un trop grand saut dans l'inconnu ? En quoi profiterions-nous de l'acquisition d'une maison avec une si mauvaise réputation dans le métier ? Il me semble que nous nous précipitons dans des ennuis sans fin, et tout ça pour un ou deux articles qui paraissent satisfaisants. Est-ce que nous ne pouvons pas fabriquer nous-mêmes quelque chose de similaire ?

Secrétaire général: allons, vous oubliez les brevets et les licences. En outre, nous rachèterions également les installations, l'équipement et les machines, et je crois savoir qu'ils correspondent exactement à nos besoins.

Mais j'aimerais ajouter quelque chose... Surtout, que ceci reste strictement entre nous... Il y a... disons des bruits... selon lesquels Rowlands & Baxter ont été également contactés par Elex Ltd. Inutile de vous dire que je fais vérifier cette information. Mais si elle était avérée, vous comprenez...

2e Administrateur: Rowlands & Baxter est bien une société anonyme (cotée en bourse), n'est-ce pas ? Alors, et les actionnaires ? Si nous voulons reprendre la société, il nous faudra leur proposer une espèce d'échange d'actions, un arrangement du genre une action à eux contre une à nous... Et si nous ne sommes pas seuls à enchérir, il n'y a aucun moyen de savoir jusqu'où la concurrence peut nous entraîner...

La réunion n'a pas abouti, et une autre réunion est convoquée pour la semaine suivante. On espère que, sur la base de renseignements plus complets, il sera possible de parvenir à une décision.

---

(1) Noter que *to sell* se traduit ici par : se vendre, et l'image *« like hot cakes »* (mot à mot comme des gâteaux chauds).

X. B.1. **Essayez de traduire...**

1. Cette question devra être mise à l'ordre du jour de notre prochaine réunion.

2. Le procès-verbal que le secrétaire général nous a lu ne fait pas mention de cet incident.

3. En Grande-Bretagne, deux documents doivent être établis pour permettre la constitution d'une société par action : l'acte constitutif et les statuts.

4. L'acte constitutif indique la raison sociale de l'entreprise, le but dans lequel elle a été créée, l'adresse de son siège social et le montant de son capital social.

5. Les statuts précisent la réglementation interne.

6. Les sociétés par actions britanniques appartiennent à deux types principaux.

7. Pour leur financement, les « Public companies » peuvent faire appel au public qu'elles invitent à souscrire à leurs actions et obligations.

8. Dans une « Private Company », par contre, les titres de la société ne peuvent changer de main qu'avec l'accord des administrateurs et l'appel au grand public n'est pas possible.

9. Il s'ensuit que les « Private companies » permettent à un groupe ou à une famille de maintenir son contrôle sur une entreprise tout en bénéficiant du principe de responsabilité limitée.

10. C'est un principe selon lequel la responsabilité financière des actionnaires est limitée à la valeur nominale de leurs actions.

11. Dans son allocution, le Président du conseil d'administration a souligné les remarquables résultats de la nouvelle filiale.

12. Certes, peu d'actionnaires ont assisté à la réunion annuelle, mais tous avaient reçu un exemplaire du bilan.

X. B.1. ... et contrôlez

1. This matter will have to be put on the agenda of our next meeting.
2. The minutes the General Secretary has read to us do not mention that incident.
3. In Great-Britain, two documents must be drawn up so that a joint stock company may be set up: the Memorandum of Association and the Articles of Association.
4. The M/A states the style of the firm, the purpose for which it has been founded, the location of its registered office and the amount of its authorized capital.
5. The Articles of Association (U.S. by-laws) list the internal regulations.
6. British joint-stock companies fall into two main categories.
7. For their financing, Public Companies may appeal to the public which is invited to apply for their shares and bonds.
8. In a "Private Company", on the contrary, the company's securities can only be exchanged (change hands) with the consent (agreement) of the directors.
9. It follows that Private companies make it possible for a group or a family to maintain control over (to remain in control of) a firm while taking advantage of the limited liability principle.
10. This (It) is a principle according to which (whereby) the financial liability of the shareholders is limited (restricted) to the nominal (face) value of their shares.
11. In his address, the Chairman of the Board (Board Chairman) has emphasized (stressed, underlined) the outstanding results (performance) of the new subsidiary.
12. Indeed, few shareholders (stockholders) attended the annual meeting, but all had been sent copies of the balance sheet.

X. B.2. **Definitions** (types of business organisation)

1. *One Man Businesses*
In this type of business, one person is solely responsible for providing the capital and managerial skill and for bearing the risks of the enterprise. He is the sole owner, and the only one to take a profit or stand a loss.
2. *Partnerships*
They are associations of persons. A partnership is defined as "the relation which subsists between 2 or more people carrying on business in common with a view to profit". The number of partners must no exceed 20. There are two categories of partnership. In an ordinary partnership, all the partners are liable (general Partnership) for the debts of the firm.
In a "Limited partnership", limited partners are only liable to the extent of their own financial contribution. But they do not take an active part in the running of the business. But since we are in the field of "Association of persons", there must be at least one general partner whose liability [laïebiliti] for the debts of the firm is not limited. He may be called upon to settle such debts to the extent of his real and personal property.
3. *Companies*
Limited Companies came into being as a result of the necessity to overcome the limitations in capital of one-man businesses and partnerships.
Private Limited Companies and Public Limited Companies both rest on two main principles: the joint-stock principle, that is the provision of capital through the individual contributions of a large number of investors, and the limited liability principle, that is the limitation of the shareholders' liability to the nominal value of their shares.
A private company must have at least two members, and not more than fifty; its articles prohibit public appeal for subscription and restrict the right to transfer shares—whereas a public company must not have fewer than seven members, with no upper limit; it can appeal to the general public for the subscription of its shares or debentures, which may be freely bought and sold on the Stock-Exchange.

X. B.2. **Définitions**

1. *Entreprises individuelles*
Dans ce type d'entreprise, l'apport de capitaux et la compétence de gestionnaire sont le fait d'une seule et même personne, qui supporte les risques de l'affaire. Il en est le seul propriétaire, et lui seul touche les bénéfices ou fait face aux pertes.
2. *Sociétés de personnes*
Ce sont des associations de personnes. Une telle association se définit comme « la relation qui existe entre deux personnes — ou davantage — conduisant ensemble des affaires en vue de faire du profit ». Le nombre des membres (associés) ne doit pas dépasser vingt.
Il existe deux catégories de sociétés de personnes. Dans une « société en nom collectif », tous les associés sont responsables des dettes de l'entreprise.
Dans une « société en commandite »[1], les commanditaires ne sont responsables que jusqu'à concurrence de leur propre apport financier. Mais ils ne prennent pas part activement à la gestion de l'entreprise. Mais comme nous sommes dans le domaine des « associations de personnes », il doit exister au moins un associé gérant (commandité) dont la responsabilité vis-à-vis des dettes de l'entreprise ne soit pas limitée. Il peut être appelé à faire face au règlement de telles dettes jusqu'à la limite de ses biens.
3. *Sociétés de capitaux*
Les sociétés à responsabilité limitée sont nées de la nécessité de surmonter l'insuffisance en capitaux des entreprises individuelles et des sociétés de personnes.
Les S.A.R.L. et les S.A.[1] reposent toutes les deux sur deux principes fondamentaux : le principe d'apport collectif des capitaux, c'est-à-dire que les capitaux proviennent des contributions individuelles d'un grand nombre d'investisseurs, et le principe de la responsabilité limitée, c'est-à-dire la limitation de la responsabilité des actionnaires à la valeur nominale de leurs actions.
Une *Private Company* doit comprendre au moins deux membres et jamais plus de cinquante. Ses statuts lui interdisent de faire appel à la souscription publique (au public) pour la souscription de ses valeurs et limitent le droit de transfert (cession) des actions — alors qu'une *Public Company* doit avoir au moins sept membres, sans limite supérieure, elle peut faire appel au grand public pour la souscription de ses actions ou obligations, qui peuvent s'échanger (être achetées et vendues) librement sur le marché boursier.

---

(1) Équivalents approximatifs en français.

3. *Companies (continued)*
It follows that the private company is a very suitable type of concern for businessmen who want to maintain family control while taking advantage of limited liability, whereas the public company is the form of corporate structure chosen whenever capital has to be raised from the general public. In order to set up a company, the founders must draw up a Memorandum of Association, which states the name of the company, the location of the registered office, the objects of the company and the amount of its authorized capital. Every year, a General Meeting must be held, during which the Chairman of the Board delivers his address and declares the dividend. The shareholders are handed copies of the balance-sheet and the auditors' report, and elect or reelect the company's directors.

4. *U.S. Corporation*
As with the British "Company", the two main principles are: the provision of capital by stockholders; the limited liability of such stockholders. Apart from a few basic principles, legal requirements vary from state to state.
Beware! In British English, a corporation is a public or semi-public body, such as the B.B.C. (British Broadcasting Corporation).

5. *Mergers and take over bids.*
Both apply to a process of amalgamation between two firms. But in the case of a merger, there is a large measure of agreement between the two boards of directors involved. Whereas in the case of a take over bid, a company is trying to acquire another by purchasing the shares from the shareholders. The result may be a battle between two firms or more than two if several companies are trying to buy (or "bid for") the same one.

The partnership differs from the Company (or U.S. Corporation) in the sense that the latter is considered as a legal person (or entity) in its own right, separate and apart from its shareholders. Whereas the partnership is viewed as an aggregation of separate individuals doing business under a common name.
This is why, unless specified otherwise in the partnership agreement, the death of one of the partners will bring the partnership to an end.

3. *Sociétés de capitaux (suite)*

Il s'ensuit que la « Private Company » est un type de société tout à fait approprié pour les entrepreneurs qui désirent maintenir le contrôle familial sur la société tout en bénéficiant de la limitation de responsabilité, tandis que la *Public Company* est le type de société qui sera choisi chaque fois qu'il faut faire appel au grand public pour l'apport en capitaux.

Pour créer une société, les fondateurs doivent rédiger un « acte constitutif », qui indique le nom de la société, l'adresse du siège social, le but dans lequel elle a été formée, les activités de la société et le montant du capital social.

Chaque année, une assemblée générale doit avoir lieu, au cours de laquelle le Président du conseil d'administration lit son rapport et annonce le dividende. Les actionnaires reçoivent des exemplaires du bilan et du rapport des commissaires aux comptes, et élisent ou réélisent les administrateurs de la société.

4. *« Corporations » américaines*

Comme pour la *Company* britannique, les deux grands principes sont: l'apport des capitaux par les actionnaires; la responsabilité limitée de ces mêmes actionnaires. En dehors de quelques principes de base, les conditions requises par la loi varient selon les états.

Attention! En Anglais britannique, une *corporation* est un organisme public ou semi-public, la B.B.C. par exemple.

5. *Fusions et offres publiques d'achat* (O.P.A.)

Les deux termes font référence à un processus de concentration entre deux entreprises. Mais dans le cas d'une fusion il y a dans une large mesure accord entre les conseils d'administration des sociétés impliquées. Alors que dans le cas d'une O.P.A., une société tente d'en acquérir (contrôler) une autre en rachetant leurs actions aux actionnaires de cette dernière. La conséquence peut être une bataille entre deux entreprises, ou davantage si plusieurs sociétés se font concurrence pour le rachat (mot à mot: essaient de racheter la même).

Les Sociétés de Personnes diffèrent des Sociétés de Capitaux dans le sens que ces dernières sont considérées comme des personnes légales (ou entités) de plein droit, distinctes et séparées de leurs actionnaires. Tandis que les sociétés de personnes sont vues comme une juxtaposition de personnes privées se livrant à une activité commerciale sous un nom commun.
C'est pourquoi, sauf spécification contraire dans les articles de l'association, la mort de l'un des partenaires mettra un terme à l'association.

X. B.3. **High finance**

The world is full of people who know nothing of millions but are well accustomed to think in thousands... And it is of these that finance committees are mostly comprised. The result is the following phenomenon: the time spent on any item of the agenda will be in inverse proportion to the sum involved.

Chairman: We come now to Item 9. Our Treasurer, Mr. McPhail, will report.

Mr. McPhail: The estimate for the Atomic Reactor is before you, sir [...]. You will see that the general design and layout has been approved by Professor McFission. The total cost will amount to £ 10 million. The contractors, Messrs McNab and McHash, consider that the work should be complete by April 1963. Mr. McFee, the consulting engineer, warns us that we should not count on completion before October, at the earliest. The plan of the main building is before you—see Appendix IX—and the blueprint is laid on the table. I shall be glad to give any further information that members of this committee may require.

Chairman: Thank you, Mr. PcPhail, for your very lucid explanation of the plan as proposed. I will now invite the members present to give us their views.

Among the members of the Board some don't know what is a reactor, some don't know what it is for. Among the very few who know its purpose and what it should cost is Mr. Brickworth. The Chairman asks him if he has something to say. Now Mr. Brickworth is almost the only man there who knows what he is talking about. There is a great deal he could say. He distrusts that round figure of £ 10 million. Why should it come out to exactly that? Why need they demolish the old building to make room for the new approach? Why is so large a sum set aside for "contingencies"? But Brickworth does not know where to begin. The other members could not read the blueprint if he referred to it. He would have to begin by explaining what a reactor is and no one there would admit that he did not already know. Better to say nothing.

X. B.3. **Haute finance**

Le monde est plein de gens qui n'entendent rien aux millions mais sont bien habitués à penser en milliers... Et c'est de ces derniers que sont constituées la plupart du temps les commissions financières. Le résultat est le phénomène suivant : le temps consacré à l'un quelconque des points à l'ordre du jour sera inversement proportionnel à la somme en cause.

Président : nous en arrivons au point 9. Notre Directeur financier, M. D. Confit-Hure, vous rend compte.

D. Confit-Hure : le devis du réacteur nucléaire est devant vous, Monsieur (...), vous constaterez que la conception et l'implantation d'ensemble ont été approuvés par le professeur K. Tastroff. Le coût total se montera à 10.000.000 livres. Les entrepreneurs, Messieurs MacNab et MacAche, considèrent que les travaux devraient être achevés vers avril 1963. Monsieur O. Norère, l'ingénieur-conseil, nous avertit de ne pas compter sur un achèvement avant octobre, au mieux.

Le plan du bâtiment principal est devant vous — voyez l'annexe IX — et le bleu d'architecte est déplié sur la table. Je serai heureux de fournir tout renseignement complémentaire dont les membres de cette commission pourraient avoir besoin.

Président : merci, Monsieur Confit-Hure, pour votre remarquable explication des propositions de ce plan. J'inviterai donc les membres présents à donner leur point de vue.

Parmi les membres du conseil, certains ignorent ce qu'est un réacteur, d'autres à quoi ça sert. Parmi les rares qui savent à quoi l'utiliser, et combien il devrait coûter, se trouve M. Pesandor. Le Président lui demande s'il a une remarque à faire. A vrai dire, M. Pesandor est à peu près le seul ici à savoir de quoi il parle. Il aurait beaucoup de choses à dire. Il se méfie de ce chiffre rond de 10 millions de livres. Pourquoi celui-ci exactement et pas un autre ? Pourquoi ont-ils besoin de démolir l'ancien bâtiment pour faire place à leur nouvel abord ? Pourquoi une « provision pour imprévus » si importante ? Mais Pesandor ne sait pas par où commencer. Les autres membres ne sauraient pas lire le bleu s'il y faisait référence. Il lui faudrait commencer par expliquer ce qu'est un réacteur, et personne ici n'admettrait ne pas le savoir. Mieux vaut ne rien dire.

X. B.3. **High finance** (continued)

Mr. Brickworth: I have no comment to make.
Chairman: Does any other member wish to speak? Very well. I may take it then that the plans and estimates are approved? Thank you. May I now sign the main contract on your behalf? (Murmur of agreement.) Thank you. We can now move on to Item 10.
Allowing a few seconds for rustling papers and unrolling diagrams, the time spent on Item 9 will have been just two minutes and a half. The meeting is going well. But some members feel uneasy about Item 9. They wonder inwardly whether they have really been pulling their weight. It is too late to query that reactor scheme, but they would like to demonstrate, before the meeting ends, that they are alive to all that is going on.
Chairman: Item 10. Bicycle shed for the use of the clerical staff. An estimate has been received from Messrs Bodger and Woodworm, who undertake to complete the work for the sum of £ 350. Plans and specification are before you, gentlemen.
Mr. Softleigh: Surely, Mr. Chairman, this sum is excessive, I note that the roof is to be of aluminium. Would not asbestos be cheaper?
Mr. Holdfast: I agree with Mr. Softleigh about the cost but the roof should, in my opinion, be of galvanized iron. I incline to think that the shed could be built for £ 300, or even less.
Mr. Daring: I would go farther, Mr. Chairman. I question whether this shed is really necessary. We do too much for our staff as it is. They are never satisfied, that is the trouble. They will be wanting garages next.
Mr. Holdfast: No, I can't support Mr Daring on this occasion. I think that the shed is needed. It is a question of material and cost...
The debate is fairly launched. A sum of £ 350 is well within everybody's comprehension. Everyone can visualize a bicycle shed. Discussion goes on, therefore for forty-five minutes, with the possible result of saving some £ 50. Members at length sit back with a feeling of achievement.

C.N. PARKINSON (Parkinson's Law)

X. B.3. **Haute finance** (suite)

M. Pesandor: je n'ai pas de commentaire à faire.

Le Président: un autre membre désire-t-il parler? Très bien. Je peux donc considérer que les plans et les devis sont approuvés? Merci. Suis-je autorisé à signer à présent le contrat principal en votre nom? (Murmure d'approbation.) Merci. Nous pouvons passer au point 10.

Compte tenu des quelques secondes nécessaires pour rassembler les papiers et dérouler les graphiques, le temps consacré au point 9 aura été de deux minutes et demie exactement. La réunion se passe bien. Mais quelques membres éprouvent un certain malaise quant au point 9. Ils se demandent intérieurement s'ils ont montré assez d'autorité. Il est trop tard pour discuter ce plan nucléaire, mais ils aimeraient faire la preuve, avant la fin de la réunion, qu'ils réagissent vivement à tout ce qui se passe.

Le Président: point 10, hangar à bicyclettes destiné au personnel des bureaux. Un devis a été remis par Messieurs Gachon et Vertiaux, qui entreprennent de mener à bien ce travail pour 350 livres. Vous avez devant vous les plans et les spécifications, Messieurs.

M. Souplet: à coup sûr, Monsieur le Président, cette somme est excessive, je note que le toit est prévu en aluminium. Est-ce que l'amiante ne serait pas meilleur marché?

M. Tienbon: je suis d'accord avec Monsieur Souplet pour le prix, mais à mon avis, le toit devrait être en tôle galvanisée. J'incline à penser que le hangar pourrait être construit pour 300 livres, ou même moins.

M. Défiant: j'irais plus loin, Monsieur le Président. Je conteste que ce hangar soit bien nécessaire. Nous en faisons déjà bien trop comme ça pour le personnel. Ils ne sont jamais satisfaits, voilà l'ennui. La prochaine fois, ils réclameront des garages.

M. Tienbon: non, je ne peux pas soutenir Monsieur Défiant en la circonstance. Je crois que le hangar est nécessaire. C'est une question de matériaux et de coût...

Le débat est bien lancé. Une somme de 350 livres est bien dans les limites d'appréhension de chacun. Tout le monde peut se représenter un hangar à bicyclettes. La discussion, en conséquence, se poursuit pendant 45 minutes, avec peut-être pour résultat une économie de 50 livres. Les membres, en fin de compte, s'enfoncent dans leur siège avec le sentiment d'avoir réussi dans leur tâche.

X. B.4. **Vocabulary** (revision)

hereby	par le (la) présent(e)
to notify	informer
to hold	tenir
to appoint	nommer
minutes	minutes, procès-verbal
chairman	président du C.A.
to proceed	en venir à, se poursuivre
item	question, point, article
agenda	ordre du jour
purchase	achat
to contemplate	envisager
wholly	complètement, intégralement, en totalité
to pay one's way	se suffire, être rentable
failure	échec, panne, défaillance
flop	fiasco
wholesaler	grossiste
recovery	rétablissement, reprise ; recouvrement
to be past recovery	être dans un état désespéré

Vocabulaire d'appoint	*Vocabulaire d'appoint*
annual general meeting	assemblée générale annuelle
shareholder	actionnaire
auditor	commissaire aux comptes
balance sheet	bilan (cf. p. 338)
profit and loss account	compte profits et pertes
to discharge	donner quittus ; libérer, acquitter
by proxy	par procuration
proxy form	formule de procuration
the undersigned...	les soussignés...
special meeting	assemblée extraordinaire
timely	opportun
to appoint s.o attorney	mandater qn, nommer mandataire
in s.o's stead	à la place de quelqu'un
to be entitled	avoir le droit, être en droit de
to revoke	dénoncer un contrat

X. B.4. **Vocabulary**

to acquire legal status	acquérir la personnalité civile (= morale, juridique)
auditor	commissaire aux comptes, commissaire vérificateur
auditors' report	rapport des commissaires (aux comptes)
association of persons	société de personnes (= par intérêts)
affiliated company	société affiliée
articles of association (G.B.) by-laws (U.S.)	règlement d'ordre intérieur, statuts
amalgamation (or merger)	fusion
application for shares	souscription à des actions
to allot shares	attribuer (répartir) des actions
allotment of shares	attribution (répartition) des actions
business (commercial) enterprise (concern)	entreprise commerciale
business firm (house)	maison de commerce
business (trade) name	raison commerciale (de commerce), le nom commercial
branch	succursale
borrowed capital	capital emprunté
board (of directors)	conseil d'administration
bearer share	action au porteur
bonus share	action gratuite
bond (debenture)	obligation
bond holder (debenture holder)	obligataire, le porteur d'obligations
fixed-interest bearing bonds	obligations à revenu fixe
industrial (corporate U.S.) bonds	obligations industrielles
mortgage bonds	obligations hypothécaires
bonds redeemable by periodical drawings	obligations amortissables par des tirages au sort périodiques
convertible bonds	obligations convertibles
premium bonds	obligations à primes
redemption of bonds	remboursement (= rachat) d'obligations

X. B.4. Vocabulary

to do business	faire des affaires
capital	capital
company's capital	capital social
share capital, capital stock (U.S.)	capital action
Registered (authorized, nominal) capital	capital nominal (social)
issued (subscribed, circulating, outstanding) capital	capital souscrit (en circulation)
cash capital	capital-espèces, capital-numéraire
commercial court	tribunal de commerce
company's name	raison sociale
to establish (= found, form, float, set up, start, create, incorporate) a company	établir (= fonder, former, démarrer, créer, constituer) une société
to carry on business	faire des affaires
corporate, body, corporation	personne (= personnalité) morale (civile, juridique)
one-man company	entreprise individuelle
to conclude a partnership agreement	conclure un contrat de société
joint-stock company	société par actions
limited (liability) company	
company limited by shares	
public company corporation	société anonyme (par actions), S.A.
public limited company, PLC, plc	équivalent approximatif de la S.A. française
private limited company	équivalent approximatif de la S.A.R.L. française
affiliated company	société affiliée
subsidiary company	filiale
parent company	société-mère
holding company	société à portefeuille, holding
public utility company	société d'utilité publique
to float (incorporate, establish, set up, form) a public company	fonder (former, créer, constituer) une S.A.
concern	entreprise
corporate name	raison sociale
debenture (bond)	obligation
debenture holder (bondholder)	obligataire, le porteur d'obligations

X. B.4. **Vocabulary - The Firm**

variable-yield debentures	obligations à revenu variable
Deconcentration (decentralization) policy	politique de déconcentration (la décentralisation)
leed of incorporation	acte constitutif (de constitution)
director	administrateur
to dissolve a company	dissoudre une société
dividend (on shares)	dividende (d'actions)
to draw up a written agreement	passer une convention écrite
expiration (= expiry) of the stipulated term	expiration du terme (temps) de l'association
fiscal (financial, trading) year	exercice fiscal, financier, commercial
form of proxy, for a general meeting of shareholders	formule de procuration (pouvoir pour une assemblée générale d'actionnaires)
founder's share	action de fondateur
general (= active, acting) partner	associé (le commandité)
head office of the company	siège (principal) de société
to hold a general meeting	tenir une assemblée générale
to incur (= suffer, sustain) a loss	subir (enregistrer) une perte
issue of debentures	émission d'obligations
issue of shares, stock issue	émission (création) d'actions
to issue shares (to the public)	émettre des actions (dans le public)
to issue shares at a discount	émettre des actions au-dessous du pair
to issue shares at a premium	émettre des actions au-dessus du pair
to issue shares at par	émettre des actions au pair
joint and several liability	responsabilité conjointe et solidaire
to be jointly and severally liable for all the firm's acts	être conjointement et solidairement responsable de tous les actes sociaux

X. B.4. **Vocabulary - The firm**

to be liable for partnership debts	être responsable des dettes sociales
to the extent of one's investment	à concurrence de ses apports (sa mise)
liability for business debts	responsabilité pour dettes
limited liability	responsabilité limitée
limited partnership	société en commandite simple, commandite
to liquidate, to wind up	liquider
to make a profit	faire (= réaliser) un bénéfice
managing partner	associé gérant
annual ordinary general meeting	assemblée générale ordinaire annuelle
extraordinary general meeting	assemblée générale extraordinaire
ordinary general meeting	assemblée générale ordinaire
statutory meeting	assemblée constitutive
memorandum (of association)	acte constitutif
merger, amalgamation	fusion
monopoly	monopole
nominal (= face) value	valeur nominale
objects (= purpose) of the company	objet de la société
ordinary share	action ordinaire
oversubscription	souscription au-delà du montant de l'émission
par	pair
par-value shares, par stock (U.S.)	actions avec valeur nominale
partnership	association
partnership (firm), general (ordinary) partnership	société (commerciale) en nom collectif, association
partnership deed, partnership agreement, articles of partnership	contrat d'association (= de société)
preference share, preferred stock	action privilégiée (= préférentielle, de priorité, de préférence)
president (U.S.)	président d'une société anonyme
proceedings (transactions, business) of a general meeting	délibérations d'une assemblée générale

X. B.4. **Vocabulary - The firm**

provisions of the articles	prescriptions (dispositions) statutaires
provisions (terms) of the partnership agreement	termes (= dispositions) du contrat d'association
proxy	procuration, le pouvoir, mandat
to put down on the agenda the business to be transacted	mettre à l'ordre du jour questions à délibérer
to register	(faire) inscrire (immatriculer)
registration	inscription, immatriculation
register of business names	registre du commerce, R.C.
registered (authorized, nominal) capital	capital nominal (= social)
registered office (of the company)	siège social
registered share	action nominative
right of voting (vote), voting right	droit de vote
self-financing	autofinancement
senior partner	associé principal
to set up in business	s'établir en affaires
sharedolder, stockholder (U.S.)	actionnaire
shareholders' meeting, meeting of shareholders	assemblée des actionnaires
share warrant (to bearer)	titre au porteur
sleeping (dormant) partner	bailleur de fonds
sole owner (trader, proprietor)	propriétaire unique
subscriber	souscripteur
subscription to an issue	souscription à une émission
subscription right	droit de souscription
syndicate	consortium, le syndicat
transfer (of shares)	transfert (la cession) d'actions
ultra vires	antistatutaire
unless otherwise provided (specified)	sauf stipulations contraires
unlimited liability	responsabilité illimitée
variable-yield debentures	obligations à revenu variable
voting by proxy	vote par procuration

X bis. DOSSIER DIX bis. RÉVISIONS

Ce dossier comprend 3 parties :

A. Exercices de révisions (A.1. à A.7.) suivis de leurs corrigés

B. Tests (B.1. à B.4.) suivis de leurs corrigés

C. Corrigés d'exercices donnés dans leurs dossiers I à X (C.1., C.2., C.3.)

X bis. A. EXERCICES DE RÉVISION

A.1. Traduire d'anglais en français

a) *(10 mots)*

1. non contributory pension; 2. to retire; 3. subsidiary; 4. organization chart; 5. accounting; 6. to assess; 7. outlet; 8. to supply; 9. agenda; 10. shopfloor.

b) *(5 expressions)*

1. We have vacancies for industrial engineers in our expanding car body production shop.
2. An experienced secretary, who has been on the staff for a few years, will be appointed to him.
3. He will supply me with all the details of our results in various outlets.
4. On the basis of sales figures, there is a strong case for pushing this model.
5. According to the shop-steward, the workers have decided on an overtime ban.

A.2. Traduire de français en anglais

a) *(10 mots)*

1. lettre de candidature; 2. annonce; 3. conseil d'administration; 4. procédés de fabrication; 5. brevet; 6. lancer un produit; 7. plainte; 8. nommer à un poste; 9. prime de licenciement; 10. heures supplémentaires.

b) *(5 expressions)*

1. Les candidats devront être âgés de 30 à 35 ans.
2. Il présidera la réunion des administrateurs.
3. Le prix des matières premières a augmenté de 20 %.
4. Il nous faut des renseignements plus détaillés sur les goûts des consommateurs.
5. L'usine est en grève depuis huit jours.

A.3. Fill in the blanks (compléter les blancs du texte)

Multi-national, growing public c..p.n. s.e.s professional m..a.e. for a major division, b.s.d in Germany. This .x..u..v. will have r.s.on..b...t. for the division and its European su.s....r.es
This responsibility includes m.r.e.i.g, finance, m.n..ac....n. and engineering as well as distribution in Europe, Near East and Africa.
The c..d.d..e will have a successful r..o.d as general manager of medium to large s.z.d company, preferably in c..s.m.r ori....d product l.n.s.
F.u.nt English and German are re....r..; only top flight business managers with highest personal and business qu..i..at...s will be c..s.d..ed. Excellent s..a.., b..us and other attractive .e.e.its available.
Write in ...f..e..e to:

A.4. Traduire les mots et expressions suivantes:

a) *d'anglais en français*

1. outlet; 2. consumer trends; 3. brand image; 4. to lay off; 5. recovery; 6. wage freeze; 7. sluggishness; 8. to cancel; 9. to place an order; 10. instalment; 11. consignment; 12. shortage; 13. bulk buying; 14. wholesaler; 15. branch; 16. multiples; 17. true to sample; 18. trial order; 19. to quote ex-works prices; 20. to leave a deposit; 21. bill of lading; 22. forwarding agent; 23. consignee; 24. F.O.B.; 25. in bond; 26. Board of Directors; 27. joint-stock company; 28. subsidiary; 29. take over bid; 30. merger.

b) *de français en anglais:*

1. voyage d'affaires; 2. juguler l'inflation; 3. clause d'échelle mobile; 4. niveau de vie; 5. chômage; 6. blocage des prix; 7. échelle des salaires; 8. reprise (économique); 9. ralentissement des affaires; 10. louer une voiture; 11. verser des arrhes; 12. solde; 13. détaillant; 14. intermédiaire; 15. entrepôt; 16. grand magasin; 17. acheter à crédit; 18. enregistrer une commande; 19. échantillons; 20. bulletin de commande; 21. matières premières; 22. dédouanement; 23. titre de propriété; 24. expéditeur; 25. siège social; 26. faillite; 27. actionnaire; 28. commissaire aux comptes; 29. ordre du jour; 30. faire face à ses obligations.

A.5. Thème d'imitation

1. Je suis désolé de vous avoir fait attendre. Je pensais que vous arriveriez par l'avion de 6 h.
2. Oh, vous n'avez pas reçu le coup de téléphone de ma secrétaire ?
3. Non, je n'ai pas eu le temps de repasser à mon bureau depuis ce matin. Je suis vraiment désolé.
4. Je vous apporte une bonne nouvelle. D'après notre étude, il y a de bonnes perspectives chez nous pour votre produit. En fait, nous sommes prêts à vous commander un certain nombre d'articles.
5. Il semble qu'ici aussi la situation s'améliore, et que la reprise économique s'accélère. — Oh, pendant que j'y pense, nous ne vous avons pas encore loué de voiture. Si c'est simplement pour aller à la succursale de Bradford, je pourrai vous conduire là-bas après-demain, j'y vais moi-même.
6. Parfait. Je ne pense pas avoir besoin de voiture. A quel hôtel m'avez-vous mis ?
7. Au « Royal », comme vous le souhaitiez.
8. Merci. Dites, je n'ai pas beaucoup de liquide. Est-ce que je pourrais changer des chèques à l'hôtel ?
9. Certainement, n'hésitez pas à m'appeler si vous avez le moindre problème. Tenez, voici mon numéro personnel.

A.6. Fill in the blanks (compléter les blancs des phrases)

1. The country is p. . g. . d by inflation.
2. Union leaders are worried about the number of w. l. c. . strikes.
3. The flight has been . . n. . ll. . because of the fog.
4. We a. k. . w. e. g. r. c. i. t of your samples which were delivered yesterday.
5. We need more space. We'll have to build a new . ar. . o. s.
6. We do not require total payment, but you have to l. . v. a d. p. . . t.
7. If the bill is not paid by the end of the week, we'll t. . e . eg. . a. . . . n.
8. The goods have been unloaded, but they have not yet been c. . ar. . through the customs.
9. The articles have been damaged in t. a. . . t, and we are going to l. . g. a c. . . l. i. t.
10. This problem is on the . g. . d. for the next Board Meeting.

X bis. A. EXERCICES DE RÉVISION

A.7. Compléter en utilisant la bonne pré-ou postposition

1. We have to set . . a network of outlets.
2. We cannot rely entirely . . an agent.
3. He will be responsible . . . distribution.
4. Our brand image is . . stake.
5. It is very important. I must get him . . the phone.
6. Now let's get . . . . to business.
7. They are going to place the order . . . . us.
8. The official document has not been drawn . . yet.
9. We'll be pleased to carry . . . your order.
10. I cannot comply . . . . your request.
11. Put me . . . . to extension 50.
12. We have to complain that the goods are not true . . sample.

X bis. A. CORRIGÉS DES EXERCICES A1 à A7

• Corrigé des exercices de traduction A.1.

a) 1. Retraite versée par l'employeur; 2. Prendre sa retraite; 3. Filiale; 4. Organigramme; 5. Comptabilité; 6. Évaluer; 7. Débouché; 8. Fournir; 9. Ordre du jour; 10. La base (syndicale).

b)

1. Nous disposons de postes d'ingénieurs dans notre usine de production de carrosserie automobile en pleine expansion.
2. On nommera une secrétaire expérimentée, et qui fait partie du personnel depuis quelques années, pour le seconder.
3. Il va me fournir les résultats détaillés obtenus dans nos divers canaux de distribution.
4. Si l'on se base sur les chiffres de vente, il y a d'excellentes raisons de pousser (promouvoir) ce modèle.
5. Selon le délégué syndical, les ouvriers ont décidé une grève des heures supplémentaires.

X bis. A. CORRIGÉS
DES EXERCICES A1 à A7

- **Corrigé de l'exercice A.2.** (traduire de français en anglais)

a) 1. Letter of application; 2. Ad(vertisement).
3. Board of Directors (or: board meeting).
4. Manufacturing processes. 5. patent.
6. To launch a product; 7. Complaint, claim;
8. To appoint (to a job); 9. Severance pay (or: redundancy payment);
10. Overtime.

b)
1. (Successful) candidates will be in their early thirties (30's).
2. He will preside over the Board meeting.
3. The price of raw materials has increased by 20 %.
4. We need (more detailed, further) information on consumers' tastes.
5. The factory (plant) has been on strike for a week.

- **Corrigé de l'exercice A.3.** (remplissez les blancs)

Multinational, growing public *company seeks* professional *manager* for a major division, *based* in Germany. This *executive* wille have *responsibility* for the division and its European *subsidiaries.* The responsability includes *marketing,* finance, *manufacturing* and engineering as well as distribution in Europe, Near East and Africa.

The *candidate* will have a successful *record* as general manager of medium to large *sized* company, preferably in *consumer oriented* product *lines.*

Fluent English and German are *required.* Only top flight business managers with highest personal and business *qualifications* will be *considered.* Excellent *salary, bonus* and other attractive *benefits* available.

Write in *confidence* to...

X bis. A. CORRIGÉ DES EXERCICES A1 à A7

• **Corrigé de l'exercice A.4.** (traduire)

a) *(d'anglais en français) :*

1. débouché ; 2. tendances de la consommation ; 3. image de marque ; 4. licencier ; 5. reprise ; 6. blocage des salaires ; 7. torpeur ; 8. annuler ; 9. passer une commande ; 10. versement (dans le cas de paiement par versements échelonnés) ; 11. expédition ; 12. pénurie ; 13. achat en gros ; 14. grossiste ; 15. succursale ; 16. magasins à succursales multiples, succursalistes ; 17. conforme à l'échantillon ; 18. commande à l'essai ; 19. indiquer des prix sortie d'usine ; 20. verser des arrhes, verser un acompte ; 21. connaissement ; 22. transitaire ; 23. destinataire ; 24. Franco à bord ; 25. sous douane ; 26 Conseil d'Administration ; 27. Société par actions ; 28. filiale ; 29. offre publique d'achat (O.P.A.) ; 30. fusion.

b) *(de français en anglais) :*

1. business trip ; 2. to curb (check, stem) inflation ; 2. escalator clause ; 4. standard of living ; 5. unemployment ; 6. price freeze ; 7. wage-scale ; 8. recovery, resumption, revival, pick up, upturn ; 9. business slow down ; 10. to rent a car ; 11. to leave (pay, make) a deposit ; 12. balance ; 13. retailer ; 14. middleman ; 15. warehouse ; 16. department store ; 17. to buy on credit ; 18. to book an order ; 19. samples ; 20. order form ; 21. raw materials ; 22. clearance, clearing (through customs) ; 23. title deed, deed of property, title-deed to property ; 24. sender, consigner ; 25. registered office ; head office ; (U.S.) head quarters ; 26. bankruptcy ; 27. shareholder, (U.S.) stockholder ; 28. auditor ; 29. agenda ; 30. to meet one's commitments.

X bis A. CORRIGÉ DES EXERCICES A1 à A7

• Corrigé du thème d'imitation A.5.

1. I'm sorry to have kept you waiting. I thought you'd arrive by the 6 o'clock plane.
2. Oh, didn't you get my secretary's phone call?
3. No I haven't had time to go (back) to my office since this morning. I'm awfully sorry.
4. I've got good news for you. According to our study, there are good prospects for your product in our country. We are actually prepared to order a number of articles (items) from you.
5. The situation seems to be improving here too (in this country too), and the economic recovery seems to gain momentum (we feel that the situation is improving here too, and that the revival is spreading) — Oh, come to think of it, we haven't rented a car for you yet. If it's only to go to our Bradford subsidiary (subsidiary in Bradford), I can drive you there to morrow, I'm going there myself.
6. Excellent — I don't think I'll need a car. What hotel did you put me in?
7. The Royal, as you requested.
8. Thank you. Say, I haven't got a lot of (much) cash (with me)—Could I have cheques cashed (could I cash cheques) at the hotel?
9. Certainly. Don't hesitate to call me if you have the slightest problem. Here is my personal phone number.

• Corrigé de l'exercice A.6. (compléter)

1. plagued; 2. wild cat; 3. cancelled; 4. acknowledge, receipt; 5. warehouse; 6. leave a deposit; 7. take legal action; 8. cleared; 9. transit; lodge a complaint; 10. agenda.

• Corrigé de l'exercice A.7. (compléter avec pré- ou post-positions)

1. up; 2. on; 3. for; 4. at; 5. on; 6. down; 7. with; 8. up; 9. out; 10. with; 11. through; 12. to.

X bis. B. TESTS

B.1. **Autotest - Labour and Employment** (voir Dossier V)

(choisissez la bonne réponse)

1. How much ..... would you require to report for work?
a) delay; b) notice; c) period; d) warning.
2. After 20 years' faithful service, he wasn't even granted .....
a) severance rise; b) severance wage; c) severance pay; d) severance salary.
3. How long has she been on .....?
a) sea-sick; b) leave sikness; c) sick-leave; d) sick list.
4. That job of his may not be exciting, but he ..... good wages every week.
a) wins; b) pulls; c) draws; d) achieves.
5. ..... of work, the spokesman said, was the preliminary condition for the reopening of talks.
a) Resuming; b) Resumption; c) Reprisal; d) Assumption.
6. So far, our ...... scheme has failed to stimulate the workers.
a) intensive onus; b) incentive bonus; c) intensive bond; d) incitation benefit.
7. We will do everything to fight inflation, short of enforcing a ....
a) squeeze wage; b) breeze wages; c) wage freeze; d) frozen pay.
8. He only joined the firm 2 years ago, and is not eligible for the job in terms of ......
a) seniority; b) advance; c) retirement; d) profit.
9. I never asked to be appointed .... such a position.
a) for; b) to; c) into; d) on.
10. With automation and the current fall in the demand, many workers may become .....
a) redundant; b) redolent; c) recumbent; d) relevant.
11. To make decent wages, we have to work .....
a) overdue; b) overdraft; c) overtime; d) overrate.
12. The decision resulted in the workers ..... work.
a) knocking off; b) knocking down; c) knocking out; d) knocking away.
13. Unemployment ..... have been extended to all categories of workers.
a) doles; b) grants c) pensions; d) benefits.

14. My brother has been ..... for the last 2 years.
a) on the dole; b) at the dole; c) on dole; d) on a dole.
15. The official leadership of the union has been challenged by the ....
a) shopfloor; b) lay off; c) furbough; d) union fees.
16. The government's ..... has had difficulties getting off the ground.
a) profit partaking scheme; b) profit scheming share; c) profit sharing scheme; d) profit interesting scheme.
17. Stronger emphasis is to be laid on ..... if we want our workers' qualifications to improve.
a) job studying; b) trade forming; c) work teaching; d) vocational training.
18. We wish to make it very clear that Mr. Thomson is no longer on the company's .....
a) payload; b) paying; c) cash payment; d) payroll.
19. The number of ..... injuries remains much too high.
a) industrial; b) labour; c) working; d) job.
20. I'm not sure the high pay compensates for the ..... involved.
a) occupational hazards; b) working risks; c) professional odds; d) occupational chances.
21. Shop ..... are elected representatives of the workers.
a) foremen; b) stewards; c) rewards; d) supervisors.
22. Most of the workers voted against a ..... of work.
a) stoppage; b) breakage; c) breaking up; d) stop.
23. The car industry has been plagued with ..... strikes.
a) savage; b) spot; c) trigger; d) wildcat.
24. Although some union official were reluctant to take industrial action, the strike was eventually .....
a) called; b) claimed; c) stalled; d) drawn up.
25. There was no job security and you could find yourself ..... overnight.
a) out of job; b) out of a job; c) off his job; d) labourless.

Corrigé B.1.

1 b; 2 c; 3 a; 4 c; 5 b; 6 b; 7 c; 8 a; 9, b; 10 a; 11 c; 12 a; 13 d; 14 a; 15 a; 16 c; 17 d; 18 d; 19 a; 20 a; 21 b; 22 a; 23 d; 24 a; 25 b.

B.2. Test - Buying and Selling (voir Dossier VIII)

1. *Translate into French:*

1. cash discount; 2. spot cash; 3. prompt cash; 4. on appro; 5. trade discount; 6. payment by instalments; 7. please send us your best terms; 8. we are at your disposal for any further particulars; 9. we are prepared to place a trial order with you; 10. our remittance will reach you within three days; 11. we cannot comply with your request; 12. the balance will be settled on delivery; 13. your best course would be to cancel the order; 14. we hasten to offer our apologies; 15. we deliver our booklets free of charge.

2. *Translate into English:*

16. produits de marque; 17. prière de verser des arrhes; 18. paiement à tempérament; 19. sauf indication contraire; 20. acheter au comptant; 21. compte laissé en souffrance; 22. vendre à crédit; 23. bulletin de commande; 24. départ usine; 25. nos marchandises sont disponibles et livrables immédiatement.

3. *Write in full:*

26. C.W.O; 27. C.O.D.; 28. C/P; 29. C/F; 30. H.P.

• Corrigé Test B.2. (achat et vente)

1.

1. escompte de caisse; 2. argent comptant; 3. comptant d'usage; 4. à condition; 5. remise sur facture; 6. paiement à tempérament; 7. faites-nous connaître vos meilleurs conditions; 8. nous sommes à votre disposition pour tout renseignement complémentaire; 9. nous sommes prêts à vous passer une commande d'essai; 10. notre versement vous parviendra d'ici trois jours; 11. nous ne pouvons pas faire droit à votre requête; 12. le solde sera réglé à la livraison; 13. la meilleure solution pour vous serait d'annuler la commande (serait que vous annuliez...); 14. nous nous empressons de (vous) présenter nos excuses; 15. nous livrons gratuitement nos brochures.

2.

16. branded goods; 17. please leave (make) a deposit; 18. payment by instalments; 19. unless otherwise specified (unless we specify to the contrary, unless we stipulate to the contrary, except where otherwise provided, save

as otherwise provided, except as otherwise provided, unless provisions are made to the contrary); 20. to buy for cash; 21. outstanding account, overdue account; 22. to sell on credit; 23. order form; 24. ex-works, x-works; ex-plant, x-plant; ex-mill, x-mill; 24. our goods are available for immediate delivery.

3.

26. cash with order; 27. cash on delivery; 28. carriage paid; 29. carriage forward; 30. hire purchase.

B.3. Autotest - Gros et détail (voir Dossier VIII)

1. Our supplier no longer sells spare .....
   a) goods; b) parts; c) pieces; d) shares.
2. This country is ..... to provide good markets.
   a) liable; b) likely; c) probable; d) capable.
3. The fluctuations are due to the law of.....
   a) offer and demand; b) supply and order; c) supply and demand; d) offer and order.
4. The firm deals in electrical appliances and ..... goods.
   a) housing; b) housewife; c) household; d) housekeeping.
5. We can send you a ..... range of samples.
   a) wide; b) broad; c) big; d) deep.
6. These articles are currently ..... display in our show-rooms.
   a) in; b) on; c) at; d) being.
7. Some department stores have opened ..... in most big towns.
   a) settlements; b) head offices; c) branches; d) instalments.
8. ..... goods are often sold at fixed prices.
   a) Branded; b) Blended; c) Bound; d) Bonded.
9. Multiples is a synonym for ......
   a) department stores; b) chain stores; c) hypermarkets; d) supermarkets.
10. Our delivery service increases our ..... enormously.
    a) outfits; b) turnover; c) output; d) overheads.
11. Your are required to leave a 20 % .....
    a) cash deposit; b) depository; c) cash discount; d) cash register.
12. We haven't ..... much business with them so far.
    a) made; b) done; c) sustained; d) performed.
13. Please ..... the cheque with your next letter.
    a) join; b) enclose; c) include; d) enjoin.

14. We sell well-known ..... of canned foods.
    a) makes; b) trademarks; c) blends; d) brands.
15. These articles are shop-soiled and should therefore be sold .....
    a) at a discount; b) at a higher price; c) carriage forward; d) for future delivery.
16. ..... payment within a week, we shall have to take legal action.
    a) Pending; b) Failing; c) Granting; d) Lacking.
17. Delays ..... delivery are unavoidable.
    a) by; b) at; c) in; d) with.
18. What we need is an efficient ..... service.
    a) after selling; b) post sales; c) after sales; d) behind sales.
19. The word consignee refers to .....
    a) the person who sends the goods;
    b) the person to whom the goods are sent;
    c) the person who packs and labels the goods;
    d) the person who effects the customs formalities.
20. This is probably the biggest order we've ever ..... with them.
    a) placed; b) passed; c) passed on; d) given.
21. Small shopkeepers operate on a minimum ..... of capital.
    a) lay-out; b) outlet; c) outflow; d) outlay.
22. Shop-lifters .....
    a) steal merchandise in stores;
    b) display goods in shop-windows;
    c) supervise the salespeople in a department store;
    d) are in charge of elevators.
23. They needed more shopping space and decided to have the ..... enlarged.
    a) location; b) premises; c) local; d) fittings.
24. At an auction sale, the auctioneer knocks down the goods to the highest .....
    a) purchaser; b) bidder; c) applicant; d) buyer.
25. ..... are often referred to as middlemen.
    a) Consumers; b) Customers; c) Wholesalers; d) Mail-orders.

Corrigé Test B.3.

1 b; 2 b; 3 c; 4 c; 5 a; 6 b; 7 c; 8 a; 9 b; 10 d; 11 a; 12 b; 13 b; 14 d; 15 a; 16 b; 17 c; 18 c; 19 b; 20 a; 21 d; 22 a; 23 b; 24 b; 25 c.

B.4. Autotest - Sociétés (voir Dossier X)

1. The use of the word ..... should be restricted to non-profit making organisations.
   a) partnership; b) concern; c) society; d) corporation.
2. Stockholder is a synonym for .....
   a) shareholder; b) stockbroker; c) bondholder; d) sleeping partner.
3. Corporate tax is levied on .....
   a) private persons; b) companies; c) personal property; d) professional organizations.
4. The abbreviation "Inc.", which follows the names of U.S. Corporations, stands for .....
   a) included; b) inclusive; c) incorporated; d) incapacitated.
5. After-tax retentions are .....
   a) what remains after taxation; b) the amount of taxation; c) tax allowances; d) the refund of taxes.
6. Limited-partners are liable .....
   a) only to the extent of the sum they have invested;
   b) for the whole of the debts of the firm;
   c) to the full extent of their real property;
   d) only to the extent of the value of their bonds.
7. Equities are:
   a) gilt-edged securities; b) ordinary shares; c) Government stock; d) mortgage bonds.
8. When a joint-stock company is launched, the M/A and the A/A have to be .....
   a) drawn up; b) set up; c) pulled out; d) scheduled.
9. Such designations as Smith & Brown, or Jackson Bros, indicate that those firms are:
   a) partnerships; b) joint-stock companies; c) cooperatives societies; d) public limited companies.
10. Most statutes require an annual meeting of shareholders to be .....
    a) laid out; b) held; c) calling; d) pointed out.
11. As opposed to a U.S. corporation, a British Corporation is .....
    a) a public or semi public body; b) a partnership; c) a subsidiary; d) a branch.
12. A Private Company is not allowed to appeal ..... the public for the subscription of its shares.
    a) for; b) to; c) towards; d) into.

X bis. B. TEST - Suite Autotest B.4.

13. The shares of a public company can be bought and sold ..... the stock market.
    a) at; b) in; c) by; d) on.
14. The Memorandum of Association states the amount of the firm's ..... capital.
    a) regular; b) authorized; c) managing; d) working.
15. They eventually had to ..... a loan.
    a) to flow; b) to float; c) to throw; d) to subscribe.
16. The Annual General Meeting will be ..... by the Chairman oh the Board.
    a) presided over; b) presided; c) directed; d) managed.
17. Debts were not a new thing to the company, which having been ..... for several years, had grown accustomed to it.
    a) in the blue; b) in the dark; c) in the red; d) in the black.
18. ..... seven persons may set up a public limited company.
    a) Every; b) Any; c) Each; d) Many.
19. We have successfully fought their ... and have retained control of our company.
    a) stake over bid; b) take over bid; c) overtake bid; d) talk over bid.
20. His lack of financial backing ..... the extension of his business.
    a) impels; b) precludes; c) cancels; d) deters.
21. The general public is invited to apply ..... shares.
    a) to; b) for; c) over; d) at.
22. The debtor has decided to ..... a petition in bankruptcy.
    a) to fill; b) to file; c) fulfil; d) work out.
23. A company must be ..... by court order it stops trading fore mor than a year.
    a) sued; b) wound up; c) adjudicated bankrupt; d) sold out.
24. Independent .... are appointed to examine the company's accounts.
    a) directors; b) managers; c) auditors; d) partners.
25. Land and buildings also go by the name of .....
    a) real property; b) personal property; c) private property; d) personal estate.

Corrigé B.4.

1 c; 2 a; 3 b; 4 c; 5 a; 6 a; 7 b; 8 a; 9 a; 10 b; 11 a; 12 b; 13 d; 14 b; 15 b; 16 a; 17 c; 18 b; 19 b; 20 b; 21 b; 22 b; 23 b; 24 c; 25 a.

X bis. C. CORRIGÉS D'EXERCICES
Dossiers I à X

C.1. Corrigé du test de compréhension (Dossier I. B.4. , p. 22)

1 a; 2 c; 3 b; 4 b; 5 b; 6 a; 7 b; 8 b; 9 a; 10 a.

C.2. Corrigé de "A secretary's diary", (Dossier II. B.6.) (p. 42)

8 a.m	Sort mail.
8.30	Prepare conference room.
9	Phone Atkinson to cancel appointment. Make new appointment.
9.15	Book seat Air France Flight 412 on Monday. Reserve hotel room.
9.30	Type mail and memo (reminder).
10.30	Express letter to A.S.M. Company for signature Book (11 o'clock outgoing mail).
11	Invite Mr. Cooks from Total Appliances. Make tea.
2 p.m.	Check filing with Miss Bynns.
4	Call back Mr. Thomson for results of contacts with Hubbards Bros. (Brothers).

C.3. Corrigé du test de compréhension "The Consumer" (Dossier III. B.4.) (p. 64)

1 c; 2 b; 3 b; 4 c; 5 c; 6 c; 7 b; 8 d; 9 d; 10 b.

C.4. Corrigé du Test-Import (IX. B.6. p. 187)

a) *Écrire en entier :*
Free alongside ship = Franco long du bord.
Free on rail = Franco wagon.
Free on board = Franco à bord.
Free on truck = Franco camion (ou Franco wagon).
Ex-wharf = franco à quai.
Ex-mill = départ usine.
Cost insurance freight = coût assurance frêt.
Bill of lading = connaissement.
Charter party = Charte partie.

b) *Donner l'équivalent français :*
— gratuit ; franco,
— conforme à l'échantillon,
— marchandises dédouanées (prix),
— en douane ; sous douane,
— lettre de voiture ; bordereau d'expédition.

XI

Business file eleven

Banking
Means of payment

Banque
Moyens de paiement

Storyline

The firm has decided to enlarge one of its plants, and more particularly to build a new warehouse. This will entail [intéïl] expenses, and the Board of Directors has decided to raise a loan.

Résumé

La société a décidé d'agrandir une de ses installations et plus particulièrement de construire un nouvel entrepôt. Ceci entraînera des dépenses et le conseil d'administration a décidé de solliciter un emprunt.

XI. A.1. **Applying for a loan**

The Manager of Global Tools is now discussing with his banker the terms of the loan.

Manager: We'd need £ 50,000, available at the end of March. The loan would have to be for a period of 5 years with a first instalment repaid after one year.

Banker: From Mr. Seymour's visit, I understand the loan would cover part of the costs of having a new warehouse erected [ir**è**ktid].

M. Yes, as you know, we are enlarging our premises, and we have to provide for additional storage [st**o**:ridj] space.

B. I told Mr. Seymour there was no possibility of lending on overdraft. But a medium-term loan can easily be arranged. Of course we'd need some sort of security [sik**iou**eriti] against it.

M. I'm aware [ew**è**e] of that.

B. It may be in the form of a mortgage [m**o**:gidj]... You might pledge a certain part of your assets...

M. Wouldn't you accept the securities we have deposited with you as a guarantee [garent**i**:]?

B. Indeed we'd be prepared to consider such stocks and bonds as collateral. What's their present value? I can check rightaway.

M. That won't be necessary. I know for sure they are currently worth £ 100,000.

B. That would constitute adequate coverage for the loan. As for interest, we'd charge you the usual percentage based on the Interbank rate which is now of 9%.

XI. A.1. **Demande de prêt**

Le Directeur de G.T. discute maintenant avec son banquiet des conditions de prêt.

Directeur: Nous avons besoin de 50.000 livres, disponibles à la fin du mois de mars. Le prêt devrait[1] avoir une période de 5 ans avec un premier remboursement au bout d'un an.

Banquier: D'après la visite de Monsieur Seymour, j'ai compris que l'emprunt couvrirait une partie des frais de construction d'un nouvel entrepôt[2].

D. Oui, comme vous le savez, nous agrandissons nos locaux et il nous faut nous procurer un espace de stockage supplémentaire.

B. J'ai dit à Monsieur Seymour qu'il n'y avait pas de possibilité de vous accorder un découvert. Mais un prêt à moyen terme[3] peut être facilement monté[4]. Bien sûr, il nous faudrait une sorte de garantie.

D. Je ne l'ignore pas.

B. Cela peut se faire sous la forme d'une hypothèque... Vous pourriez nantir certains de vos actifs.

D. Ne pourriez-vous accepter comme garantie les titres que nous avons en dépôt chez vous?

B. Effectivement, nous serions prêts à envisager ces valeurs comme garantie. Quelle est leur valeur actuelle? Je peux vérifier tout de suite.

D. Cela ne sera pas nécessaire. Je sais avec certitude que leur valeur en cours est de 100.000 livres.

B. Cela constituerait une couverture adéquate pour le prêt. Quant à l'intérêt, nous vous ferions payer le taux habituel basé sur le taux interbancaire qui est maintenant de 9 %.

---

(1) ***would have to be:*** **mot à mot, devrait être pour...**

(2) ***having a new warehouse erected:*** **mot à mot, le fait de faire installer un nouvel entrepôt.**

(3) ***medium-term loan:*** **prêt à moyen terme. De même,** ***to turn short-term deposits in long-term credit:*** **transformer des dépôts à court-terme en crédit à long-terme.**

(4) ***to arrange a loan:*** **mot à mot arranger un prêt.**

XI. A.2. **In the Accounts Department**

Accountant (Paul) and assistant (Jenny)

Paul. We'll have to do something about those overdue accounts. We've sent out reminders [rimaïndez], but nothing's happened yet. Jeffries and Co have been owing us 1,200 pounds for over 3 months now.

Jenny. I've checked with the bank. Jeffries have actually sent a cheque worth £ 800. I suggest we demand payment of the balance within a week. Otherwise, we'll have to pass on their file to the legal department.

P. I'm afraid we'll have to use a collection agency again. And there are worse debtors [dètez]! Look at the Parkinson account! For the last consignment we sent them, we drew a bill payable [péïebel] two months after date. That was almost four months ago. We had the bill discounted three months ago, and I know the bank has not obtained payment yet.

J. I have a feeling Baxter and Groves are reluctant to pay too. We should have got their remittance [rimitens] by now. Payment fell due on Monday. Another bad debt I'm afraid. I'll have a reminder sent out to them together with the note about additional charges for outstanding accounts.

P. We've already had trouble with them. You can threaten to sue [siou:]. They're not regular customers, and I suspect we've seen the last of them anyway. I wouldn't mind losing their custom if we can recover the money.

J. Now what should I do about this dud cheque business?

P. We can't do anything yet. We'll have to get in touch with the giro first.

XI. A.2. **Dans le service comptabilité**

Comptable (Paul) et assistante (Jenny)

Paul. Il nous faudra faire quelque chose au sujet de ces comptes en souffrance. Nous avons envoyé des lettres de rappel, mais rien ne s'est encore produit. Cela fait plus de trois mois maintenant que J. & C° nous doivent[1] 1.200 livres.

Jenny. J'ai vérifié avec la banque. Jeffries a en fait envoyé un chèque d'une valeur de 800 livres. Je suggère que nous réclamions le paiement du solde dans les 8 jours. Sinon il faudra transmettre (passer) leur dossier au service du contentieux.

P. Je crains qu'il ne nous faille utiliser à nouveau une agence de recouvrement. Et il y a pire comme débiteur ! Regardez le compte Parkinson ! Pour le dernier envoi que nous leur avons fait parvenir, nous avons tiré une traite payable à 60 jours. C'était il y a presque 4 mois. Nous avons fait escompter la traite il y a 3 mois et je sais que la banque n'a pas encore obtenu de paiement.

J. J'ai l'impression que Baxter & Grove sont peu disposés[2] à payer également. Nous devrions avoir reçu leur versement à l'heure qu'il est. Le paiement est venu à échéance lundi. Encore une mauvaise créance, j'en ai peur. Je leur ferai adresser une lettre de rappel jointe à la note concernant les frais supplémentaires pour paiement en retard.

P. Nous avons déjà eu des ennuis avec eux. Vous pouvez menacer de les poursuivre. Ce ne sont pas des clients réguliers et je soupçonne (subodore, imagine) que nous ne les reverrons plus de toutes façons. Cela ne nous dérangerait[3] pas de perdre leur clientèle si nous pouvons récupérer l'argent.

J. Et maintenant, que dois-je faire au sujet de cette histoire de chèques sans provision ?

P. Nous ne pouvons rien faire encore. Il nous faudra nous mettre en rapport avec les chèques postaux d'abord.

---

(1) ***have been owing us 1,200 pounds:*** **notez l'emploi du « present perfect » traduit par un présent français.**

(2) ***reluctant:*** **mot à mot réticent.**

(3) ***I would not mind losing:*** **le verbe « to mind », voir un inconvénient à, est suivi de la forme en « -ing » (du nom verbal). On peut aussi traduire par : « je ne vois pas d'inconvénient à ce que nous perdions leur clientèle ». Autre exemple :** ***do you mind my smoking,*** **est-ce que cela vous dérange que je fume ? ou voyez-vous un inconvénient à ce que je fume ?**

XI. A.3. **End-of-month cash problem**

Owing to the general economic situation in the country, a number of clients do not meet their commitments punctually, and the company although its general financial standing is very sound, is faced with an end-of-month cash problem.

Bob Lackdough (B.L.), *the Chief Accountant, is calling the Bank on the phone.*
Secretary = S.

B.L. Hello, could I speak to Mr. Hoffman, please?

S. Who is it speaking please?

B.L. Bob Lackdough, from Global Tools.

S. I'm putting you through Sir.

H. Hoffman speaking. Hello. How are things at Global Tools?

B.L. Well, we are not complaining. But we've had a problem with some customers. The credit squeeze [skwi:z] is beginning to tell apparently—and we are a little bit short of cash.

H. I noticed you've already used up your overdraft.
B.L. I know. We're getting into the red. Couldn't you bail us out with an additional £ 5,000?

H. We'd like to help, but we are under strict orders not to raise the ceiling [si:lin*] for loans.

B.L. I know, anti-inflation measures [mèjez] and all that. All the same, we'd only need it for two weeks and...

H. I don't think we can discuss it on the telephone, can we? Why don't you come over here?

B.L. All right George. Maybe we can talk about it over lunch?

XI. A.3. **Problèmes de liquidités en fin de mois**

A cause de la situation économique générale dans le pays, un certain nombre de clients ne font pas ponctuellement face à leurs engagements, et la société, bien que sa position financière générale soit saine, est confrontée à un problème de liquidité de fin de mois.

Bob Lackdough (B.L.), *le chef comptable, téléphone à la banque.*

Secrétaire = S

B.L. Allô, pourrais-je parler à Monsieur Hoffman, s'il vous plaît ?

S. Qui est à l'appareil, s'il vous plaît ?

B.L. Bob Lackdough, de Global Tools.

S. Je vous le passe Monsieur.

H. Allô ! Hoffman à l'appareil. Comment ça va à Global Tools ?

B.L. Et bien, nous ne nous plaignons pas. Mais nous avons eu des problèmes avec certains clients. Le resserrement du crédit commence apparemment à se faire sentir[1] et nous sommes un peu à court de trésorerie.

H. J'ai remarqué que vous aviez déjà utilisé[2] à plein votre découvert.

B.L. Je sais. Nous atteignons le rouge. Ne pourriez-vous pas nous dépanner avec 5.000 livres supplémentaires ?

H. Nous aimerions vous aider, mais nous avons des ordres très stricts de ne pas élever le plafond[3] des prêts.

B.L. Je sais, les mesures anti-inflations et tout et tout. Tout de même, nous n'en avons besoin que pour deux semaines et...

H. Je ne pense pas que nous puissions discuter de cela au téléphone, n'est-ce pas ? Pourquoi ne venez-vous pas jusqu'ici ?

B.L. D'accord Georges. Peut-être pouvons-nous en discuter à déjeuner ?

---

(1) *to tell :* en général, *dire, indiquer* ; ici, produire un effet, porter, se faire sentir.

(2) *to use up :* mot à mot épuiser.

(3) *ceiling :* plafond ;
ex. : *the ceiling of the overall amount of credit :* le plafond des en-cours.

XI. B.1. **Essayez de traduire...**

1. Le taux de l'escompte vient d'être relevé.
2. Vous feriez mieux d'ouvrir un compte courant.
3. Comment aurais-je pu savoir qu'il émettait des chèques sans provision ?
4. La banque a refusé de renouveler son découvert.
5. Quel est le montant du prêt qui vous a été consenti ?
6. Il sera plus prudent de barrer le chèque, de façon à ce qu'il puisse seulement être versé à votre compte.
7. Tirez sur nous à trois mois.
8. La traite arrive à échéance la semaine prochaine.
9. Vous êtes sûr que le tireur a déjà fait escompter la traite ?
10. Je ne peux plus rien emprunter à ma banque. Il faut que je trouve un prêteur sur gages.
11. Dans le cas d'une traite, le bénéficiaire auquel le tiré versera la somme n'est pas forcément le tireur.
12. Je n'ai toujours pas reçu de relevé de compte depuis mon dernier retrait.
13. Le paiement fixé à l'article V sera effectué à une banque française désignée ultérieurement.
14. Un paiement de 5 % du montant total du contrat à la date de signature sera opéré à titre d'acompte.
15. La société XYZ remettra en échange une caution bancaire de même montant.
16. La caution sera libérable lorsqu'un montant égal de biens ou de services aura été fourni.
17. Le règlement se fera au moyen d'un billet à ordre avalisé par XY et déposé dans la banque désignée par Z.
18. Quel est le montant des factures de l'agence d'affrètement ?
19. Les pièces justificatives correspondantes seront remises à l'acheteur.
20. La traite aurait déjà dû être présentée à l'acceptation.

XI. B.1. **... et contrôlez**

1. The Bank Rate has just been raised.
2. You had better open a current account.
3. How was I to know that he was issuing bad checks. (dud checks, rubber checks).
4. The bank has refused to renew his overdraft.
5. How large a loan have you been granted? (What is the amount of the loan you have been granted?)
6. It will be safer to cross the cheque so that it may only be paid into your account.
7. Draw on us three months after date.
8. The bill (of exchange; draft) falls due (comes to maturity, reaches maturity) next week.
9. Are you sure the drawer has already had the draft discounted?
10. I can no longer borrow from my bank. I must find (I've got to find) a pawnbroker.
11. In the case of a draft, the beneficiary (payee) to whom the drawee will pay the sum owing (due) is not necessarily the drawer.
12. I have still not received any statement of account since my last withdrawal.
13. Payment as stipulated in Article 5 (under clause 5) will be made to (into) a French bank to be specified in due course.
14. A 5% payment on the overall amount of the contract at the date of signature will be made as a deposit.
15. The XYZ Company will provide (supply) in exchange a bank guarantee for the same amount.
16. The guarantee will be discontinued (the surety will be discharged) when a corresponding amount of goods and services has (have) been supplied.
17. Payment will be made by promissory note endorsed by XY and deposited with the bank designated by Z.
18. What is the amount of the invoices from the chartering agency? (How much do the chartering agency's invoices amount to?).
19. The corresponding (relevant; appropriate) .vouchers will be supplied to the purchaser.
20. The draft ought to have been already presented for acceptance.

XI. B.2. **Types of banks**

1. *Central banks*

- main functions: to implement the country's monetary policy. ex: The Bank of England, the Banque de France.
- Central Banks are the only banks to be allowed to issue banknotes.
- A Central Bank is the Government's banker: when short of money, the government may borrow from the Bank.
- A Central Bank is in charge of the keeping of the country's gold reserves.
- A Central Bank is a "Banker's bank", and all other banks have large sums deposited there. They use these to settle accounts between themselves.
- A Central Bank regulates the flow of capital into and out of the country.
- A Central Bank regulates the amount of credit available in the country; one of the instruments used is the Bank Rate, which is the rate of interest the Central Bank will apply to depositors and borrowers. This will obviously influence the lending rate used by all the other financial and commercial institutions and organisations.
- In the United States, the Federal Board System plays much the same part as a Central Bank.

2. *Commercial banks*

Provide all the services offered by banks to individuals and companies.

3. *Merchant banks*

Provide corporate finance services to companies: merger acquisition, take over bids, floatations on the Stock Exchange, medium-term loans, export finance, leasing etc.

4. *Savings banks*

They receive savings accounts and pay interest to the depositors. Generally, the rates of interest vary in relation to the length of the notice of withdrawal. Term deposits—for which the notice of withdrawal required is longer—have higher rates of interest.

XI. B.2. **Types de banques**

1. *Banques centrales*

● Fonctions principales : appliquer (mettre en pratique) la politique monétaire du pays. Ex. : la Banque d'Angleterre, la Banque de France.

● Les banques centrales sont les seules banques autorisées à émettre des billets de banque.

● La banque centrale est le banquier du gouvernement : lorsqu'il est à court d'argent, le gouvernement peut l'emprunter à la banque.

● La banque centrale est chargée de la garde des réserves d'or du pays.

● La banque centrale est la « banque des banquiers », et toutes les autres banques y ont d'importantes sommes en dépôt. Elles utilisent ces sommes pour le règlement de leurs transactions entre elles.

● La banque centrale règle le flux des capitaux qui entrent dans le pays ou quittent celui-ci.

● La banque centrale règle le volume du crédit disponible dans le pays ; un des instruments utilisés à cet effet est le taux de l'escompte, qui est le taux d'intérêt pratiqué par la banque centrale à l'égard de tous les déposants et emprunteurs. Ce taux influence évidemment celui utilisé pour les prêts par toutes les autres institutions et organisations financières et commerciales.

● Aux États-Unis, le Federal Board System joue en gros le même rôle que celui d'une banque centrale.

2. *Banques commerciales*

Elles fournissent aux individus et aux sociétés tous les services offerts par les banques.

3. *Banques d'affaires*

Elles fournissent aux sociétés des services qui permettent le financement dans le cas de : développement par fusion, offres publiques d'achat, lancement en Bourse, prêts à moyens termes, financement à l'exportation, crédit-bail, etc.

4. *Banques (caisses) d'épargne*

Elles ouvrent des comptes de dépôt et versent un intérêt aux déposants. En général, les taux d'intérêts varient en fonction du délai de préavis pour le retrait. Les dépôts à terme pour lesquels le délai de préavis avant retrait est plus long rapportent un intérêt plus élevé.

XI. B.2. **Types of banks** (continued)

5. *The GIRO*
Recently set up in Britain, it operates along the same lines as our « Chèques Postaux ».

6. *Building Societies*
Obtain funds from private investors by issuing shares and taking deposits, and lend money for house purchase (or the purchase of commercial premises).
The loan is secured by mortgage. They are a relatively minor factor in long-term industrial finance, but have provided many small businesses with capital.

7. *Savings and loan Associations* (U.S.)
Cooperative associations formed under federal or state law in the U.S., that solicit savings in the form of shares, invest their funds in mortgages and permit deposits in and withdrawals from shareholders accounts similar to those allowed for savings accounts in banks.

XI. B.3. **Services of banks**

1. Current accounts; 2. Deposit accounts; 3. loans;
4. Overdrafts; 5. Discounting of bills of exchange;
6. Issuing of banker's drafts; 7. Issuing of traveller's cheques;
8. Regular payment (subscription to clubs, insurance premiums, etc.);
9. Provisions of cash (for the payment of employees by firms);
10. Safe custody of deeds and valuables;
11. Night safes;
12. Dealing in stock exchange securities and giving advice on investments;
13. Acting as executor of a will;
14. Status inquiries (giving information to a firm's bank on the financial situation of another firm doing business or about to do business with the former);
15. Obtaining foreign currencies for their customers;
16. Financing—and advising—in the field of foreign trade.

XI. B.2. **Types de banques** (suite)

5. *Les chèques postaux*
Récemment créés en Grande-Bretagne, ils fonctionnent selon les mêmes modalités que nos chèques postaux.
6. *« Building Societies »* (sorte d'association pour l'accession à la propriété)
Obtiennent des fonds d'investissements privés, en émettant des actions et en prenant des dépôts et prêtent de l'argent pour l'accession à la propriété des habitations (ou des locaux commerciaux).
Ce prêt est garanti par hypothèque.
Elles constituent un élément relativement mineur du financement industriel à long terme, mais elles ont fourni des fonds à de nombreuses petites entreprises.
7. *« Savings and loan associations »* (U.S.) (association de prévoyance)
Associations coopératives formées selon la législation fédérale ou d'état aux États-Unis, qui font appel à l'épargne sous forme d'actions, investissent leurs fonds dans des prêts sur hypothèques, et permettent des dépôts et des retraits sur les comptes des actionnaires semblables à ceux qui s'opèrent sur les comptes d'épargne des banques.

XI. B.3. **Services assurés par les banques**

1. Comptes courants ; 2. Comptes de dépôt ; 3. Prêts ;
4. Prêts sur découvert (autorisation de découvert) ; 5. Escompte des traites ;
6. Émission de traites bancaires ; 7. Émission de chèques de voyage.
8. Versements réguliers (cotisations à clubs, primes d'assurance, etc.) ;
9. Fourniture d'argent liquide (aux entreprises pour le paiement de leurs employés) ;
10. Garde de titres de propriété et d'objets de valeur ;
11. Coffres de nuit ;
12. Opérations sur valeurs boursières et conseil pour les investissements ;
13. Rôle d'exécuteur testamentaire ;
14. Enquête sur la situation financière (de solvabilité) (consiste à renseigner la banque d'une entreprise sur la situation financière d'une autre entreprise traitant ou sur le point de traiter avec la première entreprise) ;
15. Fourniture de devises étrangères à leurs clients ;
16. Financement — et conseil — dans le domaine du commerce extérieur.

XI. B.4. **Means of payment**

Bill of exchange (or draft)

An order requiring the person to whom it is addressed to pay on demand or at some future date a stated sum of money to, or to the order of, a specified person, or to bearer. It requires acceptance by the drawee.

There are three parties to a bill of Exchange: The creditor, who draws the bill (drawer)—The debtor, upon whom the bill is drawn (drawee)—The person to whom the money is to be paid (payee), and who may be the drawer himself or a third party to whom the drawer is indebted.

Promissory note

A promise, signed by the debtor, to pay a certain sum of money at a certain date. It is a formal document which may be produced as evidence of a debt.

I.O.U. (I owe you)

A written acknowledgement of a debt which, unlike a promissory note, has no real legal value.

Banker's draft

A draft drawn by a bank upon another bank, or ordering one of its own branches or agents to pay on demand a certain sum of money to a specified person.

Such drafts may be bought by customers who have to travel, or they may be used to settle foreign debts.

Letter of credit

A letter issued by a bank and requesting a correspondent abroad to advance money to the bearer (for a specified or unlimited amount) and to draw upon the issuing bank for the corresponding sum.

XI. B.4. **Moyens de paiement**

Traite (effet de commerce)

Ordre enjoignant à la personne à qui il est adressé de payer à présentation ou à une quelconque date à venir, une certaine somme d'argent à, ou à l'ordre de, une personne donnée, ou au porteur. Cette opération implique l'acceptation du tiré.

La traite met en relation trois parties prenantes : le créancier, qui tire la traite (le tireur) — le débiteur sur qui la traite est tirée (le tiré) — la personne à qui la somme doit être versée (le bénéficiaire) et qui peut être le tireur lui-même ou un tiers auquel le tireur doit de l'argent.

Billet à ordre

C'est une promesse, signée par le débiteur, de verser une certaine somme d'argent à une certaine date. C'est un document qui a une valeur juridique, et qui prouve l'existence d'une créance.

Reconnaissance de dette

C'est une reconnaissance de dette écrite qui, à la différence d'un billet à ordre, n'a pas de valeur juridique réelle.

Traite bancaire

Traite tirée par une banque sur une autre banque, ou donnant l'ordre à l'une de ses succursales ou un de ses agents (représentants) de payer sur demande (à présentation) une certaine somme d'argent à une personne donnée.

De telles traites peuvent être achetées par les clients qui doivent (ont à) voyager ; elles peuvent aussi être utilisées pour le règlement de créances sur l'étranger.

Lettre de crédit

Lettre émise par une banque et demandant à un correspondant à l'étranger d'avancer l'argent au porteur (pour une somme déterminée ou illimitée) et de tirer la somme correspondante sur la banque émettrice.

XI. B.5. **Personal loans and overdrafts**

Personal loans differ from overdrafts in two important respects, apart from the higher interest charged on them. First, no security is required. Second, a fixed repayment schedule is laid down at the outset, so that the borrower knows exactly how much the loan will cost him each month. More generally, personal loans will tend to be offered in preference to overdrafts when relatively large sums and protracted repayment periods are involved, though there are plenty of exceptions to that rule.

It follows from this that the customer with the best chances of securing an overdraft is the one who can offer his bank some security in exchange. Stock or share certificates, life assurance policies and property deeds are the most acceptable forms of security, though the bank will not necessarily go through the motions of taking up formal legal title to them.

Even if the bank did ensure itself the right to sell an asset lodged as security in the event of default, it would be most reluctant to do so. "We are", as one general manager puts it, "not in the money-lending or pawn-broking business". Therefore the ability to provide security is itself no guarantee that an overdraft will be forthcoming. If reasonable doubts exist about a prospective borrower's ability to repay he will be offered a personal loan or nothing at all. The higher interest charged on a personal loan helps to compensate for the greater risk run by the bank.

In addition to offering security, then, it helps to have a generally good reputation at the bank. What makes bank managers see red is not the customer who impudently asks for a large overdraft but the customer who refuses to ask for a small one and then runs into the red without notice. A first-time offender will probably receive no more than a polite talking-off but recidivism may lead to the charging of interest at a high rate or the ultimate sanction—the bounced cheque.

XI. B.5. **Prêts personnels et facilités de découvert**

Les prêts personnels diffèrent des autorisations de découvert sous deux angles importants, en plus du taux d'intérêts plus élevé auquel ils donnent lieu.
Tout d'abord, ils ne nécessitent pas de gage. Ensuite, un plan de remboursement précis est établi d'emblée, en sorte que l'emprunteur connaisse exactement le coût mensuel de l'emprunt. D'une façon plus générale, on tendra à proposer des prêts personnels plutôt que des facilités de découvert dans le cas de sommes relativement élevées et de longues périodes de remboursement, bien que cette règle souffre de nombreuses exceptions.
Il s'ensuit que le client qui a le plus de chance d'obtenir un découvert est celui qui peut proposer à sa banque un gage quelconque. Des certificats de titres ou d'actions, des polices d'assurance et des titres de propriété sont les formes les plus communément admises de garantie, bien que la banque n'aille pas nécessairement jusqu'à prendre ses dispositions pour s'en assurer la propriété juridique.

Même au cas où la banque se serait assurée le droit de vendre un bien offert en garantie dans le cas de non remboursement, (défaillance) elle hésiterait beaucoup à rendre cette vente effective. Comme le dit un directeur de banque, « nous ne sommes pas des prêteurs sur gages ». Par conséquent la capacité (de l'emprunteur) à fournir des gages n'est pas en elle-même une garantie d'obtention de découvert. S'il existe des doutes fondés quant à l'aptitude d'un emprunteur éventuel à s'acquitter du remboursement, il se verra proposé un prêt personnel ou rien du tout. Le taux d'intérêts plus élevé sur un prêt personnel contribue à compenser le risque plus élevé couru par la banque.

En plus d'être à même de proposer un gage, par conséquent, il est utile d'avoir acquis une bonne réputation auprès de la banque. Ce qui fait voir rouge aux directeurs de banques, ce n'est pas le client qui réclame avec impudence un découvert considérable, mais celui qui se refuse à en demander un raisonnable pour ensuite tomber dans le rouge sans crier gare. Lorsque cela se produit pour la première fois, le client n'essuiera qu'une réprimande polie, mais le récidiviste risque de voir son taux d'intérêts augmenté, ou de subir la sanction ultime : le chèque refusé.

XI. B.7. **Vocabulary** (banking)

acceptance house	banque de ré-escompte (ne travaille qu'avec des banques)
account	compte
• current account	compte courant
• deposit account	compte de dépôt
• statement of account	relevé de compte
• overdrawn account	compte à découvert
accrued interests	intérêts accumulés
advance against shipping documents	avance sur documents maritimes
to apply for a loan	demander un prêt
to ask for security	demander une garantie
to audit an account	vérifier un compte
balance	solde
bank	banque
banking establishment	établissement bancaire
banker	banquier
banking	1. la banque (activité) 2. l'organisation bancaire
bank charges	intérêts, commission, agio, frais de recouvrement, petits frais
bank clerk	employé de banque
banker's commission (or fee(s))	commission de banque
bank holiday	jour férié
bank of issue	banque d'émission
Bank of International Settlements (B.I.S.)	banque des règlements internationaux (B.R.I)
bank manager	directeur de banque
bank vault	caves, galerie des coffres
to bear interest	rapporter (produire) un intérêt
bill of exchange	traite (effet de commerce)
borrower	emprunteur
bullion	lingot
buck (U.S. slang)	dollar (argot U.S.)
to cash	encaisser
cashier (teller (U.S.))	caissier
to carry interest	rapporter un intérêt
to charge interest	percevoir des intérêts
cheque, check (U.S.); -book	chèque ; chéquier
clearing bank	banque compensatrice

XI. B.6. **Vocabulary** (banking)

collateral	nantissement, caution
collateral security	nantissement, cautionnement réel
collecting of cheques and bills	encaissement des chèques et des traites
collection agency	agence de recouvrement
coin	pièce
commitment fee(s)	commission (s) d'ouverture de crédit
counterfoil	talon, reçu
cover	caution, cautionnement, garantie, couverture
credit	crédit (octroi d'un crédit ; avoir ; solvabilité)
● **cash credit**	● crédit de caisse, prêt d'argent liquide
● **consumer credit**	● crédit à la consommation
● **export credit**	● crédit à l'exportation
● **frozen credit**	● crédit bloqué
● **import credit**	● crédit à l'importation
● **secured credit**	● prêt garanti
● **unsecured credit**	● crédit en blanc
creditor	créancier
credit balance	solde créditeur
credit department	service des prêts
credit facilities	facilités de crédit
credit side	le crédit, l'avoir (en comptabilité)
crossed cheque	chèque barré
current account	compte courant
debtor	débiteur
debentures	obligations
deed	acte
deferred interest	intérêt différé
deposits	dépôts
● **saving deposits**	● dépôts d'épargne
● **term deposits**	● dépôts à terme, à vue
deposit-slip	bordereau de versement
to deposit money with a bank	déposer de l'argent en banque
deposit account	compte de dépôt
deposit currency	monnaie scripturale
depositor	déposant
discount credit	crédit d'escompte

XI. B.6. **Vocabulary** (banking)

to discount a bill	escompter une traite
dishonoured draft, bill	traite protestée
documentary credit	crédit documentaire
to draw a bill	tirer une traite
to draw money	tirer de l'argent
drawer } cf. XI.B.4	tireur
drawee }	tiré
drive-in bank	banque accessible aux automobiles
due date (maturity)	date (terme) de l'échéance, échéance
to endorse	endosser
equity	action
export credit	crédit à l'exportation
to fall due	échoir, venir à échéance
fixed interest, yield securities	valeurs à rendement fixe
foreign exchange department	service du change
to forge	contrefaire
for and on behalf of...	au nom de, pour le compte de...
to float a loan	lancer un emprunt
GIRO (G.B.) - Cf. XI-B.2	service des chèques postaux
to give notice	donner un préavis
to grant a loan	accorder un prêt
to grant an overdraft	accorder un découvert
guarantee	caution, cautionnement, garantie, couverture
to honour a bill	honorer une traite
import credit	crédit à l'importation
to increase the interest rate	relever le taux de l'intérêt
indebtedness	dettes, endettement
interest	intérêt
• accrued interest	• intérêts accumulés
• deferred interest	• intérêts différés
• outstanding interest	• intérêts échus
interest bearing	productif d'intérêt
interests on arrears	intérêts de retard

Dollar: vient de l'allemand « Taler », abrégé de « Joachimstaler », nom donné aux pièces d'argent frappé à Joachimstal en Bohème. Le « Taler » fut introduit au XVIe siècle en Espagne puis dans les colonies espagnoles en Amérique.

XI. B.6. **Vocabulary** (banking)

International Bank for Reconstruction and Development (The World Bank)	B.I.R.D., banque mondiale
International Finance Corporation (I.F.C.)	banque affiliée à la banque mondiale
International Monetary Fund (I.M.F.)	Fonds Monétaire International (F.M.I.)
Investment bank	banque spécialisée dans la gestion de fortune
to invite subscription to a loan	inviter les souscriptions à un emprunt
an I.O.U.	reconnaissance de dette
to issue	émettre
issuing bank	banque d'émission
the issue was oversubscribed	l'émission a été surpassée
legal tender	cours légal, monnaie libératoire
to lend on overdraft	prêter sur découvert
lender	bailleur de fond, prêteur
letter of credit	lettre de crédit, accréditif
loan	prêt, emprunt, avance
loan agreement	convention, contrat, de prêt
loan department	service des prêts
loan repayable by...	prêt exigible le...
loan on collateral	avance sur garanties
loan on mortgage	prêt, emprunt hypothécaire
loan on personal property (on movables)	crédit mobilier
loan on real property	crédit immobilier
to lodge money with a bank	déposer de l'argent en banque
LIBOR (London Interbank Offered Rate)	taux des devises à Londres
to make out a cheque	libeller un chèque
medium-term loan	prêt à moyen terme
merchant bank	banque d'affaires
money on deposit	fond déposés
mortgage, to mortgage	hypothèque, hypothéquer
• mortgage deed	• acte hypothécaire
• mortgage finance department	• service des hypothèques
• mortgage loan	• prêt hypothécaire
• first (second) mortgage	• hypothèque de premier (second rang)

XI. B.6. **Vocabulary** (banking)

open cheque	chèque non barré
to open an account (with)	ouvrir un compte (auprès de)
oustanding	impayé, arriéré
outstanding interest	intérêts échus
overdraft (cf. to grant)	découvert
to overdraw (an account)	tirer à découvert
overdue	arriéré, en retard, en souffrance
paying-in slip	bordereau de versement
payable at sight	payable à vue
to pawn	gager, mettre en gage
to pledge	déposer un nantissement
portfolio management	gestion de portefeuille
postal cheque	chèque postal
postal savings-bank	Caisse d'épargne postale
principal	principal
promissory note	billet à ordre
quid	livre sterling (argot)
to raise a loan	obtenir un prêt
to raise, to reduce the interest rate	élever, réduire le taux d'intérêts
rate of exchange	taux de change
ready money	argent comptant
receipt	reçu
reminder	lettre de rappel
remittance	envoi, versement (de fond)
to repay, reimburse, refund a loan	rembourser un emprunt
to redeem	rembourser, amortir, purger (une hypothèque)
to run a deposit with a bank	avoir un compte en banque
safe	coffre-fort
safe custody of securities and valuables	garde de titres et d'objets de valeur
safe deposit	dépôt en coffre-fort
safe deposit department	service des coffres-forts
savings deposits	dépôts d'épargne
savings-bank	caisse d'épargne
savings-bank book	livret de caisse d'épargne
savings department	service de l'épargne
secured credit	prêt sur garanties (réelles)

XI. B.6. **Vocabulary** (banking)

to secure a loan	obtenir un prêt
security	caution, cautionnement, garantie, couverture
securities department	service des titres
Special Drawing Rights (S.D.R.)	Droits de Tirage Spéciaux (D.T.S.)
stale cheque	chèque périmé
statement of account	relevé de compte
strong room	chambre-forte
stub	souche, talon (chèque)
subscriber	souscripteur
teller (U.S.)	caissier
transfer	virement
term deposits	dépôts à terme
terms of a loan	conditions de prêt
underwriting department	service des souscriptions
unit trust	société d'investissement à capital variable (SICAV)
unsecured credit	crédit en blanc
wicket	guichet
withdrawal	retrait
to withdraw money	retirer de l'argent
to yield interest	rapporter (produire) un intérêt

XII

Business file twelve

Insurance

Assurance

A. Situations

B. Records

XII. A.

Storyline

The Company is still in the process of enlarging its premises, particularly with the building of a new warehouse [wèehaous], and the new property has to be insured. They need not take out a special insurance policy, but the original one has to be revised [rivaïzd], and new clauses [klo:ziz] must be inserted.

An executive from the insurance company calls at the Company's head office to discuss particulars [petikioulez] with the Company Secretary.

Résumé

La société poursuit l'agrandissement de ses locaux, en particulier avec la construction d'un nouvel entrepôt, et le nouvel immeuble doit être assuré. Elle n'a pas besoin de souscrire une police d'assurance spéciale, mais l'originale doit être révisée, et de nouvelles clauses doivent y être insérées.

Un responsable de la société d'assurance passe au siège de la société pour y discuter les détails avec le secrétaire général.

XII. A.1. **Visit from the insurance man**

Secretary = S.; *Insurance Man* = I.M.; *Company Secretary* = C.S.

S. Good morning Sir. Can I help you?

I.M. I have an appointment with Mr. Seymour at three o'clock. Rowland's the name, from the Star and Stripes Insurance [inch**ou**erens] Company. I'm afraid I am a bit early.

S.A. I'll see if Mr. Seymour can see you now. *(Picks up phone and dials a number)*. Miss Dowling, I have Mr. Rowland from the Star and Stripes Insurance Company in Reception to see Mr. Seymour.

Miss D. Yes, Mr. Seymour's just back from the meeting. You can send him up right away.

S. Mr. Seymour is expecting you. Will you please follow me.

(In Mr. Seymour's office)

C.S. Ah Mr. Rowland! Glad to see you. Would you rather see the plan here or do you want me to take you round the new building first?

I.M. I think we can start on the basis of the document you sent us. Then we can go and have a look on the spot.

C.S. Yes. Here is a copy of the letter we sent you.

I.M. For the office building, the amount of insurance as it now stands is 70,000. And 30,000 is the additional value owing to the repairs?

C.S. That's right. I have all the relevant documents here. And this here is a blueprint of the new warehouse, with the type of material used, safety and insulation provisions. They have used a new fireproof material. The architect [**a**:kitèkt] is on site [saït] today. He will supply any additional information you may need.

The financial giants of the City are not the bankers, but the money managers of the insurance companies and pension funds.

XII. A.1. **Visite de l'assureur**

Secrétaire = S.; *Assureur* = A.; *Secrétaire général* = S.G.

S. Bonjour Monsieur, que puis-je pour vous?

A. J'ai rendez-vous avec Monsieur Seymour à 3 heures. Je m'appelle Rowland[1], de la Compagnie d'Assurance La Croix et la Bannière. J'ai bien peur d'être un peu en avance.

S. Je vais voir si Monsieur Seymour peut vous recevoir tout de suite. *(Elle décroche le téléphone et compose un numéro.)* Mademoiselle Dowling, il y a ici à la réception Monsieur Rowland, de la Compagnie d'Assurance S & S, pour voir Monsieur Seymour.

Mlle D. Oui, Monsieur Seymour vient de sortir de la réunion. Vous pouvez le faire monter tout de suite.

S. Monsieur Seymour vous attend. Voulez-vous me suivre?

(Dans le bureau de Monsieur Seymour.)

S.G. Ah, Monsieur Rowland, content de vous voir. Préférez-vous voir le plan ici, ou bien voulez-vous que je vous fasse d'abord visiter le nouveau bâtiment?

A. Je crois que nous pouvons recommencer sur la base du document que vous nous avez envoyé. Ensuite nous pourrons aller jeter un coup d'œil sur place.

S.G. Oui. Voici une copie de la lettre que nous vous avons envoyée.

A. Pour les bureaux, la valeur actuellement assurée est de 70.000. Et les 30.000 représentent l'augmentation de valeur en raison des réparations ?

S.G. C'est exact. J'ai ici tous les documents à ce sujet. Et voici un plan (projet) du nouvel entrepôt, avec le type de matériau utilisé, les systèmes de protection et d'isolation. Ils ont utilisé un nouveau matériau incombustible.
L'architecte est sur le chantier aujourd'hui. Il nous fournira, tous les renseignements complémentaires dont vous pourriez avoir besoin.

---

(1) ***Rowland's the name*** **(Rowland is the name),** ***mon nom est*** **Rowland...**

Les géants financiers de la Cité de nos jours ne sont plus les banquiers, mais les dirigeants des compagnies d'assurance et des caisses de retraite.

XII. A.1. **Visit from the insurance man** (continued)

I.M. Good. Now what about coverage [kœvridj] during the construction period?...

... And have you considered getting insured for compensation of loss of profits in case of damage [d**a**midj] to the plant? We have new policies which are very much in favour with our bigger industrial clients...

XII. A.2. **Excerpt from the letter to the insurance company**

... amount of the premium [pr**i**:mien] will have to be revised and we wish to have your quotations for the following:

Risk (additional)	Premises	Amount of Insurance
Fire	Office Building (additional after Repairs and Alteration)	+ 30,000
Fire	New Warehouse	40,000
Burglary	New Warehouse	

The insurance cover should operate from the 6th of October 19. .

International insurance was a British development, and in the 14th century the symbols of British insurance companies—suns, phœnixes or globes—spread over Europe. Nowadays, nearly 3/4 of their annual premium income come from overseas business, in over a hundred countries.

XII. A.1. **Visite de l'assureur** (suite)

A. Bien. Et pour ce qui est de la couverture pendant la période de construction ?

... Et avez-vous envisagé de vous faire assurer contre les pertes de bénéfices au cas où l'usine serait endommagée ? Nous avons de nouvelles polices qui rencontrent la faveur de nos gros clients industriels.

XII. A.2. **Extrait de la lettre à la compagnie d'assurance**

... montant de la prime devra être révisé et nous souhaitons connaître vos conditions pour ;

Risque (complémentaire)	locaux	Valeur à assurer
Incendie	Immeubles de bureaux (supplément après réparations et modifications)	+ 30 000
Incendie	Nouvel entrepôt	40 000
Vol	Nouvel entrepôt	

La couverture devrait prendre effet à dater du 6 octobre 19. .

L'assurance internationale fut un développement britannique et, au XVIIIe siècle, les symboles des compagnies d'assurance britanniques — soleils, phénix ou globes — se répandirent en Europe. De nos jours, près des 3/4 de son revenu annuel en prime, proviennent d'affaires à l'étranger, dans plus d'une centaine de pays.

XII. B.1. **Essayez de traduire...**

1. Les obligations de X Y Z excluent toutes conséquences, quelles qu'elles soient, et toute responsabilité directe ou indirecte autres que celles qui sont explicitement spécifiées dans ce présent contrat.
2. Notamment les pertes de profit ou de production ne sont pas couvertes.
3. Toutes les annexes sont partie intégrante du présent contrat.
4. Toute modification ne sera valable que sous forme d'avenant signé par les deux parties.
5. Aucune des deux parties n'aura le droit de transférer à un tiers les droits et obligations découlant du présent contrat sans l'accord préalable écrit de l'autre partie.
6. Les délais indiqués sont comptés, sauf mention du contraire, à partir de la date d'effet du contrat.
7. X Y Z assumera toute responsabilité du fait des dommages aux stagiaires ou du fait des dommages causés par eux à des tiers.
8. La police n'entre en vigueur qu'après le règlement...
9. Le contrat est résiliable en cas de non paiement de la prime.
10. L'assuré s'engage à se conformer aux consignes de sécurité.
11. L'acheteur contractera une assurance couvrant la valeur du chargement au cours du transport par mer.
12. Je pensais que l'assurance au tiers était suffisante mais on m'a conseillé de prendre une assurance tous risques.
13. Veuillez trouver ci-joint une photocopie de l'avenant.
14. Nous nous engageons à couvrir vos risques pendant la durée du contrat.

1. The obligations of X Y Z are exclusive of any consequence whatsoever, and of any direct or indirect liability other than those specifically stipulated in the present contract.
2. In particular, losses on profit or production are not covered.
3. All the annexes (schedules) are part and parcel (integral elements) of the present contract.
4. Alterations will only be valid in the form of (as) endorsements signed (undersigned) by the two parties—(alterations will only be valid if endorsed in writing by...).
5. Neither of the two parties may transfer to a third party the rights and obligations issuing (proceeding; stemming) from the present contract without prior agreement in writing from the other party.
6. Unless otherwise stated, the time-limits stipulated are calculated from the commencement of the contract (from the date on which the contract comes into effect).
7. X Y Z will be fully liable for injuries to the trainees or for injuries caused by them to third parties.
8. The policy is inoperative until payment is made.
9. The contract will be terminated in case of default on the premium (non payment of the premium).
10. The insured undertakes (will undertake) to comply with safety regulations.
11. The buyer (purchaser) will take out an insurance policy covering the value of the cargo (shipment) during sea-transport.
12. I thought third party insurance was sufficient, but I've been advised to take out an all-in (all risks) policy (a policy against all risks).
13. Please find enclosed the photocopy of the endorsement (rider; additional clause).
14. We undertake to cover your risks for the duration of the contract.

XII. B.1. **Essayez de traduire...**

15. Je m'étonne de ne pas avoir encore reçu mon certificat d'assurance.
16. Il vaudrait mieux parvenir à un règlement à l'amiable avec la partie adverse.
17. Le montant des dégâts n'est pas encore estimé.
18. En réponse à votre réclamation, nous vous signalons que la clause que vous mentionnez ne figure plus sur nos polices depuis 5 ans.
19. La responsabilité des accidents du travail incombe à l'employeur.
20. Pour signaler un accident, adressez-vous au bureau des sinistres.
21. J'étais resté sur l'impression que les risques de casse et de fuite étaient également couverts.
22. En cas d'avarie commune, les pertes subies sont réparties proportionnellement entre l'armateur et le propriétaire de la cargaison.
23. Dans le domaine de l'assurance maritime il existe des polices de voyage et des polices flottantes.
24. Mon assurance vol et incendie vient à expiration.
25. La navigabilité d'un navire ou d'un avion est un des éléments de calcul du taux de prime.

Les assureurs du Lloyd's : **appelés « underwriters » en raison de l'habitude qu'ils ont de signer de leur nom sur tout risque qu'ils sont prêts à couvrir, sont les plus gros assureurs du monde. Ils assurent contre toute sorte de risques, mais sont surtout célèbres pour l'assurance maritime.** ***Le Lloyd's lui-même ne pratique pas l'assurance :*** **ceux qui assurent sont ses membres, soit à titre individuel, soit sous la forme de syndicats. Le Lloyd's dont l'origine remonte au XVIIIe siècle, était initialement un café fréquenté par des négociants.**

15. I am surprised at not having received (at not having been sent) my insurance certificate yet.
16. It would be better to reach an amicable settlement with the other party.
17. The amount of the damage has not been assessed yet.
18. In reply to your complaint, we inform you that the clause you mention (you refer to) was deleted from our policies 5 years ago.
19. Liability for industrial injuries falls to (rests with) the employer.
20. When reporting an accident, apply to the claims adjuster.
21. I was under the impression that breakage and leakage were also covered.
22. In case of general average, the losses (sustained) are borne proportionately by (spread... between) the shipowner and the owner of the cargo.
23. In the field of marine insurance (underwriting), there are voyage policies and floating policies.
24. My fire and theft policy is about to expire...
25. Seaworthisness or airworthiness are taken into account in the calculation of the premium rate.

Note on Lloyd's: Lloyd's underwriters—so called because of the custom of writing their names under any risk they are prepared to cover—are the most important insurers in the world. They undertake all kinds of insurance business, but are best known for marine insurance. *Lloyd's itself does not do insurance business:* this is undertaken by its members, either as individuals or working in syndicates.
Lloyd's dates back from the 18th century, and was initially a coffee-house frequented by merchants.

XII. B.2. **Insurance in Britain**

Insurance is divided into two species. First, insurance against accidents—ship sinking, buildings burning, cars running over people. Secondly, insurance (or technically "assurance") of a man's life against a certainty—death[1]. The first kind is hazardous, based ultimately on a calculated gamble. The second is largely predictable, for the average span of men's live—when hundreds of thousands are involved—can be quite accurately calculated.

• "Non life insurance": its traditional heart is Lloyd's whose financial backbone is made up by over six thousand "names" grouped in 271 "syndicates", who provide the capital and must pay up for disasters—with unlimited liability... Lloyd's, like merchant banking, depends on a mixture of trust and daring. They were the first insurers in the world to cover cars, planes or crops, or to insure against earthquakes or twins and triplets. The whole procedure depends upon the "gentleman's agreement". Their reputation relies not only upon their reliability, but on their readiness to insure almost anything, very quickly.

• "Life insurance": by far the biggest among the twelve most important life companies in Britain is the legendary Prudential. To the public the PRU. is best known for its 11,000 "Men from the PRU.", the army of local travellers who collect the weekly and monthly insurance contributions. But to the city of London, the PRU. is the largest single investor in the country. It does not need to keep its money ready, like a bank's for a quick withdrawal: it can invest the whole sum, for a whole generation, without the need to call it back. Every week, the PRU. has another two million pounds to invest—pouring it into government stock, industry, or property... There are very few big companies where the PRU. is not a major shareholder, and there are many where it is the biggest—and therefore in a position if it wishes to sway other votes.

Anthony Sampson, *The New Anatomy of Britain*

(1) Nearly all the senior managers of life companies in Britain carry after their names the initials F.I.A. (Fellows of the Institute of Actuaries). Actuaries are highly specialised mathematicians who are versed in the intricate study of probabilities, on which the success of life insurance depends.

XII. B.2. **L'assurance en Grande-Bretagne**

L'assurance se divise en deux catégories. D'abord, l'assurance contre les accidents — naufrages, incendies de bâtiments, automobiles renversant des gens. Ensuite, l'assurance sur la vie, contre une certitude : la mort. La première est aléatoire, basée en fin de compte sur un risque calculé. La seconde est largement prévisible, car l'étendue moyenne de la vie d'un homme — lorsqu'on l'analyse sur des centaines de milliers de personnes — peut être calculée de façon très précise[1].

● L'assurance accident (mot à mot « non-vie ») : son centre traditionnel est la Lloyd's dont l'armature financière est constituée par plus de 6.000 « noms » groupés en 271 « syndicats », qui fournissent le capital et couvrent les sinistres avec une responsabilité illimitée... Lloyd's dépend, comme dans la banque d'affaires, d'un mélange d'audace et de confiance. Elle a été la première au monde à garantir les automobiles, les avions, les récoltes ou à assurer contre les tremblements de terre ou les jumeaux et les triplés. Toute sa manière d'agir repose sur la convention verbale. Sa réputation ne repose pas seulement sur sa sûreté, mais sur sa promptitude à assurer très vite presque n'importe quoi.

● Assurance sur la vie : la légendaire « Prudential » est de loin la plus grande des douze compagnies d'assurance sur la vie les plus importantes de Grande-Bretagne. Aux yeux du public, la « PRU » est surtout connue pour ses 11.000 « hommes de la PRU », cette armée de démarcheurs locaux qui collectent les cotisations mensuelles et hebdomadaires. Mais pour la Cité de Londres, la PRU est à elle seule le plus gros investisseur du pays. Elle n'est pas obligée, comme une banque, de tenir ses fonds disponibles pour un retrait rapide : elle peut en investir l'ensemble pour toute une génération, sans avoir besoin de le retirer. La PRU dispose chaque semaine à nouveau de 2 millions de livres à investir — qu'elle place en valeurs d'état, dans l'industrie ou dans l'immobilier... Il existe très peu de grosses sociétés dont la PRU ne soit pas un gros actionnaire et il y en a de nombreuses où elle est le plus important — et, par conséquent, en position, si elle le souhaite, d'influer sur les autres votes.

Anthony Sampson, *The New Anatomy of Britain*

---

(1) Presque tous les dirigeants des compagnies d'assurance sur la vie britanniques font suivre leurs noms des initiales F.I.A. (Membres de l'Institut des Actuaires). Les actuaires sont des mathématiciens hautement spécialisés, rompus à l'étude complexe des probabilités dont dépend le succès de l'assurance-vie.

XII. B.3. **The riskiest jobs of all**

Insurance companies regularly make statistical studies of disaster, and one of the things they examine is the relative danger of different jobs. Recently one of them completed a study of hazardous occupations. Some of its more intriguing findings:

Probably the most dangerous job is sponge diving [d**aɪ**vin*]. Happily, only 25 persons in the U.S. still try to make a living in that pursuit because artificial sponges have taken over most of the market. Aerialists [**èə**rielists]—trapeze [trep**i**:z] artists and high-wire artists—are also way up on the high-risk list, and motor-cycle racing is an even more dangerous calling. Among auto racers, judging by insurance premiums, the professionals risking the most are those who drive 600 miles per hour in a straight line over salt flats in places such as Bonneville, Utah, and Lake Eyre, Australia.

Insurance firms list dangerous jobs in two categories. The first includes workers susceptible to violent accidental death, such as structural-steel workers; the second consists of those who may die from the long-term effects of environmental factors that threaten health, such as coal miners who develop "black lung" disease.

Of all the first-category jobs, the most dangerous turns out to be that of a lumberman in the Pacific area. Following that, in order, are bank guards, workers who deal with explosives, anthracite-coal miners, electrical workers who climb poles, state policemen, deep-sea fishermen.

According to statistics, one of the most hazardous jobs of all is the U.S. Presidency. After assuming office, roughly one out of three American Presidents lives out his normal life expectancy.

Newsweek, June 1974.

XII. B.3. **Les métiers les plus dangereux**

Les sociétés d'assurances entreprennent régulièrement des enquêtes statistiques sur les risques, et un des domaines qu'elles réexaminent est le degré de danger des différents emplois. L'une d'entre elles a récemment terminé une étude sur les métiers dangereux. Voici quelques-uns des résultats les plus surprenants de cette enquête :

Il est probable que le métier le plus dangereux est celui de pêcheur d'éponges. Heureusement, il ne reste plus aux États-Unis que 25 personnes qui essaient de gagner leur vie de cette façon car les éponges artificielles ont conquis la plus grande partie du marché. Les acrobates — trapézistes et funambules — figurent aussi tout en haut de la liste des risques, et la compétition motocycliste est une profession encore plus dangereuse. Parmi les pilotes automobiles (de compétition), si l'on en juge par le montant des primes d'assurance, les professionnels qui courent le plus de risques sont ceux qui conduisent à 900 km/h en ligne droite dans des déserts de sel tels que Bonneville, dans l'Utah, ou le lac Eyre en Australie.

Les assurances répartissent les emplois dangereux en deux catégories. La première comprend les travailleurs qui risquent une mort violente par accident, par exemple les ouvriers travaillant sur des échaffaudages ; la seconde comprend ceux qui risquent de mourir (d'être victime) des effets à long terme d'un milieu qui menace leur santé, par exemple, les mineurs de charbon qui sont atteints par la maladie du « poumon noir ».

De tous les métiers de la première catégorie, le plus dangereux se révèle être celui de bûcheron dans la région du Pacifique. Viennent ensuite dans l'ordre les gardes dans les banques, les ouvriers qui manipulent des explosifs, les mineurs d'anthracite, les électriciens qui montent aux pylônes, les membres de la police des états et les pêcheurs de haute-mer (grands fonds).

Selon les statistiques, un des métiers les plus périlleux est celui de Président des États-Unis. Après leur entrée en fonction, environ un sur trois Présidents des États-Unis parvient (arrive) au terme normal de son espérance de vie.

Newsweek, juin 1974.

XII. B.4. **Vocabulary - Insurance**

abandonment	abandon (de ses revendications)
acceptances	acceptations
accommodation line	acceptation de risques
accidental event	accident, sinistre
accrued interest	intérêt couru
accumulation	capitalisation
actuary	actuaire
addendum, amendment to, additional clause	avenant à une police
additional insurance	assurance supplémentaire
(to) adjust a claim	régler un sinistre
(to) adjust the average	établir le dispache
all-in policy	assurance tous risques
ascertainment of damage	constatation de sinistre
(to) assess the damage (loss)	évaluer les dommages, les pertes
(to) assess the premium	calculer une prime
assurance	assurance (surtout vie et maritime)
at all hazards	quel que soit le risque
attachment	prise d'effet d'une police
attachment of risk	mise en risque
average adjuster	répartiteur d'avarie
average adjustment	dispache d'avarie
average surveyor	commissaire d'avarie
• free of particular average ("F.P.A.")	franc d'avarie particulière
• general average[1] (G.A.)	avarie commune
• particular average[2] (P.A.)	avarie particulière
(to) backdate	mettre en vigueur avec effet rétroactif
barratry	baraterie (dommages volontaires)
(to) be insured with a company	être assuré auprès d'une compagnie
beneficiary of a policy	bénéficiaire d'une police

(1) Exemple: Dommage causé dans l'intérêt commun du transporteur et du propriétaire des marchandises transportées et impliquant donc les deux parties, ou leur assureur. Exemple: partie de la cargaison jetée par-dessus bord pour éviter que l'incendie ne s'étende.

(2) Dommage n'impliquant qu'une seule des parties ou son assureur. Exemple: dommage aux marchandises transportées sans responsabilité du transporteur (mauvais conditionnement, etc.).

XII. B.4. **Vocabulary - Insurance** (ctd)

benefits	garanties
blanket policy	police en bloc
bodily injury	préjudice corporel
branch office	bureau régional
burglary insurance	assurance vol
(to) cancel a policy	résilier une police
canvasser	démarcheur, placier
casualty	accident, sinistre
cessation of risk	fin du risque
(to) charge a premium	calculer une prime
claim	demande de règlement
claimant	le réclamant
claims department	service des sinistres
coinsurance	coassurance
collision risks	risques de collision
commencement of risk	mise en risque
(to) comply with the terms of a policy	se conformer aux clauses d'une police
consequential damage	dommages indirects
contractant	contractant
(the) contract states that...	il est déclaré sur le contrat que...
(the) contract terminates on...	le contrat cesse d'être en vigueur le...
contribution	cotisation
coverage	garantie, couverture
(to) cover a risk	couvrir un risque
cover note	lettre de couverture
covering note	police provisoire (Mar.)
craft risks	risques d'allège
crop insurance	assurance agricole
currency of the policy	durée de validité de la police
(to) backdate	mettre en vigueur avec effet rétroactif
damage	dommages
damage by sea water, fresh water	dommages par eau de mer, eau douce
damage in transit	avaries de route
damage survey	expertise des dégâts
damage value	valeur à l'état avarié
dating back	effet rétroactif
days of grace	délais de grâce
delivery of policy	délivrance de la police

XII. B.4. **Vocabulary - Insurance** (ctd)

(to) discontinue premium payment	cesser le paiement des primes
due date	échéance
(to) effect an insurance on	passer une assurance sur
endorsement	avenant à une police
endowment insurance	assurance dotation
(to) establish the proof of a loss	établir la preuve d'un sinistre
estate	patrimoine
evidence	justification
extent of cover	portée de la couverture
facultative reinsurance	réassurance facultative
family history	antécédents familiaux
fault or defects	fautes ou défauts
fire & theft insurance	assurance vol-incendie
fire hazard	danger d'incendie
fire plug	bouche d'incendie
floating policy (floater)	police ajustable
floatsam & jetsam	épaves et objets jetés à la mer
force majeure	cas de force majeure
formal notice	mise en demeure
fortuitous event	événement fortuit
freight insurance	assurance fret
friendly society	société de secours mutuels
fully comprehensive insurance	assurance tous risques
general average (cf. average)	avarie commune
genuine risk	risque réel
glass breakage insurance	assurance contre le bris de glace
gross premium	prime brute
hail insurance	assurance contre la grêle
(to) handle claims	traiter les réclamations
hydrant (fire plug)	bouche d'incendie
increase in the risk	aggravation du risque
increased value insurance	assurance de plus-value (en prévision des hausses pendant la traversée)
(to) indemnify somebody for...	indemniser, dédommager quelqu'un de...
industrial injuries insurance	assurance contre les accidents du travail
insurance	assurance

insurance agent	agent d'assurances
(the) insurance attaches as from, becomes effective...	l'assurance prend cours (effet) le...
insurance broker	courtier d'assurances
insurance business	les assurances
insurance certificate	certificat d'assurance
insurance company	compagnie d'assurance
insurance consultant	assureur conseil
insurance expert	expert
insurance policy	police d'assurance
insurance taker	contractant d'assurance
insurance premium	prime d'assurance
(to) insure	assurer
insured	assuré
insurer	assureur
(to) issue a policy	établir une police
jettison and washing overboard	jet à la mer, enlèvement par les lames
lapse	déchéance
leakage	coulage
legal protection insurance	assurance défense et recours
life annuity	annuité à vie, rente viagère
life expectancy	probabilité de vie
limit of indemnity	plafond d'indemnisation
livestock insurance	assurance du bétail
Lloyd's Underwriters	les assureurs de la Lloyd
loss arising from negligence,	pertes résultant de
lost or not lost	sur bonnes ou mauvaises nouvelles
lump sum settlement	règlement forfaitaire
malicious damage	dommage par (acte de) malveillance
maturity	échéance (arrivée à terme d'une police par suite du jeu de la garantie)
medical history	antécédents médicaux
membership	adhésion
misrepresentation	déclaration inexacte
mutual company	mutuelle
n.f.o. ("new for old")	du vieux au neuf (réduction du coût)
non delivery clause	clause non livraison

XII. B.4. **Vocabulary - Insurance** (ctd)

non forfeiture	non déchéance
notice of accident, notification	déclaration d'accident
notice of claims	déclaration, avis de sinistre
obligatory reinsurance	réassurance obligatoire
old age insurance	assurance vieillesse
(to) overinsure	surassurer
paid-up policy	police libérée
particular average (cf. average)	avarie particulière
particulars	conditions particulières
the (other) party	la partie (adverse)
(to) pay for the insurance of...	payer les primes de...
pilferage	pillage
piracy	piraterie
plate glass insurance	assurance contre le bris de glace
policy period	durée de validité de la police
(to) pool risks	mettre en commun, partager les risques
premium due date	échéance de la prime
premium rate	taux de la prime
(to) process claims	traiter les réclamations
professional risks indemnity insurance	assurance contre le risque professionnel
proof of claims	justification des prétentions
property damage	dégâts matériels
(to) provide cover	fournir la couverture
recoverable sums	montant récupérable
(to) refloat a stranded ship	renfiouer un navire
restraint	contrainte
reinsurance, to reinsure	réassurance, réassurer
reinsurance exchange or syndicate (U.S.)	consortium de réassurance
reinsurance pool (G.B.)	consortium de réassurance
(to) renew a policy	renouveler une police
revival	remise en vigueur
rider	avenant (à une police)
riot clause	clause d'émeute
risks covered by the policy	risques couverts par la police
(to) run aground	échouer, aller à la côte
salvage costs	frais de sauvetage
seizure	saisie

XII. B.4. **Vocabulary - Insurance** (ctd)

(to) settle a claim	régler un sinistre
short-landed cargo	cargaison débarquée en moins
sickness and disablement insurance	assurance maladie-invalidité
sound value	valeur saine
(to) spread the risk	étaler les risques
(to) spring a leak	faire une voie d'eau
strike clause	clause de grève
subrogation clause	clause subrogatoire
(to) substantiate a loss	justifier un sinistre
supplementary policy	police complémentaire
(to) surrender a policy	résilier une police
surrender value of a policy	valeur d'une police à son échéance
survey report	rapport d'expertise
sweat damage	dommages de buée de cale
(to) take out an insurance against	se faire assurer sur
(to) take out a policy	prendre une police
termination of risk	fin du risque
term insurance	assurance temporaire
theft clause	clause vol
third party insurance	assurance aux tiers
third party liability	responsabilité civile (pour dommages aux tiers) G.-B.
total liability	responsabilité civile, tiers illimités
total loss	perte totale
(to) underwrite a risk	souscrire un risque
underwriter	assureur
unemployment insurance	assurance chômage
valuation of a policy	fixation de la valeur à assurer
void (policy)	sans effet (police)
waiting period	délai de carence
waiver	désistement
weather insurance	assurance mauvais temps
whole life insurance	assurance en cas de décès
W.P.A. (with particular average)	avec avarie particulière
wreck risks	risques de naufrage
(to) write insurance	souscrire des assurances

XIII

Business file thirteen

Computers

Ordinateurs

A. Situations

A.1. Lunchtime gossiping
A.2. Buying a computer

B. Records

B.1. Key sentences: Computers
B.2. Computerized incompetence
B.3. Vocabulary

XIII. A.

Storyline

For some time there has been talk of installing a computer. But apart from the financial outlay involved, this implies drastic changes in organization and procedures, the hiring of specialists and the retraining [ri:tréïnin*] of at least part of the present accounting [ekaountin*] staff.

The Board of Directors is divided into three groups of people: those who favour the purchase or rent of a computer, those who want to have a time-sharing contract with a computer firm, and those who are basically against having a computer.

Résumé

Depuis quelque temps il est question d'installer un ordinateur. Mais outre l'investissement financier en cause, cela implique des changements radicaux d'organisation et de procédure, l'engagement de spécialistes et le recyclage d'au moins une partie du personnel actuel de la comptabilité.

Le conseil d'administration se divise en trois groupes : ceux qui sont favorables à l'achat ou à la location d'un ordinateur, ceux qui veulent passer un contrat en temps partagé avec une société informatique, enfin ceux qui sont foncièrement contre le fait d'avoir un ordinateur.

XIII. A.1. **Lunchtime gossiping**

Stephen McDunn who works in the Accounts Department and Vic Bruce from Sales, are discussing the latest rumours over a canteen [kanti:n] *lunch.*

S. Are you absolutely sure? Who told you about it?
V. You'd be surprised. But I promised to keep my mouth shut.
S. Come on... Just give me a hint.
V. No, I can't do that. Anyway, it's pretty sure we are going to have a computer installed here. Punch cards and all...; apparently, it's more a question of prestige [prèsti:j] than anything else.
S. But I heard the boss saying that the firm was too small to justify the buying or renting of a computer.
V. Well apparently they made him change his mind. The idea seems to be that a time-sharing contract is not flexible [flèksibel] enough.
S. But what do they want a computer for?
V. Well, apparently, to do most of the accounting work. Also for inventories [inventriz], payrolls, etc. Your department is going to be reorganized entirely, and you are supposed to be retrained.
S. What?
V. Yes—On-the-job-training. You'd have seminars and courses about data-processing [d**éï**te pr**ôou**sisin*], etc. They've already had a consultant in on this.
S. Well I don't like the idea—and I don't like a damn computer specialist telling me about my job.
V. We feel the same at Sales. We're in the picture too, because they also want to use computerized [kemp**iou**teraïzd] customer records. So we'll have to know about the new systems. They say it will be much easier for the storage of data...
S. Mind you, I'm not entirely against it...
V. I feel the same. But what worries me is that new chap they're going to hire. What do you call them? Programmer-analysts? They are going to run the show and tell us what to do.
S. I don't know. But I know a couple of chaps who are not prepared to be bossed around.

XIII. A.1. **Bavardage à l'heure du déjeuner**

Stephen McDunn, qui travaille à la comptabilité, et Vic Bruce, des ventes, commentent les derniers potins en prenant leur repas de midi à la cantine.

S. Êtes-vous tout à fait sûr? Qui vous en a parlé?

V. Vous ne me croiriez pas. Mais j'ai promis de ne pas ouvrir la bouche.

S. Allez... Juste une allusion.

V. Non, non ça ne m'est pas possible. De toute façon, il est à peu près certain qu'on va nous installer un ordinateur ici. Les cartes perforées, et tout le reste..., il semble que ce soit plus une question de prestige qu'autre chose.

S. Mais je croyais avoir entendu le patron dire que la boîte était trop petite pour justifier l'achat ou la location d'un ordinateur.

V. Eh bien apparemment on lui a fait changer d'avis. Le problème semble être qu'un contrat en temps partagé n'est pas assez souple.

S. Mais pourquoi donc veulent-ils un ordinateur?

V. Eh bien, apparemment, pour faire l'essentiel de la comptabilité. Et aussi pour les inventaires, la paie, etc. Votre service va être entièrement réorganisé, et vous êtes censé faire un recyclage...

S. Quoi?

V. Mais oui, une formation sur le poste de travail. Vous suivriez des séminaires et des cours sur le traitement des données, etc. Ils ont déjà mis un consultant là-dessus.

S. Eh bien, ça ne me dit rien qui vaille, et je vois mal un fichu informaticien m'apprendre mon boulot.

V. Aux ventes, on pense la même chose. On est aussi dans le coup, car ils veulent se servir d'un fichier clients informatisé. Alors il faudra qu'on apprenne les nouveaux systèmes. Ils affirment que ce sera beaucoup plus facile pour le stockage des données.

S. Remarquez, je ne suis pas totalement contre...

V. C'est comme moi. Mais ce qui m'embête, c'est ce type qu'ils vont embaucher. Comment c'est leur nom, déjà? Analystes-programmeurs? C'est eux qui vont faire la loi et nous donner des ordres.

S. Je me demande. Mais je connais quelques gars qui ne vont pas se laisser monter sur les pieds.

XIII. A.2. **Buying a computer**

The Board of Directors eventually decided to buy a computer.

The General Manager, Arthur S. Briggs, and David Lavelle will have to finalize the various contacts they have had with computer manufacturers. They have not surrendered [serèndid] to some salesmen's talks saying their needs would certainly increase substantially, and they dismissed the idea of buying or hiring a big machine requiring special premises and numerous skilled staff.

They have selected a small business computer. They have reckoned hire-purchase to be the most profitable way, in view of the fact that the installing firm—"Computer Technology & Associates"—will service the Modular 33 equipment, train the operating personnel, and take care of the practical problems of installation and programme-writing.

C.T.A. will also process the work produced at year end.

The major tasks of management—payroll [péïrôoul] stock-taking, invoicing—will be processed on the Modular 33.

Conversely, scientific [saïentifik] computations in the design department will be carried out at a lower cost with pocket calculators—now widespread—, and with which all engineers have been equipped. (Similarly, and given the nature of their manufacturing processes, they have decided not to switch to industrial process controls).

XIII. A.2. **Achat d'un ordinateur**

Le conseil d'administration a finalement décidé d'acquérir un ordinateur.

Le directeur général Arthur S. Briggs et David Lavelle font le bilan[1] des divers contacts qu'ils ont eu avec les constructeurs d'ordinateurs. Ils n'ont pas cédé à l'argumentation de certains commerciaux selon lequel leurs besoins allaient sûrement croître très fortement et ont écarté l'idée d'acheter ou de louer un appareil important nécessitant des locaux particuliers et un personnel spécialisé nombreux.

Leur choix s'est porté sur un petit ordinateur de gestion. La location-vente leur paraît le système le plus avantageux, compte-tenu du fait que l'installateur — la S.S.C.I.[2] « Computer Technology & Associates » — assurera la maintenance du matériel « Le Modular 33 », et la formation du personnel qui l'exploitera, et s'occupera des problèmes pratiques d'installation et d'écriture des programmes.

« Computer Technology & Associates » exécuteront également en fin d'année les travaux produits.

Sur « Le Module 33 » seront effectués les principaux travaux de gestion : paie, stocks, facturation.

Par contre les calculs scientifiques du bureau d'études seront faits à moindre frais par les calculateurs de poches répandus sur le marché et dont tous les ingénieurs ont été dotés. (De même, étant donné leur type de fabrication, ils ont décidé de ne pas se lancer dans le contrôle de processus industriels.)

---

(1) ***to finalize :*** **mot à mot, mettre au point.**

(2) S.C.C.I. (Société de Service et de Conseil Informatique) = ***software house.***

XIII. B.1. **Essayez de traduire...**

1. Les trois principaux traits qui caractérisent un ordinateur sont la rapidité, la capacité et la faculté d'adaptation.
2. Un individu moyen prend environ une minute pour additionner 10 nombres à 7 chiffres. Pendant le même temps certains ordinateurs peuvent additionner 1.000 millions de nombres.
3. Le contenu d'une centaine de volumes de l'annuaire téléphonique de Londres pourrait tenir dans une unité de stockage : en une seconde, 15.000 adresses peuvent être consultées.
4. Le même ordinateur peut être utilisé pour imprimer des relevés bancaires, calculer les chances d'un pari, les statistiques d'une population, l'orbite d'un satellite.
5. L'ordinateur ne peut faire que ce qu'on lui dit. Il ne peut se dire à lui-même : « je me demande ce que cela veut dire ? »
6. Par conséquent, quand un ordinateur émet une demande pour paiement d'une facture de 0 franc, ce n'est pas la machine qui a fait quelque chose de stupide : elle obéit correctement à une instruction stupide.
7. Pour placer de l'information dans la machine, il est nécessaire de traduire le langage humain en langage machine.
8. Les données doivent être rassemblées avec un soin scrupuleux : le calcul est soumis au principe « déchet à l'entrée, déchet à la sortie ».
9. Le peu que l'on connaît des circuits du cerveau humain indique qu'il est plusieurs milliards de fois plus complexe que le plus avancé des ordinateurs.
10. Les ordinateurs ne sont-ils alors que de grosses, coûteuses, rapides et stupides machines à écrire et à calculer ?
11. Assurez-vous que votre méthode actuelle de documentation est raisonnablement claire et efficace avant d'automatiser, faute de quoi votre ordinateur neuf ne ferait qu'accélérer la pagaille.
12. N'interrompez pas le système manuel avant que les non-spécialistes de votre organisation ne pensent que l'automatisation fonctionne bien.
13. Avant d'utiliser d'un conseil en informatique, posez comme condition qu'il vienne passer quelque temps dans votre usine.
14. La puissance et la rapidité d'un ordinateur dépendent de la quantité de mémorisation à accès direct disponible.
15. Dans l'unité de traitement de l'ordinateur la mémoire contient des caractères, des mots et des multiplots.

XIII. B.1. **... et contrôlez**

1. The three main distinguishing features of a computer are speed, capacity and versatility.
2. An average person takes about a minute to add up ten 7-digit numbers. In the same time, some computers can add up 1,000 million or more numbers.
3. The contents of a hundred volume of the London telephone directory could be accommodated in one storage unit: in one second, 15,000 addresses (entries) can be looked up.
4. The same computer can be used to print bank statements, calculate betting odds, population statistics, satellite orbits.
5. The computer can only do what it is told; it cannot say to itself "I wonder what this means?".
6. Therefore when a computer issues a final demand for payment of a bill for £ 0, it is not the machine that has done something stupid: it is correctly obeying a stupid instruction.
7. To place information in the machine it is necessary to translate from human to machine language.
8. Data must be collected and coded with scrupulous care: computing is subject to the G.I.G.O. principle[1].
9. What little is known of the brain's own circuits indicates that it is several billion times more complex than that of the most advanced computers.
10. So are computers only big, expensive, fast dumb adding machines and typewriters?
11. Make sure your present report system is reasonably clear before you automate, otherwise your new computer will just speed up the mess.
12. Don't stop the manual system until the non-experts in your organisation think that automation is working.
13. Before you hire a computer specialist, make it a condition that he spend some time in your factory.
14. The power and speed of a computer depend on the amount of available immediate access storage.
15. In the computer's processor, storage locations hold characters, words or bytes.

(1) Cf. XIII B.3.I

XIII. B.2. **Computerized incompetence**

Charles Babbage, an English mathematician of the nineteenth century, was the engineering genius who invented the speedometer and the cowcatcher. He once wrote to Lord Tennyson:

" Sir, in your otherwise beautiful poem *The Vision of Sin* there is a verse which reads:

Every moment dies a man,
Every moment one is born.

It must be manifest that if this were true, the population of the world would be at a standstill. In truth the rate of birth is slightly in excess of that of death. I would suggest that in the next edition of your poem you have it read:

Every moment dies a man,
Every moment 1 1/16 *is born...*

I am, Sir, yours, etc."

Is it any wonder that this man is father of the high-speed digital computer? He spent the last four decades of his life engaged in a monumental attempt to build an "Analytical Engine" that would perform every single arithmetical function without any human guidance except the feeding of instructions and the turning of the switch.

The Analytical Engine was fantastically sophisticated in spite of the ungainliness of its gears, levers, and cranks. Like modern computers it consisted of four interconnected sections—a memory bank, a computation section, a control center, and an input-output center. The mechanical monster was programmed with punch cards.

XIII. B.2. **Incompétence informatisée**

C'est Charles Babbage, mathématicien anglais du XIXe siècle, et génie de la mécanique, qui inventa le compteur de vitesse et le chasse-pierre[1]. Il écrivit un jour à Lord Tennyson[2] :

« Monsieur, dans votre poème par ailleurs merveilleux *la Vision du péché*, on peut lire le vers suivant :

A chaque instant il meurt un homme
A chaque instant il naît un homme

Il doit être manifeste que si cela était[3] vrai, la population du monde ne varierait pas[4]. En réalité le taux des naissances est légèrement supérieur à celui des décès. Je me permets de suggérer que dans la prochaine édition de votre poème vous écriviez :

A chaque instant meurt un homme
A chaque instant il en naît 1 1/16e...

Je vous prie d'agréer, Monsieur,... »

Faut-il s'étonner que cet homme soit le père des calculatrices numériques ultra-rapides ? Il passa les quatre dernières décennies de son existence à essayer de construire une « machine à analyser » monumentale qui accomplirait absolument toutes les fonctions arithmétiques sans aucune intervention humaine, sauf pour lui donner des instructions et tourner un commutateur.

Cet analyseur était extraordinairement évolué malgré l'aspect disgracieux de ses engrenages, leviers et manivelles. A l'instar des ordinateurs modernes, il comportait quatre sections reliées entre elles : une mémoire, une calculatrice, un centre de contrôle, et un centre d'entrée et de sortie. La monstrueuse mécanique était programmée avec des cartes perforées.

---

(1) Mot à mot chasse-vache (sur les trains U.S.).

(2) Poète anglais officiel sous la Reine Victoria, très connu pour son épopée « La Charge de la Brigade Légère ».

(3) *were :* ce prétérit indique un fait non établi, supposé, etc.

(4) *at a standstill :* mot à mot immobilisé, sans mouvement.

Unfortunately for Babbage, what he needed to make his computer practical was the vacuum tube, which was not invented until 1906. Complex World War II projects stimulated engineering interest in developing a computer, utilizing the vacuum tube, that would handle huge computational jobs at unprecedented speeds. Miniaturization through transistorization has enabled the computer to store incredible quantities of data on tape and small magnetic disks.

Computers are vulnerable to incompetence in spite of the fact that they seldom make mistakes on their own. The computers are helplessly dependent on the reliability of the information and instructions fed into them. A key-punch operator may make a mistake and you will receive a domestic phone bill for $ 2,314.69 for the month of July, when you were away on vacation. Unfortunately, the computer has no way of knowing that the key-punch operator had a temporary lapse or that you were on vacation.

Dr. L.J. Peter
(The Peter Prescription)

In 1972, Dr. Peter formulated the Peter Principle:
"In a hierarchy every employee tends to rise to his level of incompetence"

He had founded a new science, hierarchiology, the study of hierarchies [**hai**era:kiz].

According to him, "for every job that exists in the world there is someone, somewhere, who cannot do it. Given sufficient time and enough promotions, he will arrive eventually at the job..."

XIII. B.2. **Incompétence informatisée** (suite)

Malheureusement pour Babbage, ce qui lui manquait pour rendre son ordinateur pratique, c'était le tube (à vide), qui ne fut inventé qu'en 1906. Les projets complexes liés à la Seconde Guerre mondiale stimulèrent l'intérêt des ingénieurs pour la mise au point d'un ordinateur à tubes qui exécuterait d'énormes calculs à des vitesses inconnues jusque-là. La miniaturisation par les transistors a permis aux ordinateurs de stocker des quantités incroyables de données sur bande et sur de petits disques magnétiques.

Les ordinateurs souffrent de l'incompétence bien qu'ils ne fassent que rarement des erreurs par eux-mêmes. Ils dépendent irrémédiablement de la valeur[1] des informations et des instructions qu'on leur injecte. Un opérateur (sur cartes perforées) peut faire une erreur, et vous recevrez une note de téléphone privé de 2.314,69 dollars pour le mois de juillet, pendant lequel vous étiez en vacances. Hélas, l'ordinateur n'a aucun moyen de savoir que l'opérateur a eu un moment d'étourderie, ou que vous étiez en vacances.

En 1972, le Dr. Peter formula le Principe de Peter :

> « Dans une hiérarchie chaque employé tend à s'élever à son niveau d'incompétence ».

Il avait fondé une nouvelle science, la « hiérarchiologie », l'étude des hiérarchies.

Selon lui, « pour chaque poste existant au monde, se trouve quelqu'un, quelque part qui est incapable de le tenir. Si on accorde à cette personne assez de temps et de promotions, elle atteindra finalement ce poste... ».

---

(1) *reliability* : mot à mot le fait de pouvoir compter sur, sûreté de fonctionnement, etc.

XIII. B.3. **Vocabulary - Computers**

1. *Abbreviations*

fifo	**first in, first out** système du premier entré, premier sorti
gigo	**garbage in, garbage out** déchet à l'entrée, déchet à la sortie
lifo	**last in, first out** système du dernier entré, premier sorti
siro	**sequential in, random out** entrée séquentielle, sortie aléatoire

ALGOL	Algorithm Oriented Language (for mathematicians)
AUTOPSY	Automatic Operating System
COBOL	Common Business Oriented Language (for commercial programs)
FORTRAN	Formula Translation (for scientists)
H.L.L.	Higher Level Logic
L.S.D.	Last Significant Digit
MANIAC	Mechanical and Numerical Integrator & Computer
MAC	Multiple Access Computer

2. *Vocabulary*

access time	temps d'accès
accumulator	accumulateur
address register	registre d'adresses
alphanumeric	alphanumérique
analysis	analyse
algorithm	algorithme
assembly language	langage d'assemblage
basic	de base
back-space	espace arrière
to back-space	reculer d'un espace
backing store	mémoire auxiliaire
batch (processing)	« batch », lots, (traitement par)
bi, (tri, multi) processor	bi (tri, multi) processeur

XIII. B.3. **Vocabulary - Computers**

bit	« bit » (binary digit), chiffre, élément, position binaire : 1 ou zéro
buffer (store)	tampon (mémoire)
built-in	incorporé
bug	panne, défaut
byte	ensemble de « bits », multiplot, octet
card file	fichier de cartes
card jam	bourrage de cartes
card punch	perforateur de cartes
card reader	lecteur de cartes
card sorter	trieuse de cartes
cartridge	cartouche, chargeur
C.R.T.: cathode ray tube	tube cathodique
central memory, store	mémoire centrale
central processing unit central processor	unité centrale de traitement
channel	canal
character set	jeu de caractère
character string	chaîne de caractères
chart	tableau, diagramme
check-point	point de repère
chip	puce (de circuit intégré)
to clear	effacer, remettre à zéro
clock	horloge
clockwise	dans le sens des aiguilles d'une montre
compiler	compilateur, programme de compilation
computer	ordinateur, calculateur
computational	évaluation, calcul
computing center	centre de calcul
to concatenate	concaténer
conditional jump	branchement conditionnel
console	pupitre de commande
controller	organe de commande, de connexion, contrôleur
control unit	unité de contrôle
conversational (mode)	(mode) conversationnel
core	tore, noyau
counterclokwise	en sens inverse des aiguilles d'une montre

XIII. B.3. **Vocabulary - Computers**

data	donnée(s)
data bank	banque de données
data base	base de données, fichier central
data processing, D. P	informatique
to debug	mettre au point
data logging	enregistrement chronologique des données
to delete	rayer, effacer, supprimer
device	1. ici : périphérique d'ordinateur 2. dispositif, mécanisme
digit	chiffre, caractère
digital	numérique
digital computer	calculateur numérique
directory	répertoire
D.S.U.: disc storage unit	unité de mémoire à disques
discrepancy	écart, différence
disk, disc	disque
disc drive	tourne-disque
display	console de visualisation
display unit	unité d'affichage visuel
to display	visualiser, afficher
drum	tambour
dummy	factice, faux
to dump	vider
dynamic allocation of the memory	allocation dynamique de la mémoire
editor	programme destiné à éditer des informations
eight-bit byte	octet
to emulate	émuler
emulator	émulateur
error report	message d'erreur
to feed	alimenter
feedback	rétroaction, réaction
field	champ, corps
file	fichier
file label	étiquette d'un fichier
firmware	« firmware », micro-programmation
flaw [flo:]	défaut
to flicker	clignoter, osciller
flow [flôou]	flot, circulation, passage

XIII. B.3. **Vocabulary - Computers**

to focus	concentrer, focaliser
to format	mettre en page, en forme, arranger
fuse	fusible
to gain	gagner, prendre de l'avance
game theory	théorie des jeux
gap	creux, écartement, fossé
garbage	déchet, élément inutile
general purpose	universel
handler	programme de commande périphérique
hardware	matériel (de traitement de l'informatique), « hardware »
higher language	langage évolué
idle	au repos, arrêté
to implement	mettre en application, exécuter
increment	« increment », pas de progression
input	entrée, introduction
input/output	entrée/sortie, émetteur/récepteur
to insulate	isoler
integer	nombre entier
interrupt	interruption (organe, signal)
integrated circuit	circuit intégré
interface	interface, jonction
inverse file	fichier inversé
item	article
to itemize	détailler, spécifier
iteration	itération, répétition
jack	« jack », fiche de connexion
jones plug	prise à broches multiples
junk	rebut
keyboard	clavier
keyboard console	pupitre à clavier
to label	étiqueter, référencer
language	langage
layout	disposition, schéma

XIII. B.3. **Vocabulary - Computers**

level	niveau
library	bibliothèque
listing	liste, listage, « listing »
light pen	crayon lumineux, photostyle
line printer	imprimante (ligne par ligne)
linkage	édition de liens, couplage
to list	lister, établir une liste ligne à ligne
to load	charger un programme
loader	chargeur
location	emplacement, situation
logical shift	décalage logique
logging	enregistrement
loop	boucle
machine instruction	instruction machine
machine language	langage machine
macrogenerator	programme macrogénérateur
magnet	aimant, électroaimant
magnetic core	tore màgnétique
magnetic disc store	mémoire à disque magnétique
magnetic drum	tambour magnétique
M.I.C.R.: Magnetic Ink Character Recognition	Reconnaissance Magnétique de Caractère
magnetic tape	bande magnétique
main	principal
main memory	mémoire centrale
maintenance	maintenance
maintenance agreement	contract de maintenance
malfunction	défaillance, faute
mass memory	mémoire de masse
M.T.B.F.: Mean Time Between Failures	temps moyen entre pannes
M.T.T.R.: Mean Time to Repair	temps moyen de réparation
mega	1 million
memory size	capacité de mémoire
microprogramming	microprogrammation
modem	modem (modulateur - démodulateur)
to monitor	surveiller, superviser

XIII. B.3. **Vocabulary - Computers**

monitor program	programme moniteur
monoprogramming	monoprogrammation
move instruction	instruction de transfert
multiprocessor	machine à plusieurs unités de calcul, multitraitement
multiprocessing	« multiprocessing », multitraitement
multiprogramming	multiprogrammation
network	réseau
nested	imbriqué
nested loops	bouches emboîtées, hiérarchisées
numerical address	adresse numérique
occurrence [ekœrens]	apparition de quelque chose, événement
O.C.R.: Optical Character Recognition	Reconnaissance Optique de Caractère
off-line	hors ligne, autonome, non connecté
on-line	en ligne, connecté
off-circuit	hors circuit
operand	opérande
operational research	recherche opérationnelle
operating system	système d'exploitation
optional device	dispositif facultatif
outcome	aboutissement, conséquence
output	sortie, extraction
outset	commencement, début
overflow	dépassement (de capacité)
overflow register	registre de dépassement, de capacité
overhaul	remise en état, révision
overlap	recouvrement
to overlap	recouvrir
package	« paquège », programme-produit, ensemble
padding	remplissage
panel	panneau, tableau
paper feed	défilement du papier alimentation en papier

XIII. B.3. **Vocabulary - Computers**

paper tape	ruban papier, ruban perforé
paper tape punch	perforateur de bande
parity check	contrôle de parité
partition	cloison, partition
patch	pièce raccord
pattern	modèle, type, dessin, échantillon
pattern recognition	reconnaissance de structure
peak	pointe, crête, sommet
peripheral control unit	unité de connexion de périphérique
plug	broche, fiche, embout
power off/on	mise hors/en tension
prerequisite	préalable
process	marche à suivre, méthode, procédé, procédure
processor	processeur
to punch	perforer
punch(ed) card	carte perforée
punch operator	perforateur
punch tape	bande perforée
push button	bouton pressoir
queue	file d'attente
random	aléatoire, fait au hasard
random access	accès direct, accès aléatoire
reader	lecteur
read only memory	mémoire fixe
read only store	mémoire morte
real time	temps réel
reliable	fiable, sûr, solide
remote	à distance
remote control	commande à distance
remote batch	« remote batch », télétraitement par lots
removable	amovible, démontable
a requisite	une condition requise
rerun	reprise
to reset	remettre à zéro
restart	reprise
to restore	restaurer
to resume	reprendre, terminer

XIII. B.3. **Vocabulary - Computers**

information retrieval	recherche d'information (dans un fichier)
to return	renvoyer
reverse	inverse, contraire
to rewind	rebobiner
ribbon	ruban
routine	routine, sous-programme
routing	acheminement
run	passage en machine
safety	sécurité
saw tooth voltage	tension en dent de scie
schedule	plan, prévision
scratch pad memory	mémoire, bloc-notes
to seize	saisir, gripper, se coincer
to select	choisir
sensor	capteur
sequential indexed	organisation
organization sequence	séquentielle indexée échelonnement, séquence, succession
to set	positionner
to share	partager
shift	décalage
sign [saïn]	signe
signal [signel]	signal
slash	barre de fraction
to slave	asservir
software	logiciel (ensemble des programmes, procédés, règles, documentations, relatifs au fonctionnement d'un ensemble de traitement de l'information)
software house	S.S.C.I. : Société de Service et de Conseil en Informatique
(to) sort	tri, (trier)
sound proofing	insonorisation
specifications	cahier des charges, spécifications
spurious	parasite
to stack	empiler
to step	avancer d'un pas
storage	mémoire, stockage

XIII. B.3. **Vocabulary - Computers**

subroutine	sous-programme
subsystem	sous-système
summary	sommaire, résumé
supervisor	superviseur (en programme)
to swap	interchanger, échanger
switch	aiguillage, interrupteur, commutateur
sysin (ingoing system)	opération d'entrée
sysout (outgoing system)	opération de sortie
system analyst	spécialiste en système
system generator	générateur de système
to tackle	saisir, attaquer un travail
to tally	étiqueter
tape	bande, ruban magnétique
task	tâche
teleprocessing	télétraitement, télégestion
teleprinter	téléimprimeur
teletype	télétype
terminal	terminal
timer	minuterie, contrôleur de temps
timing	fixation de la durée
time-sharing	temps partagé
track	canal, piste, voie
to translate	traduire
to trigger	déclencher
unavailable	indisponible
to unblock	dégrouper, décomposer
undebugged	non mis au point
to unpack	étaler, décomprimer
to update	mettre à jour, spécifier
to upgrade	améliorer le rendement, la qualité
up to date	à jour, moderne
upshot	résultat, issue, conclusion
variable length	longueur variable
virtual machine	machine virtuelle
virtual memory	mémoire virtuelle
visualization	visualisation
voltage surge	surtension
waiting time	temps d'attente

XIII. B.3. **Vocabulary - Computers**

warning	avertissement, signalisation
watch dog	contrôleur de séquence, de durée
word	mot
to wire	câbler, connecter
X-rays	rayons X

XIII. B.4. **Vocabulary** (revision)

outlay	disposition (des éléments d'un circuit)
to involve	engager, entraîner
to imply	impliquer, supposer
drastic	radical, drastique
to hire	engager (les services de qn)
to retrain	recycler

A.1.

hint	allusion, insinuation, indication, suggestion
data processing	traitement des données
to computerize	mettre sur ordinateur
storage	stockage
to worry	se tracasser
chap	type, bonhomme (familier)
to run the show	faire la loi
to boss around	mener, régenter, faire la loi

A.2.

eventually	en fin de compte, finalement
to finalize	mettre au point
to surrender	livrer, abandonner, céder
to dismiss	congédier, écarter (une proposition)
skilled staff	personnel spécialisé
to reckon	compter, calculer, supputer
hire-purchase	location-vente
to train	former
payroll	paie
invoicing	facturation

XIV

Business file fourteen

Selecting an advertising agency

Sélection d'une agence de publicité

A. Situations

A.1. The Managing Director receives D. Lavelle
A.2. David Lavelle looks for an agency
A.3. David meets Marc Nathan, from A.B.I.
A.4. Preparing the campaign
A.5. Vocabulary (revision)

B. Records

B.1. Key Sentences: Advertising
B.2. What an advertising agency does
B.3. Market and media
B.4. Birth of mail order advertising
B.5. Vocabulary: Media (A à I)

XIV. A.

Storyline

The firm has decided that now is the time to launch on the market its "Easy Rider" bicycle equipped with the "Superfast" gear system.

David Lavelle is asked to select an advertising agency. He will screen a number of candidates in order to find the agency whose abilities will be the most helpful to his firm.

Résumé

L'entreprise a décidé qu'il est temps de lancer sur le marché sa bicyclette « Easy Rider » équipée du changement de vitesses Superfast.

On demande à David Lavelle de sélectionner une agence de publicité. Il examinera un certain nombre de candidats afin de trouver l'agence dont les qualités seront les plus utiles à sa société.

XIV. A.1. **Arthur S. Briggs, Managing Director receives David Lavelle**

A.S.B. ... David, I want you to find the right agency to help us launch our new product and I don't think...

D.L. ... That the Bluestone Agency people are really capable of handling that type of account.

A.S.B. Exactly. And for two reasons. First, to my knowledge they don't have any experience in this area and believe me, David, there is no substitute [s**œ**bstitiout] for market experience. I think it's the most important thing in an agency after, of course, what they call creativity.
And then there is the human [h**iou**:men] factor; you're going to act as our advertising [**a**dvetaïzin*] manager, David, and I'm sure you would not get along well with Bill Whitey and his team...

D.L. I heard about them through Jim Turley. You're right. So I suppose you'll suggest that I screen a number of candidates.

A.S.B. Yes, David. I want you to include large and small agencies, old-established agencies and new ones. I want you to find out which one in your list fits our fundamental need, that is to say, which has experience in solving problems such as the ones we are now facing. This implies [impl**aï**z] naturally that this agency should have been highly successful in similar campaigns, so don't hesitate to ask them for case histories over the past five years.

D.L. What will be the scope of my responsibility?

A.S.B. David, you'll have full and direct responsibility. Too many people involved in such a choice [tchoïs] would only create confusion [kenf**iou**jen]...

Half the money I spend on advertising is wasted, and the trouble is I don't know which half.

Lord Leverhulme

XIV. A.1. **Arthur S. Briggs, Directeur Général, reçoit David Lavelle**

A.S.B. ... David je veux que vous découvriez l'agence qui nous aidera[1] à lancer notre nouveau produit et je ne pense pas...

D.L. ... que les gens de l'agence Bluestone soient vraiment capables de s'occuper[2] de ce type de budget.

A.S.B. Exactement, et ceci pour deux raisons. D'abord, à ma connaissance ils n'ont aucune expérience en ce domaine, et croyez-moi David, rien ne vaut l'expérience du marché. Je pense que c'est la chose la plus importante dans une agence après, bien sûr, ce qu'on appelle créativité.
Ensuite il y a le facteur humain ; vous allez agir en tant que directeur de publicité pour nous David, et je suis sûr que vous ne vous entendriez pas bien avec Bill Whitey et son équipe...

D.L. J'ai entendu parler d'eux par Jim Turley. Vous avez raison. Aussi je suppose que vous allez me suggérer d'examiner[3] un certain nombre de candidats.

A.S.B. Oui, David. Je veux que vous contactiez des agences grandes et petites, des nouvelles et des anciennes. Je veux que vous trouviez laquelle de votre liste convient[4] à nos besoins fondamentaux, c'est-à-dire laquelle a l'expérience pour résoudre des problèmes tels que celui qui se pose à nous. Ceci implique naturellement que cette agence devrait avoir particulièrement réussi dans des campagnes analogues. Aussi n'hésitez pas à leur demander de présenter des cas concrets de ces cinq dernières années.

D.L. Quelle sera l'étendue de mes responsabilités ?

A.S.B. David, vous aurez une responsabilité complète et directe. Un trop grand nombre de personnes engagées dans un tel choix ne ferait que créer de la confusion.

---

(1) *to help us launch :* nous aider à lancer... *to help* souvent suivi de l'infinitif sans *to*.
(2) *to handle :* prendre en main, s'occuper de, manier, mener.
(3) *to screen :* examiner, passer au crible.
(4) *to fit :* s'adapter, s'ajuster, convenir.

Une moitié de l'argent que je dépense en publicité est perdue et l'ennui c'est que je ne sais pas laquelle.

XIV. A.2. **Looking for an agency**

David Lavelle, acting as Advertising Manager, first looks through *Advertising Age's*[1] annual table of agency billings. This enables [in**éï**belz] him to eliminate agencies handling competitive [kemp**è**titiv] accounts. Thus, although he appreciates [epri:chiéïts] the campaigns of David & O'Gilwee, he has to delete them from his list, due to their handling of the Hamilton Bike Co. account.

He also calls a few friends to ask them for their opinions and what they think of the agencies they use. This investigation results in a new elimination. Then David sends a basic [b**éï**sik] questionnaire to the remaining agencies.

He receives a number of replies and decides to contact two agencies, A.B.I. (Advertising Brain International) and Martin & Roberts Associates [es**ôou**chiéïts], in order to meet the people he may be likely to work with. He needs more information on their background and their qualifications [kwolifik**éï**chenz].

Finally he decides to use the services of A.B.I.

---

(1) *U.S. advertising magazine.*

XIV. A.3. **Meeting with Mark Nathan**

David meets Mark Nathan, Account Executive for A.B.I. Their discussion will revolve around the product itself and on the target market.

M.N. David, what I need first is a thorough [s***œ**re] analysis of your product. I want to know everything about it: its function, its history, its competitors—and their brand images—, its potential market...

D.L. We've prepared a file crammed with figures [f**i**gez]. But I will briefly summarize [s**œ**meraïz] our policy and tell you what we expect from you.

XIV. A.2. **A la recherche d'une agence**

David Lavelle, agissant en tant que directeur de publicité examine d'abord la table annuelle de la revue *Advertising Age* indiquant le volume global des contrats passés par les agences de publicité. Ceci lui permet d'éliminer des agences qui ont la charge de budgets concurrents. Ainsi, bien qu'il apprécie les campagnes de David & O'Gilwee, il doit les rayer de sa liste, du fait qu'ils traitent le budget (publicité) des bicyclettes Hamilton.

Il appelle également quelques amis pour sonder leur opinion et leur demander ce qu'ils pensent des agences qui les servent. Cette vérification amène une nouvelle élimination. Ainsi David envoie-t-il alors un questionnaire de base.

Il reçoit un certain nombre de réponses et décide de contacter deux agences, A.B.I. et Martin & Robert Ass., afin de connaître les gens avec qui il est susceptible de travailler. Il lui faut plus de renseignements sur leur situation et leur qualification.

Il décide finalement d'engager les services d'A.B.I.

XIV. A.3. **Rencontre avec Marc Nathan**

David rencontre Marc Nathan, responsable de budget chez A.B.I. Leur discussion va se concentrer sur le produit lui-même et sur la cible.

M.N. David, j'ai d'abord besoin d'une analyse complète de votre produit. Je veux tout savoir à son sujet : sa fonction, son histoire, ses concurrents (et leur image de marque), son marché potentiel...

D.L. Nous vous avons préparé un dossier bourré de chiffres mais en bref je vais vous résumer notre politique et vous dire ce que nous attendons de vous.

XIV. A.3. **Meeting with M. Nathan** (continued)

The product is a bicycle named "Easy Rider". Nothing new so far. But it is equipped [ikwipt] with our patented automatic gear system, "Superfast". We have five competitors who are doing quite well but none of them offers anything similar to our system. Two of them, Hamilton Bike [baïk] Co. and B.M.S. Manufacturing, hold a big share of the market, the latter being well introduced in the U.S. market. A survey conducted last year shows the existence of an important new market. All these details are at your disposal in the file.

M.N. Have you already got an advertising program?

D.L. Not at all! That'll be your job. We only have specification sheets for our distributors.

M.N. You see, David, our strategy will depend upon your target audience...

D.L. ... and on our budget...

M.N. ... of course. But a budget can vary. I would say that your target audience hardly looks specific. We would require a thorough survey on bicycle users' profiles [prôoufaïlz] according to their income, occupation, age, sex, education and areas.

D.L. Don't you think we must create a new brand image?

M.N. Exactly. The problem is to win over a new audience and to change the traditional [tredichnel] image of the bike which is generally associated with kids and working class people. And I think the three chords [ko:dz] to strike should be: HEALTH [hèls*], SPEED, ECONOMY. With the energy crisis [kraïsis] and traffic problems, this message should get across easily. I would even add that for such a product, there aren't any key-audiences but that in a way, doctors and traffic authorities [o:s*oritiz] could be considered as such.

XIV. A.3. **Rencontre avec M. Nathan** (suite)

Le produit est une bicyclette appellé « Easy Rider ». Rien de nouveau jusqu'ici. Mais elle est équipée de notre système de changement de vitesses automatique breveté, Superfast.

Nous avons cinq concurrents qui réussissent bien mais aucun d'entre eux n'offre quoique ce soit de similaire à notre système. Deux d'entre eux se taillent une grosse part du marché, les bicyclettes Hamilton et la Manufacture B.M.S., ce dernier étant bien introduit sur le marché américain. Une enquête menée l'an dernier montre l'existence d'un nouveau marché important. Tous ces détails sont à votre disposition dans le dossier.

M.N. Avez-vous déjà un programme publicitaire ?

D.L. Pas du tout ! Ce sera votre travail. Nous n'avons que des notices techniques pour nos distributeurs.

M.N. Voyez-vous, David, notre stratégie dépendra de votre cible...

D.L. ... et de notre budget.

M.N. ... bien sûr. Mais un budget peut évoluer. Je dirais que votre cible ne me semble guère spécifique. Il nous faudrait une enquête complète sur le profil des utilisateurs de bicyclettes selon leur revenu, profession, âge, sexe, niveau d'études et zone géographique.

D.L. Ne pensez-vous pas qu'il nous faut créer une nouvelle image de marque ?

M.N. Exactement. Le problème c'est de gagner un nouveau public et de changer l'image traditionnelle de la bicyclette qui est généralement associée aux enfants et aux ouvriers. Et je pense qu'il faut jouer sur les trois accords suivants : SANTÉ, VITESSE, ÉCONOMIE.

A cause de la crise de l'énergie et des problèmes de circulation ce message devrait passer facilement. J'ajouterais même que pour un tel produit, il n'existe pas d'audiences clés, mais que dans un sens les médecins et les autorités responsables de la circulation pourraient être considérés comme tels.

XIV. A.4. **Preparing the campaign**

After studying David Lavelle's file, Mark Nathan is now familiar with Global Tools and its new product. He also has a few more details concerning the potential new users.

He knowns who they are:

- executives and top executives,
- women (attracted by the simplicity of the gear system),

and where they are:

- in cities and suburban areas.

He also wants the brand image to be created around the name of "SUPERFAST", which according to tests will be better received by the public than "EASY RIDER"; this brand name is consequently [k**o**nsik-wentli] abandoned.

As he had suggested the key words of the campaign appear to be, SPEED, HEALTH and ECONOMY, and the media selection will be geared to these three ideas.

- the radio and TV spots will emphasize Health,
- the Newspapers will emphasize Economy,
- the Posters will emphasize Speed

A sample area will be tested by direct mail and with a combination of those three concepts.

DIVISION DE LA POPULATION
(pour choisir la cible...)

A, B, C, D, E, indicate social classes, income *(revenu)*, purchasing power *(pouvoir d'achat)*.

A 3%: Upper Middle Class *(Cadres supérieurs, Professions libérales)*.
B 10%: Middle Class *(Cadres moyens, certaines professions libérales)*.
C_1 24%: Lower Middle Class *(Maîtrise, Employés de bureau, Cadres débutants)*.
C_2 30%: Manual - Skilled Working Class *(Ouvriers qualifiés)*.
D 25%: Working Class *(Ouvrier non qualifiés)*.
E 8%: Lower Subsistance Level *(Pensionnés, Veuves, Main-d'œuvre irrégulière)*.

XIV. A.4. **Préparation de la campagne**

Après avoir étudié le dossier de David Lavelle, Marc Nathan est maintenant familiarisé avec *Global Tools* et son nouveau produit. Il a aussi un peu plus de précision concernant les nouveaux utilisateurs potentiels.

Il sait qui ils sont :

- des cadres (moyens) et des cadres supérieurs,
- des femmes (attirées par la simplicité du système automatique) ;

et où ils sont :

- dans les villes et en banlieue.

Il veut également que l'image de marque soit créée autour du nom « SUPERFAST » qui selon les tests sera mieux reçu par le public que « EASY RIDER » ; ce nom de marque est en conséquence abandonné.

Comme il l'avait laissé entendre, les mots clefs de cette campagne apparaissent être VITESSE, SANTÉ, ÉCONOMIE, et la sélection de media s'ajustera autour de ces trois idées.

- les spots radio et T.V. insisteront sur la SANTÉ,
- les journaux insisteront sur l'ÉCONOMIE,
- les affiches insisteront sur la VITESSE.

Une zone sélectionnée sera testée par correspondance avec ces trois concepts combinés.

Vocabulary (revision)

to waste	gaspiller
to handle	s'occuper, prendre en main
agency billings	volume global des contrats (d'une agence)
to enable	permettre
thorough	complet
to summarize	résumer
to carry out	mener (une expérience)
survey	enquête
to emphasize	mettre l'accent sur, insister

XIV. B.1. **Essayez de traduire...**

1. Il nous reste à définir les grands axes de la campagne.
2. L'investissement publicitaire est en France beaucoup moins élevé que dans les pays anglo-saxons.
3. La partie de la population que l'on cherche à atteindre est appelée la « cible ».
4. Les critères qui définissent la cible sont l'occupation professionnelle, le sexe, l'âge, la situation géographique.
5. Ces affiches attirent peut-être le regard, mais elles n'ont toujours pas attiré un seul client.
6. Le « directeur des media » est le cadre responsable de la sélection et de la programmation des supports.
7. Les supports publicitaires sont les moyens par lesquels la publicité atteint les consommateurs ou utilisateurs visés.
8. Patronner une émission de télévision donne tout de même de meilleurs résultats que la distribution des prospectus.
9. En l'occurence, les quotidiens et les hebdomadaires se sont révélés être de meilleurs supports que les panneaux d'affichage.
10. Nous essaierons d'atteindre notre objectif avant Pâques.
11. Une annonce publicitaire doit créer une image que l'audience n'oubliera pas.
12. L'objectif d'un film publicitaire (télévisé) n'est pas de divertir mais de vendre.
13. Un simple changement de titre peut multiplier les ventes par dix.
14. La famille américaine moyenne est, de nos jours, exposée, quotidiennement, à plus de 1.500 messages publicitaires.
15. Il nous faut engager quelqu'un capable d'écrire des textes accrocheurs.
16. La recherche de motivation essaie de relier le comportement aux désirs, émotions et intentions sous-jacents.
17. Presque personne ne prête une attention complète aux émissions publicitaires; presque personne ne les ignore totalement.
18. Les publicitaires consacrent beaucoup de temps et d'argent pour essayer de déterminer si les résultats de tout leurs efforts sont effectifs.

XIV. B.1. **... et contrôlez**

1. We still have to define the main trends of the campaign.
2. Investment in advertising is much smaller in France than in Anglo-Saxon countries.
3. The portion of the population aimed at is called the target.
4. The criteria defining the target are professional occupation, sex, age, geographical area.
5. These posters may be eye-catching, but so far they have failed to attract a single customer.
6. The media director is the executive responsible for the selection and scheduling of advertising media.
7. Advertising media are the means by which advertisements are conveyed to the consumers or users whom they are designed to influence.
8. It must be admitted that sponsoring a T.V. program gives better results than handing out leaflets.
9. In this particular case, dailies and weeklies have proved more effective media than hoardings.
10. We'll try to achieve our objective before Easter.
11. An ad must establish an image that the audience will not forget.
12. The purpose of a commercial is not to entertain but to sell.
13. A mere change of headline can increase sales ten times.
14. The average American family is now exposed to more than 1,500 ads a day.
15. We must hire someone to write aggressive copy.
16. Motivation research attempts to relate behaviour to underlying desires, emotions and intentions.
17. Hardly anybody pays total attention to commercials; hardly anybody totally ignores them.
18. Admen spend a lot of time and energy in trying to determine whether the result of all their effort is effective or not.

XIV. B.2. **An Advertising Agency**

Some advertising agencies are one-man operations. At the other extreme, an agency may have as many as 7,000 employees—the largest one in the U.S.A. does. Basically, an advertising agency carries out the following functions:

1. Plans your advertising.

2. Selects media and contracts for space and time.

3. Prepares the advertising (copy, layouts, and other creative work).

4. Produces finished advertisements in the physical form required by different media.

5. Creates and produces direct-mail pieces and other collateral material.

6. Takes care of record-keeping, accounting, and other details involved in the advertising.

Agencies are paid in four ways:

1. Commission allowed by media.

2. Fees paid by the clients.

3. Service charges on materials and services purchased for the preparation of advertising, such as typesetting, engravings, photostats, photographs, etc.

4. Charges for advertising not involving commissions, such as direct mail.

In dealing with media, an advertising agency is an independent contractor, not an agent for the advertiser in the usual sense of the word agent. If you pay an advertising agency for space or time used in an advertisement and the agency fails to pay the publisher or broadcasting station, you have no further responsibility for it.

(Selecting Advertising Media)
U.S. Government Printing Office

If you aspire to manage an agency, you must accept the fact that you are always going to be travelling on the edge of a precipice (David Ogilvy).

XIV. B.2. **Une agence de publicité**

Certaines agences de publicité sont des entreprises individuelles. A l'autre extrême, d'autres peuvent employer jusqu'à 7 000 personnes — ce qui est le cas de la plus grande d'entre elles aux U.S.A.

Fondamentalement, une agence effectue les fonctions suivantes :

1. Elle planifie votre publicité.

2. Elle sélectionne les supports et prend des contrats pour l'espace et les tranches horaires.

3. Elle prépare la campagne (texte, maquette et autre travail de création).

4. Elle produit les annonces achevées sous la forme matérielle requise par les différents media.

5. Elle crée et produit des éléments de publicité postale et autres matériaux complémentaires.

6. Elle s'occupe de l'archivage, de la tenue des comptes et autres détails qu'entraîne la campagne.

Les agences sont payées de quatre manières :

1. Par une commission accordée par les media.

2. Par des honoraires payés par les clients.

3. Par des frais sur les matériaux et services achetés pour la préparation de la campagne, tels que composition, gravure, cliché, photocopies, photographies, etc.

4. Par des frais pour une publicité n'entraînant pas de commissions comme la publicité par correspondance.

Lorsqu'elle traite avec les media, une agence de publicité est un entrepreneur indépendant, non un agent pour l'annonceur au sens habituel du mot agent. Si vous payez une agence pour un espace ou une tranche horaire utilisés pour une annonce et que l'agence manque au paiement de l'éditeur ou de la station de télévision, vous n'êtes plus responsable.

Si l'on souhaite diriger une agence, on doit accepter le fait que l'on va toujours voyager au bord du précipice.

XIV. B.3. **Markets and media**

There are local markets, regional markets, national markets. There are male and female markets, There is an upper-class market, a middle-class market, a lower-class market. There are urban, rural, and suburban markets. There are old-folks markets, middle-age markets, young-married markets, teen-age markets, children's markets. And, of course, there are the markets segregated by common interests: the home-furnishings-and-decorations market, the sports-car market, the high-fidelity market, the baby-products market, the gourmet market, the fashion market. To reach these many markets there are many media, some 1,750 daily newpapers, 450 television and 3,300 radio broadcasting stations, 600 consumer magazines, 325,000 billboards, and several million car cards in vehicles of public transportation. Only the blind and deaf or utterly comatose (who rarely spend much money anyway, or some method would be found to reach them) can avoid daily contact with advertising media. The advertiser's problem is one of selection.

In no other area of his work does the advertising man find so much information, so much apparently logical basis for his decisions. Circulation and audience figures, combined with rate cards, give a 'cost per thousand' figure, which tells the advertiser how much he must spend to put his message before a thousand people by the use of this particular medium. Breakdowns of the circulation number enable the advertiser to compare his sales in a market to the circulation delivered in that market by each advertising medium. Often a medium will even deliver an analysis of the brand preferences, economic status, personal habits and psychological quirks of its audience, which the manufacturer can then compare with the characteristics of the people who buy his product. And yet, media buying remains as personal a matter as anything else in advertising...

'Anybody who tells you that media buying is entirely scientific,' says senior vice-president Jim McCaffrey of David Olgivy's agency, 'is either a liar or a coward.'

Martin Mayer, *Madison Avenue*.

XIV. B.3. **Marchés et media**

Il y a des marchés locaux, régionaux ou nationaux. Il y a des marchés féminins et des marchés masculins. Il y a le marché de la haute bourgeoisie, celui de la classe moyenne et de la classe ouvrière. Il y a un marché rural et un marché citadin, et un marché de la banlieue. Il y a les marchés du troisième âge, des gens d'âge moyen, des jeunes mariés, des adolescents et des enfants. En dehors de cela, il y a évidemment les marchés s'organisant autour d'intérêts communs : le marché de la décoration et de l'aménagement de la maison, de la voiture de sport, de la haute fidélité, des produits pour bébés, des produits gastronomiques, de la haute couture. Pour atteindre ces cibles, il existe de nombreux media : environ 1 750 quotidiens, 450 chaînes de télévision, et 3 300 stations de radio, 600 magazines de consommateurs, 325 000 panneaux publicitaires, et plusieurs millions d'emplacements réservés à la publicité dans les véhicules des transports en commun. Seuls les sourds, les aveugles ou les comateux profonds (qui dépensent rarement beaucoup d'argent de toutes façons, ou alors il y a longtemps que l'on aurait trouvé un moyen de les atteindre !) peuvent éviter le contact quotidien avec les supports publicitaires.

Le problème de l'annonceur est un problème de sélection.

Dans aucune autre partie de son domaine, le publicitaire ne trouvera autant d'information ni autant de raisons, logiques semble-t-il, de se décider. Les chiffres de diffusion et d'audience, combinés avec des cartes de tarifs lui donnent un « coût par mille », qui le renseigne sur la somme qu'il aura à débourser pour transmettre son annonce à mille personnes, par l'intermédiaire d'un medium particulier. L'analyse détaillée des chiffres de diffusion permettent à l'annonceur de comparer ses ventes sur un marché par rapport à la diffusion réalisée sur ce marché par chacun de ces media. Un media peut souvent donner une analyse des préférences de marques, du niveau économique, des habitudes et des particularités psychologiques de son public, que le fabricant peut comparer avec les caractéristiques de ses clients. Et pourtant, le choix d'un media reste une question essentiellement personnelle, comme tout le reste dans la publicité d'ailleurs...

« Quiconque vous dira que le choix d'un medium répond à des données scientifiques », nous dit Jim McCaffrey, le vice-président de l'agence David Ogilvy, « est un peureux ou un menteur ».

Martin Mayer, *Madison Avenue.*

XIV. B.4. **Mail order advertising**

In 1923, when Claude Hopkins was president of Lord & Thomas, he wrote—a 20,000-word book, published under the title *Scientific Advertising*. The book began with the words: 'The time has come when advertising in some hands has reached the status of a science.' In 1952, Hopkins' book was republished under the auspices of market researcher Alfred Politz, who was a physicist before he was a salesman and does not loosely throw around the word 'scientific'. 'Within the area he covered, Politz wrote, his measurements were absolutely valid. To determine the value of advertising, he took as his standard of measurement, *sales*—'the only accurate measuring rod.'

The area Hopkins covered was mail-order advertising, the fundament on which the entire structure of the business had been raised. It was mail order which demonstrated to sceptical manufacturers that it really paid to advertise: you could see the results. You put your ad in the paper, telling people to clip the coupon and send it in with a dollar if they wanted the advertised product. Then you counted the arriving coupons and dollars, subtracted the costs of manufacturing, shipping, and advertising, and banked your profit. Or put it into more advertising.

Returns from mail-order ads could obviously be used to test the relative value of two different advertisements for the same product: if ad A drew 4,000 coupons and 4,000 dollars, while ad B drew 8,000 coupons and 8,000 dollars, then ad B was clearly the better selling message. Eventually this testing became refined to the point where only one element of the ad—the wording of the headline or the placement of the coupon or the size of the type—would be tested at a time. After all elements had been tested, a final advertisement would be prepared and run for as long as replies and dollars kept coming in.

Martin Mayer, *Madison Avenue*.

XIV. B.4. **Publicité dans les revues**

En 1923, à l'époque où il était Président de Lord and Thomas, Claude Hopkins écrivit un livre de 20 000 mots, publié sous le titre « Une publicité scientifique ». Le livre commençait par ces mots : « Nous sommes arrivés à une période où, dans certaines mains, la publicité a atteint au statut d'une science ». En 1952, le livre de Hopkins fut réédité sous les auspices d'Alfred Politz, spécialiste de recherches de marché, qui fut physicien avant de s'occuper de ventes, et qui ne distribue pas la qualification de « scientifique » à tort et à travers. Dans le domaine dont il s'occupait, écrit Politz, « ses mesures (appréciations) étaient parfaitement valables. Pour déterminer la valeur de la publicité, il a utilisé comme étalon de mesure la vente, le seul étalon de mesure exact ».

Le domaine dont s'occupait Hopkins était la publicité dans les journaux et revues[1], base sur laquelle repose la structure toute entière de la publicité. C'est la vente par correspondance qui a prouvé aux industriels sceptiques que ça payait vraiment de faire de la publicité : on voyait les résultats. On fait passer une publicité dans le journal en demandant aux gens de détacher un coupon, et de le renvoyer, avec un dollar, s'ils sont intéressés par le produit recommandé. On compte ensuite le nombre de coupons et de dollars, on soustrait le coût de fabrication, d'envoi et de publicité, et on met le bénéfice à la banque ; ou bien on le réinvestit dans une publicité plus importante.

Les réponses provenant des annonces de vente par correspondance peuvent évidemment également être utilisées pour tester la valeur de deux publicités pour un même produit : si on renvoie 4 000 coupons et 4 000 dollars pour une publicité A, et 8 000 coupons et 8 000 dollars pour une publicité B, il est bien évident que B est le meilleur message de vente. A la fin, ce test était tellement au point qu'on ne testait qu'un seul élément de l'annonce à la fois, le libellé du titre, l'emplacement du coupon ou la dimension des caractères. Après que tous les éléments aient été testés, l'annonce finale était composée, et paraissait aussi longtemps que les réponses et les dollars continuaient de rentrer.

---

(1) *mail order advertising :* publicité dans journaux et revues, avec insertion d'un coupon et d'un bon de commande. Ce coupon est destiné à être détaché et expédié par l'acheteur *(couponing)*.
mail order selling : vente par correspondance (commande d'après catalogue par la poste).
mail order house : entreprise de vente par correspondance.
mailing : envoi de documents publicitaires, etc. à une liste de personnes (clients potentiels), en général d'après fichier.

XIV. B.5. **Vocabulary** (1)

A.A.A. (American Academy of Advertising)	
A.A.A.A. (4 A's) American Association of Advertising Agencies	
A.B.C. (1) (American Broadcasting Co)	chaîne de T.V. américaine
A.B.C. (2): Audit Bureau of Circulation (U.S.)	office de justification de la diffusion
account	client, compte, budget
to advertise	faire de la publicité
advertisement, ad.	annonce publicitaire, petite annonce, réclame
adman	publicitaire
advertising	la publicité, la réclame
advertising account	budget de publicité
• agency	• agence de publicité
• budget	• budget de publicité
• campaign	• campagne publicitaire
• charges	• dépenses publicitaires
• columnists	• journalistes en publicité
• costs (expenses)	• frais de publicité
• department	• service de publicité
• executive, contact	• chef de publicité dans une agence
• film (spot)	• film publicitaire
• manager	• chef de publicité (chez le client) directeur de la publicité
• media	• supports publicitaires
• pillar	• colonne Morris
• tates	• tarifs publicitaires
• space	• emplacement réservé à la publicité
agate line	mesure américaine équivalent à la ligne de 5 points
age group	classe d'âge
agony column	courrier du cœur

(1) Vocabulaire media, 2e partie de J à Z voir XV. B.5.

XIV. B.5. **Vocabulary**

A.M. (amplitude modulation)	modulation d'amplitude
A.N.G. (American Newspaper Guild)	syndicat de presse U.S.
animated cartoon	dessin animé
announcer	présentateur, animateur
A.N.P.A. (American Newspaper Publisher Association)	Association américaine des éditions de journaux
A.P.: Associated Press	agence de presse U.S.
applause mail	courrier des auditeurs
art director	directeur artistique
art mat paper	papier couché mat
A.S.N.E. (American Society of Newspaper Editors)	
attractive	séduisant
audience	public
awards	récompenses, prix
background	fond
backpage	la dernière page
bargain sale	vente en solde
B.B.C. (British Broadcasting Company)	
bill	facture
bill board	panneau d'affichage
bill poster	affiche
bill posting	affichage
bill posting contractor	entrepreneur d'affichage
billing	volume global des contrats passés
blind test	expérience « les yeux bandés »
block	cliché
bold face type	caractère gras
to boost	gonfler, faire du battage
border	cadre
box-top offer (U.S.)	offre, réclame (sur emballage)
brand (image)	(image de) marque
breakthrough	percée
B.R.I. (Brand Rating Index) (U.S.)	système d'évaluation des supports aux U.S.A.
brief	exposé, brief, briefing
broadcast advertising	publicité à la radio ou à la T.V.

XIV. B.5. **Vocabulary**

brochure, booklet	brochure
business reply card	carte-réponse
buying of space, space buyer	achat, acheteur d'espace
buying of time, time buyer	achat, acheteur de temps
campaign	campagne
canvassing	démarche à domicile
caption	légende, sous-titre
cartridge	cartouche
catalogue, catalog (U.S.)	catalogue
catch line	formule
catchy	facile à retenir
C.A.T.V. (Community Antenna Television System), cable T.V.	télévision par câbles
C.B.S. (Columbia Broadcasting System)	chaîne de T.V. américaine
C.C.T.V. (Closed Circuit Television)	télévision en circuit fermé
censorship	censure
channel	canal, chaîne (T.V.)
charts, line-charts	graphiques, courbes
chief editor	rédacteur en chef
circular (letter)	circulaire
circulation (= number sold)	diffusion (nombre vendu)
classified advertisements	petites annonces
clearance-sale	vente en liquidation
closing-date	date limite
coated paper	papier couché
column	colonne
column width	largeur d'une colonne ou justification
comics	illustrés
comic-strip	bande dessinée
commercial designer	dessinateur publicitaire
commercials	émissions, films publicitaires
company newspaper	revue d'entreprise
complete voucher copy	justificatif (de l'exemplaire complet)
complimentary subscription	abonnement gracieux
consumer acceptance	faveur du public
consumer advertising	publicité aux consommateurs
control room	régie (T.V.)
co-operative advertising	publicité collective

XIV. B.5. **Vocabulary**

copy	texte ; publicité rédactionnelle
copy of a paper	numéro ou spécimen d'un journal
copyright	dépôt légal ; droit d'auteur
copy testing	test de messages publicitaires
copy-writer	rédacteur-concepteur publicitaire
correspondence column	courrier des lecteurs
counter display	présentoir de comptoir
cover	couverture
coverage	rayonnement, couverture
cross-heads	sous-titres
C.U. (closed-up)	gros plan
customer-catching techniques	techniques pour attirer les clients
cut	cliché
daily paper	journal quotidien
deadline	date limite
to deal with	traiter de
depth interview	entretien en profondeur ou « non directif »
depth prober	psychologue utilisé en recherche de motivation
desires, drives	besoins, tendances
diagrams	diagrammes
direct advertising	publicité directe
direct-mail advertising	publicité postale, « mailing »
to display, display	présenter, présentation
display stand	présentoir
D.M.A.A. (Direct Mail Advertising Association)	
dolly	camion ou plate-forme mobile pour caméra
dubbing	doublage
dummy	maquette, mise en pages
to edit	faire un montage
editor	rédacteur ; monteur
editorial	éditorial
editorial advertising	publicité rédactionnelle
editorial matter	texte rédactionnel

XIV. B.5. **Vocabulary**

electric sign	enseigne lumineuse
electric spectacular	enseigne lumineuse animée
endorsement	approbation
engraving	gravure cliché
enlargement	agrandissement
to entice into buying	pousser à l'achat
entry form	formulaire d'inscription (pour concours)
estimate	devis
exposure	exposition
eye stopper	qui attire le regard
F.C.C. (U.S.) (Federal Communications Commission)	
to feature an event	présenter un événement
features	articles de fond
featuring...	avec la participation de...
field interviewing	enquête sur place
film library	cinémathèque
flashing sign	enseigne à éclipse
flashy	voyant, tapageur
Fleet Street	centre du journalisme à Londres
F.M. (frequency modulation)	modulation de fréquence
folder	dépliant
follow-up advertisement	publicité de rappel
follow-up letter	lettre de rappel
forms close	date limite
frame	cadre
free lance journalist	journaliste indépendant, pigiste
front page	première page
galley proof	épreuve à la brosse
get-up	présentation
give-away	cadeau publicitaire
to give (a product, a brand) an edge over competitors	donner l'avantage sur d'autres produits
glazed paper	papier surglacé
glossy print proof	épreuve sur papier couché
gossip	potin
graphs	courbes
half tone	simili
handbill	prospectus

XIV. B.5. **Vocabulary**

head, heading, headline	titre, manchette
headphone	écouteur, casque
height	hauteur
help wanted	offre d'emploi
hoardings	palissades, panneaux d'affichages
hoarding site	emplacement d'affichage
house organ	journal d'entreprise
I.A.P.A. (International American Press Association)	
illuminated advertising	publicité lumineuse
incentive	stimulant
inch	25 mm ou 14 lignes agate (typ.)
income groups	tranches de revenus
to inflate an event	grossir un événement
in line shaded	encadré
insert	encart
to insert an ad	mettre une annonce
insertion order	ordre d'insertion
institutional advertising	publicité institutionnelle (de prestige)
to introduce an article	lancer un produit
introductory advertising	publicité de lancement
investigation	enquête
issue	problème ; numéro d'un journal
I.T.A. (G.B.) (Independent Television Authority)	station de T.V. (G.-B.)

Suite **J** à **Z** : XV. B.4., p. 331.

XV.

Business file fifteen

Preparing the campaign

Préparation de la campagne

A. Situations

A.1. Media Selection
A.2. A T.V. Commercial
A.3. Posters and Catch Phrases
A.4. A Public Relations operation
A.5. Open House

B. Records

B.1. Key Sentences
B.2. Media
B.3. Vocabulary - Revision - Media
B.4. Vocabulary - (Media 2e partie : J-Z)

XV. A.

Storyline

The approach recommended by the agency has been accepted by Global Tools.

A.B.I. prepares the ads and starts production. The Campaign starts with a combined [kembaind] use of newspapers, magazines, radio, T.V. and posters. Then Public Relations come into the picture.

Résumé

L'approche recommandée par l'agence a été acceptée par Global Tools.

L'agence A.B.I. prépare les annonces et commence la production. La campagne démarre avec une utilisation combinée des journaux, des magazines, de la radio, de la télévision et d'affiches. Puis les relations publiques entrent en scène.

XV. A.1. **Media selection**

Under the direction of Mark Nathan (from A.B.I.), who is now in charge of the Superfast account, the advertising campaign gets under way through the joint efforts of Agatha Langdon, Creative Director and of Hugh Harris, Media Director.

H. Harris, who has analyzed the media and whose recommendations have been approved by Marc Nathan, selects the most appropriate time-periods on Radio and Television.

• The radio messages [mèsidjiz] will be broadcast during—the morning and evening driving hours (7 a.m. to 9 a.m./5 p.m. to 7 p.m.). The target [ta:git] is the executive, driving to his job or coming back from it, listening to radio and caught in a traffic jam [djam].

• The T.V. spots will be programmed for prime time on Fridays and Saturdays, at 8,30 p.m., and are aimed at a broader target.

He also books spaces for posters and car-cards (on buses) Finally, a number of magazines are selected which aim more directly at women audiences.

Meanwhile, Agatha Langdon gathers a team of copywriters, artists and photographers, to prepare catch-phrases and texts for radio and television spots, as well as drawings and photographs for the newspapers and magazines.

XV. A.2. **Posters and catch phrases**

● Posters show cyclists ahead of traffic jams
(Superfast will get you out of the jam
and keep you fit)
or miserable pedestrians missing their bus
(Superfast never lets you down
and keeps you fit)

The consumer istn't a moron; she is your wife (David Ogilvy).

XV. A.1. **Sélection des media**

Sous la direction de Marc Nathan (d'A.B.I.) qui a maintenant la responsabilité du budget Superfast, la campagne de publicité se prépare avec les efforts conjugués d'Agatha Langdon, directrice de création et de Hugues Harris, directeur des media. H. Harris qui a analysé les media et dont les recommandations ont été approuvées par Marc Nathan, sélectionne les tranches horaires les plus appropriées à la radio et à la télévision.

- Les messages radio seront diffusés au cours des heures de conduite du soir (7 h à 9 h et 17 h à 19 h). La cible est le cadre qui va en voiture à son travail ou en revient, écoutant la radio, (pris) dans un embouteillage.

- Les spots T.V. seront programmés au cours des heures de grande écoute les vendredi et samedi à 20 h 30 et visent une cible plus large.

Il retient également des espaces pour affiches et affichettes (sur autobus). Finalement, sont sélectionnés un certain nombre de magazines qui visent plus directement un public féminin.

Agatha Langdon rassemble pendant ce temps une équipe de rédacteurs, d'artistes et de photographes pour préparer des slogans et des textes pour les messages radio et les spots T.V., ainsi que des dessins et des photographies pour les journaux et les magazines.

a.m.; p.m.: **avant-midi (lat. : ante meridien) ; après-midi (lat. : post meridien).**

XV. A.2. **Affiches et slogans**

- Des affiches montrent des cyclistes devançant des embouteillages

(Superfast vous tire de là — de l'embarras —
et vous maintient en forme)

ou bien de malheureux piétons manquant leur autobus

(Superfast ne vous laisse jamais tomber
et vous maintient en forme)

Le consommateur n'est pas un imbécile; c'est votre femme (David Ogilvy).

XV. A.2. **Posters and catch phrases** (continued)

- Catch phrases appear in the press:
  - Superfast: the economy ride
  - There's nothing cheap about our bike except its price!
  - You'll love that machine...
  - Ride on top with Superfast!
  - Your health is our overriding concern
  - We all need recycling...
  - Superfast gives you a free ride!

XV. A.3. **A T.V. commercial**

"The Superfast story"

On the screen two young shortand typists are chatting in their office while someone can be heard approaching in the adjoining room.

Janet: *(Watching the clock)* You know Mary, the boss is no longer late...

Mary: ... He's been on time for a week since he gave up driving.

J. ... He looks fitter and thinner.

M. ... No wonder, he bought that new automatic bike!

J. ... Well he might even end up arriving before us!

Jingle (Image of a slim boss cycling [s**aï**klin*] *joyfully among jammed drivers, fading* [f**éï**din*] *into an unpleasantly crammed underground carriage where Janet and Mary are standing looking at their watches)*

M. *(Feeling her waist and hips thoughtfully)* [s***o**:tfouli] ... Unless we started riding an automatic bike too...

Same jingle again (The image fades into a slim and joyful pair of young girls riding their bikes along Hyde Park)

Voice over: Keep Fit, save money
with Superfast
the bicycle that changes gears
automatically.

The headline is the most important element in most advertisements (David Ogilvy).

XV. A.3. **Affiches et slogans** (suite)

- Des slogans apparaissent dans la presse :
  - Superfast : la course à l'économie.
  - Il n'y a rien de bon marché dans notre bicyclette sauf son prix !
  - Vous aimerez cette machine...
  - Roulez en tête avec Superfast !
  - Nous roulons pour votre santé.
  - Nous avons tous besoin de nous recycler...
  - Superfast roule pour vous !

XV. A.2. **Un film de télévision publicitaire**

« L'histoire de Superfast »
Sur l'écran deux jeunes sténo-dactylos bavardent dans leur bureau tandis que l'on peut entendre quelqu'un approcher dans la pièce attenante.
J. (regardant l'horloge) Tu sais Marie, le patron n'est plus en retard...
M. ... ça va faire une semaine qu'il est à l'heure depuis qu'il a arrêté de conduire.
J. ... Il a l'air plus mince et plus en forme.
M. ... Pas étonnant, il a acheté cette nouvelle bicyclette automatique !
J. ... Ma foi il pourrait même finir par arriver avant nous !
Indicatif sonore (image d'un patron élancé pédalant joyeusement au milieu d'automobilistes embouteillés, se fondant en celle d'une voiture de métropolitain bondée ou Janette et Marie sont debout regardant leur montre).
M. *(Se tâtant, pensivement, la taille et les hanches.)*
... à moins que nous ne nous mettions à faire de la bicyclette automatique également...
Même indicatif sonore à nouveau (fondu enchaîné sur deux jeunes filles élancées chevauchant joyeusement leurs bicyclettes le long de Hyde Park).
Commentaire : Restez en forme et gagnez du temps
Économisez de l'argent
Grâce à Superfast,
La bicyclette qui change de vitesses
automatiquement.

***Le titre (la manchette) est l'élément le plus important dans la plupart des annonces* (David Ogilvy).**

XV. A.4. **Public Relations**

Mark Nathan suggests that David Lavelle reinforce the campaign by a Public Relations programme.
During a meeting between John Carmino, Public Relations officer at Global Tools, Mark Nathan and David Lavelle, it is decided:

1. To sponsor a series [sieriz] of conferences and debates [dibéïts] on the preservation of the environment and the saving of energy. Personalities involved in these problems and known for being keen on cycling will be invited (at the company's expense). This job will be handled by the Public Relations Firm, KEEL & HOWLTON.
2. To conduct an 'Open house' at Global Tools. John Carmino will be in charge of the operation.

The first debate, 'The saving of energy' is widely attended by the press; a cocktail party is offered at the Sherylton Hotel. The guest of honour is Professor Sam Yuleson, an American specialist in economics, who is lecturing throughout Europe and has just arrived from Paris. He is accompanied by a free-lance journalist, Alan Clark, who is approached by an agent from KEEL & HOWLTON—Alan Clark agrees to write an editorial feature which will be published in the press:

"PROFESSOR SAM YULESON RIDING THE ECONOMIC CYCLE"

From our correspondent. Paris, June 19...
"We've all got to realize we've come to the end of an era. *No amount of back pedaling will alter the economic facts. We must change gears and ride into the future* [fiou:tche], Professor Sam Yuleson said in a speech at the University of Paris XXXVII. To the surprise and delight of his audience, the professor, looking remarkably slim and fit in his riding shorts, had arrived on time while the rest of the officials [efichelz] were hopelessly held up by the traffic. Warning that inflation can *destroy our countries, our homes, our liberties...*, Professor Sam Yuleson added that the economic cycle..."

XV. A.4. **Relations publiques**

Marc Nathan suggère à David Lavelle de renforcer la campagne par un programme de relations publiques.

Au cours d'une réunion entre J.C., chargé des relations publiques à la G.T., M.N. et D.L., il est décidé :

1. De patronner une série de conférences et de débats sur la préservation de l'environnement et l'économie de l'énergie. Des personnalités préoccupées par ces problèmes et connues pour être ferventes de cyclisme seront invitées (aux frais de la société). Ce travail sera pris en main par la société de R.P. K. & H.

2. De mener une opération « portes ouvertes » à la G.T. John C. aura la responsabilité de l'opération.

Le premier débat, « l'économie d'énergie », est largement suivi[1] par la presse ; un cocktail est offert à l'hôtel Sherylton. L'invité d'honneur est le professeur Sam Yuleson, un spécialiste américain de l'économie qui fait une série de conférences à travers l'Europe et qui vient d'arriver de Paris. Il est accompagné d'un journaliste indépendant, Alan Clark, qui est contacté par un agent de K. & H. — Alan C. accepte d'écrire un article qui sera publié dans la presse.

« LE PROFESSEUR SAM YULESON ENFOURCHE LE CYCLE ÉCONOMIQUE »

De notre correspondant. Paris, juin 19...

« Il faut nous rendre compte que nous arrivons à la fin d'une époque. Aucun retour en arrière ne modifiera la réalité économique. *Nous devons changer de vitesse et foncer vers l'avenir,* a déclaré le professeur Sam Yuleson au cours d'un discours à l'Université de Paris 37. A la surprise admirative de son auditoire, le professeur, remarquablement mince et en forme dans sa culotte de cycliste était arrivé à l'heure tandis que le reste des invités officiels était bloqué[2] sans espoir par la circulation. Prévenant que l'inflation peut *détruire nos pays, nos foyers, nos libertés,* le professeur S.Y. ajouta que le cycle économique... »

---

(1) *to attend :* assister, suivre (une conférence, etc.) ; *to —to sth* = s'occuper de qch.

(2) *to hold up :* bloquer, entraver.

XV. A.5. **Open house**

Public Relations: Any communication created primarily to build prestige or goodwill for an individual or an organisation.

John Carmino prepares an "open house" at Global Tools and draws up a working checklist. The objective is to create an "event" around "Superfast" and also to show how quality is built into the product.

1. Prepare, print and mail invitations (return post-card to plan attendance).
2. Display signs for tour areas.
3. Arrangement with caterers [k**éï**terez] (refreshments, serving facilities.)
4. Party tent and folding tables).
5. Parking; get on-duty policemen.
6. Traffic directions at highway entrance to plant.
7. First aid room. Hostesses.
8. Supervisors [s**iou**pevaïzez] to attend to people and guide them through departments. (Prepare badges [b**a**djiz] (and name list).
9. Designate "off limits" areas in plant.
10. Thorough plant housecleaning.
11. Public address system playing F.M. music.
12. Product displays.
13. Contest (with prize) to be organized on the plant grounds.
14. Gifts (bags "Welcome to Global Tools" with souvenir booklets on cycling and company history).
15. Policy for paying overtime to on-duty employees.
16. Check with other local events to avoid duplication.
17. Prepare press kit; invite local press representatives of business papers, photographer for company publication and press coverage.
18. Communications coordination (Rent 4 walkie-talkies).
19. Dismantling of display and cleaning of plant.
20. Insurance. All guests and employees fully covered by insurance during open house.

XV. A.5. **Opération « portes ouvertes »**

Relations publiques : **toute communication créée principalement pour établir le prestige ou la clientèle d'un individu ou d'un organisme.**

John Carmino prépare une opération « portes ouvertes » chez G.T. et rédige un plan de travail point par point. L'objectif est de « créer un événement » autour de Superfast et aussi de montrer comment la qualité s'incorpore au produit.

1. Préparer, imprimer et poster les invitations (coupon-réponse pour prévoir le nombre des visiteurs).
2. Flécher les secteurs visités.
3. Prendre dispositions avec traiteurs (rafraîchissements, serveurs).
4. Tente-abri (et tables pliantes).
5. Parc à voitures, service d'ordre.
6. Signalisation et fléchage sur route d'accès à l'usine.
7. Salle de premiers secours, hôtesses.
8. Contrôleurs s'occupant du public pour le guider à travers les services. Préparer les macarons et la liste des invités.
9. Déterminer les zones hors visite dans l'entreprise.
10. Nettoyage complet de l'usine.
11. Système d'annonces au public avec diffusion de musique en M.F.
12. Exposition des produits.
13. Concours (doté de prix) organisé sur le terrain de l'usine.
14. Cadeaux (sacs Global Tools avec brochures souvenir sur la bicyclette et l'histoire de la société).
15. Principe de dédommagement des heures supplémentaires faites par le personnel en service.
16. Vérifier s'il n'y a pas de double-emploi avec d'autres manifestations locales.
17. Préparer un dossier de presse ; inviter presse locale, des représentants de la presse économique, un photographe pour le journal (d'entreprise) et le reportage (la couverture presse).
18. Coordination des communications (louer quatre émetteurs-récepteurs de poches).
19. Démontage des expositions et nettoyage de l'usine.
20. Assurance. Tous les invités et le personnel doivent être totalement assurés pendant l'opération « portes ouvertes ».

XV. B.1. **Essayez de traduire...**

1. Michel ne boit pas de la bière Guinness parce que la publicité lui dit de le faire, mais parce que cela lui fait du bien.
2. Tout ce qui concerne la publicité ressemble au langage de la guerre.
3. On entend parler de campagne, d'opérations, de stratégie et de cible.
4. Une bonne annonce vend le produit sans attirer l'attention sur elle-même.
5. Personne ne sait vraiment ce qui fait qu'un film publicitaire est un succès énorme ou un échec.
6. Cependant on entreprend des tests pour déterminer ce qui devrait marcher pour un client ou un produit particulier.
7. Les publicitaires vont même jusqu'à mesurer le niveau de transpiration (et ainsi de l'intérêt...) de volontaires, au moyen d'électrodes fixées sur leurs mains.
8. Ou bien ils observent la dilatation de la pupille de spectateurs observant un film publicitaire test.
9. Les tarifs publicitaires sont calculés selon leur prix de revient pour 1 000 lecteurs.
10. Si quelqu'un se saisit d'une revue contenant une certaine annonce il a eu ce que les publicitaires appellent une « occasion de voir ».
11. Chaque annonceur achètera le support qui lui fournira le plus grand pourcentage de gens qui feront l'acquisition de son produit.
12. On estime que l'adulte américain moyen passe 32 minutes par jour à lire un journal (une moyenne de 9 à 10.000 mots).
13. La télévision fonctionne en moyenne près de 6 heures et demie par jour dans chaque foyer américain.
14. Aussi on estime que l'américain moyen, entre sa deuxième et soixante-cinquième année, regarde la télévision plus de 3.000 jours (soit, en gros, 9 ans de son existence).
15. Les deux mots les plus efficaces que vous pouvez utiliser dans un titre sont *gratuit* et *nouveau*. On peut rarement utiliser gratuit mais presque toujours nouveau (David Ogilvy).
16. Selon un dirigeant d'un gros constructeur automobile, les voitures se vendent plus pour leur image ou valeur symbolique que comme moyen de transport.

XV. B.1. **... et contrôlez**

1. Michael doesn't drink Guinness because the ads tell him to, but because it's good for him.
2. Everything to do with advertising looks like the language of war.
3. You can hear of campaign, operations, strategy and targets.
4. A good advertisement sells the product without drawing attention to itself.
5. No one really knows what causes one commercial to be a huge success or a flop.
6. However tests are undertaken to determine what should work for a particular product or client.
7. Admen go so far as measuring the perspiration level (and thus interest) on volunteers through electrodes clamped to their hands.
8. Or they record the dilation of the viewers's pupils as they watch test commercials.
9. Advertising rates are calculated upon the cost per thousand readers (C.P.T.).
10. If someone picks up a magazine containing a certain advertisement he has had what admen call 'an opportunity to see' (O.T.S.) or 'exposure'.
11. Each advertiser will buy the medium which provides him with the largest percentage of people who purchase his product.
12. The average U.S. adult is estimated to spend thirty-two minutes a day reading a newspaper—an average of nine to ten thousand words.
13. Television is tuned on during 6 1/2 hours a day in the average American home.
14. It is assumed that the average American, between 2 and 65, watches television during more than 3,000 days (roughly 9 years of his life time).
15. The two most powerful words you can use in a headline are *free* and *new*. You can seldom use free, but you can almost always use new (David Ogilvy).
16. According to a big car manufacturer executive, vehicles are sold more for their image or symbolic value than as a means of transportation.

XV. B.2. **Media**

A Printed advertising media

- Direct advertising: handed out or distributed.
- Direct-mail advertising: sent through the post.

Material used: leaflet, postal-card, catalogue, folder, booklet, house organ (or company publication).

- Publication advertising: 1. Newspapers (Morning, Evening and Sunday editions; Daily, Weekly newspaper supplement). 2. Magazines: ■ Consumer magazines (general and special interest) ■ Business publications: —professional magazine, trade magazine—institutional magazines—general business publications.

B Broadcast media

In the U.S.A., the majority of radio and television programs are sponsored by advertisers. In Britain radio is a monopoly of a semi-governmental corporation: the B.B.C. (British Broadcasting Corporation). The British advertiser has to operate through one of the commercial stations based on the Continent, but for T.V. advertisements he may use the services of the I.T.V. (Independent Television).

C Outdoors advertising

- Posters, painted walls, multivision signs, roadside signs, car cards (on public transportation vehicles).

D Other media

- *Film advertising:* movie watchers are a captive audience. The ads, from 40 to 60 seconds long, appear on the screen between feature pictures and news.
- *Point of sale* (G.B.) or *point of purchase* (U.S.) advertising: window display—merchandises rack.
- *Miscellaneous:* many kinds of articles can be used; for instance, classified by place of use:

■ wall (calendars) ■ desk (ashtrays, paperweights) ■ pocket (pens, combs, memo books, etc.) ■ home (kitchen gadgets, etc.).

- *Directories;* with them you reach people who have already decided what to buy; they want to know where to buy it.

XV. B.2. **Supports, media**

A Supports publicitaires imprimés

- Publicité directe : remise à la main ou distribuée.
- Publicité par correspondance : envoyée par la poste.
  Matériaux utilisés : prospectus, cartes postale, catalogues, dépliants, livrets ou fascicules, journaux d'entreprises.
- Publicité presse : 1. Journaux (éditions du matin, du soir et du dimanche ; quotidiens, suppléments hebdomadaires). 2. Périodiques : ■ magazines de consommateurs (d'intérêt particulier ou général) ; ■ publications professionnelles (revues professionnelles, revues institutionnelles, magazines généraux sur les affaires).

B Supports radio-télévisés

Aux U.S.A. la majorité des programmes de radio et de télévision sont commandités par des annonceurs. En Grande-Bretagne, la radio est le monopole d'une corporation semi-gouvernementale, la B.B.C. L'annonceur britannique doit opérer à travers l'une des stations de radio privées situées sur le continent, mais en ce qui concerne les annonces télévisées, il peut utiliser les services de l'I.T.V.

C Publicité à l'extérieur

- Affiches, murs peints, panneaux multivision, panneaux routiers, affichettes sur véhicules (sur les moyens de transport en commun).

D Autres supports

- *Publicité cinéma :* les spectateurs de cinéma constituent un public captif. Les annonces, longues de 40 à 60 secondes, apparaissent sur l'écran entre le long métrage et les actualités.
- *Publicité sur le point de vente :* étalage en vitrine, présentoir.
- *Divers :* de nombreuses sortes d'articles peuvent être utilisées ; par exemple, classés par emplacement d'utilisation : ■ mur (calendriers) ■ bureau (cendriers, presse-livres ■ poche (stylos, peignes, carnets, etc.) ■ maison (gadgets de cuisine).
- *Annuaires :* avec eux on peut atteindre les gens qui ont déjà décidé quoi acheter ; ils veulent savoir où l'acheter.

XV. B.3. **Vocabulary** (revision)

A.1.

account	budget (publicité)
to broadcast	(radio)diffuser
target	cible
a jam	un embouteillage
prime time	heure de grande écoute
to aim	viser
car-card	affichette (apposée sur véhicule)
copy-writer	rédacteur publicitaire
catch-phrases	slogans
drawings	dessins

A.2.3.

screen	écran
to chat	bavarder
fit	en forme
thin	mince
to fade	se fondre en ; *fade in, out:* fondu enchaîné
slim	élancé
bike	abr. = *bicycle*
to let s.o. down	laisser tomber quelqu'un
overriding	principal, ce qu'il y a de plus important

A.4.

to sponsor	patronner, commanditer
savings, to save	économies, économiser
to be keen on	être fervent de, amateur de,
expense	frais
to attend	assister à
to lecture	donner une conférence
free-lance (journalist)	journaliste indépendant
to realize	se rendre compte
to be held up	être bloqué

A.5.

open house	opération portes ouvertes
event	événement
thorough	complet
plant	usine
overtime	heures supplémentaires

XV. B.4. **Vocabulaire** (2)

jingle	jingle (message publicitaire présenté sous forme de chanson), indicatif sonore
to justify	justifier
key audience	audience principale
key number	nombre-clé
label	étiquette, « label »
lapel microphone	micro-cravate
lay-out	mise en page, maquette
leading article	article de fond
leaflet	prospectus
letters to the editor	courrier des lecteurs
light face type	caractère maigre
line	ligne ; spécialité, article
line advertising	publicité produit
line cut	cliché au trait
literal error	coquille
lonely heart column	courrier du cœur
loudspeaker advertising	publicité par haut-parleur
lower case	bas de casse (minuscule)
Madison Avenue	centre de la publicité à New York
mailing list	mailing list
mail order business	vente par correspondance
make up	mise en page
market forecast	prévision de marché
magnetic tape	bande magnétique
market research	étude de marchés
market survey	étude du marché
matrix, mat	matrice
media	media, supports (presse, radio, T.V.)
media planner	responsable du media planning
media planning	planification de l'utilisation des media
merchandising	techniques de commercialisation appliquées à un produit donné ; « merchandising »
misprint	coquille
mobile unit	car de reportage

XV. B.4. **Vocabulaire**

motion picture advertising	publicité cinématographique
motivational research (M.R.)	recherche des motivations (étude de motivation)
muck rakers (magazines)	(journaux) remueurs de boue
N.A.B. (U.S.) (National Association of Broadcasters)	
N.B.C. (National Broadcasting Co.)	chaîne de télévision aux U.S.A.
neon sign	enseigne au néon
news agency	agence de presse
news in brief	faits divers
newspaper	journal
newspaper man	journaliste
newsreels	actualité
obsolete	périmé
off-peak	en dehors des heures de pointe
optical effect	trucage optique
optional	facultatif
outcome	résultat
outlet	débouché
packaging	conditionnement
pan or panning	panoramique
paper	papier
paragraph break	alinéa
peak time	heure de pointe
pica	1/6 d'inch (mesure U.S.)
placard	affiche
point-of-purchase advertising (U.S.)	publicité sur le point de vente (P.L.V.)
point-of-sale advertising (G.B.)	publicité sur le point de vente (P.L.V.)
poll	sondage
position	emplacement
poster	affiche
poster advertising	publicité par voie d'affiche
poster designer	affichiste
poster panel	panneau d'affichage
premium	prime
press advertising	publicité-presse
press release	communiqué à la presse

XV. B.4. **Vocabulaire**

press run	tirage
pre-testing	pré-test
to print	imprimer
product manager	chef de produit
proof	épreuve
prospective customer, prospect	client éventuel
provincial papers	journaux de province
psychological make up	profil psychologique
publication date	date de parution
publisher	éditeur, propriétaire d'un journal
publishing house	maison d'édition
publishing trade	l'édition
quarter-page advertisement	annonce quart de page
quaterly journal	revue trimestrielle
quiz	jeu (avec devinettes)
radio announcement	communiqué publicitaire
radio quiz	jeu radiophonique
rag	feuille de chou
rate	tarif, taux
rate card	tarif de publicité
rating	évaluation
R.C.A. (Radio Corporation of America)	Radio Corporation of America
readership survey	enquête sur les habitudes de lecture du public
reading notice (U.S.)	annonce rédactionnelle
ream	rame de papier
recognition	identification
redemption rate	taux de renvoi (bulletin-réponse)
registered trade-mark	marque déposée
reminder	rappel, relance
reporter	reporter
reports	comptes rendus
reprint	tirés-à-part
results	rendement
return	invendu
rough (drawing)	avant-projet
to run an ad	mettre une annonce
run of paper position	emplacement ordinaire
rush hours	heures de pointe

XV. B.4. **Vocabulaire**

sales analysis	analyse des ventes
sales forecast	prévision des ventes
sales promotion	promotion des ventes
sales quota	contingents de vente
sample request card	demande d'échantillon
sampling	échantillonnage
sandwich-man advertising	publicité par homme-sandwich
schedule	programme d'insertion
screaming headlines	titres criards
screen	trame, écran
selling proposition	argument de vente
serial	feuilleton
setting	composition
shelf-strip	dépassant du rayon
to shoot on location	tourner en décor naturel
shop-soiled	défraîchi
shop-window	vitrine
showcard	pancarte, affichette
showy	voyant, tapageur
shutter	obturateur
situation wanted	demande d'emploi
to size up a market	évaluer les possibilités du marché
sketch	croquis
slide	diapositive
slogan	slogan
slow motion	ralenti
sound truck	camion publicitaire sonore
sound insulation	insonorisation
space	espace
special edition	édition spéciale
special effects	truquage
sporting journalist	journaliste sportif
sports page	chronique sportive
spot news summary	« flash d'information »
statistics	la statistique
to stick a bill	coller une affiche
sticker	auto-collant
still	vue fixe
story-line	fil conducteur, scénario
streamer	banderole
strip cartoon	bande dessinée
sub-editor	sous-rédacteur
subscriber	abonné

XV. B.4. **Vocabulaire**

subscription	abonnement
sunday paper	journal du dimanche
syndicated columnist	journaliste dont l'éditorial est reproduit dans des dizaines de quotidiens
tape	bande magnétique
tape recorder	magnétophone
target	cible
tear sheet	page justificative
title	générique
timing	choix du moment
topic	sujet
trade advertising	publicité aux revendeurs
trade-image	symbole, image de marque
trade-mark	marque déposée
trade paper	journal professionnel
triggers	stimulants
T.V. commercial	émission publicitaire
type	caractère
U.P.I. (United Press Agency)	agence de presse américaine
unsold copies	bouillon
V.C.R. (Video Cassette Recorder)	magnétoscope à cassettes
V.H.F. (Very High Frequency)	très haute fréquence
videodisc	videodisque
voice over (V.O.)	commentaire sur image
voucher	facture
voucher copy	numéro facultatif
V.T.R. (Video Tape Recorder)	magnétoscope à bande
wants ads	petites annonces
wave length	longueur d'onde
weather report	prévisions météorologiques
weekly (paper)	hebdomadaire
white space	espaces blancs
width	largeur
window bill	affichette vitrine
window display	étalage, matériel publicitaire d'étalage
window dresser	étalagiste
winning entry	meilleur bulletin-réponse
wording	rédaction-libellé

XVI

Business file sixteen

Accountancy

Comptabilité

A. Situations

B. Records

XVI. A. **Introduction**

This chapter is not intended to replace a bookkeeping textbook. Its only aim is to give the layman access to the balance sheets of international firms. The actual layout of French accounting documents would of course be different, but a systematic item-to-item comparison would have exceeded the limits of this book.

Ce chapitre n'est pas conçu pour jouer le rôle d'un manuel de comptabilité. Il a pour seul but de permettre au non spécialiste l'accès aux bilans des sociétés internationales. Bien entendu la présentation matérielle de documents comptables français serait différente, mais une comparaison systématique poste par poste nous aurait entraînés hors des limites de cet ouvrage.

Remarques sur la présentation de bilan (G.B. et U.S.)

Malgré les recommandations de l'*Insitute of Chartered Accountants* (G.B.) et l'*Institute of Certified Accountants* (U.S.), on est loin dans les pays anglo-saxons d'une présentation homogène ou systématique des bilans. La tendance à l'unification, dans la mesure où elle se manifeste, va cependant dans le sens d'une présentation verticale séquentielle. Mais on trouve encore très fréquemment la présentation traditionnelle horizontale à 2 volets :

G.B. : Passif à gauche - Actif à droite

U.S. : Actif à gauche - Passif à droite

C'est un bilan de ce type que nous faisons figurer ici. Remarquez que la présentation U.S., à l'inverse de la française, se fait dans un ordre décroissant de liquidités pour l'actif, dans un ordre décroissant d'exigibilité pour le passif.

XVI. A.1. **A typical balance sheet**

I. ASSETS

Current Assets		
Cash		1,425,000
Marketable Securities, at Cost		2,325,000
(Market Value: 2,370,000)		
Accounts Receivable	3,150,000	
Less: Provision for Bad Debts	150,000	3,000,000
Inventories		2,250,000
Total Current Assets ...		9,000,000
Investment in Unconsolidated Subsidiaries		450,000
Property, plant, and equipment Land	225,000	
Buildings	5,700,000	
Machinery	1,425,000	
Office Equipment	150,000	
	7,500,000	
Less: Accumulated Depreciation	2,700,000	
Net Property, Plant, and Equipment		4,800,000
Prepayments and Deferred Charges		150,000
Goodwill, Patents, Trademarks		150,000
Total Assets		14,550,000

■ Ce bilan est divisé en deux :
— du côté gauche apparaît l'Actif : 1. *Assets*
— du côté droit se trouvent le Passif : 2. *Liabilities* et le Capital Propre : 3. *Stockholders' Equity*.

Dans la colonne de l'Actif, on trouve la liste de tous les produits et biens possédés, ainsi que les créances *(claims)* qui restent à percevoir.

2. LIABILITIES AND STOCKHOLDERS' EQUITY

Current Liabilities		
Accounts Payable	1,500,000	
Notes Payable	1,275,000	
Accrued Expenses Payable	495,000	
Federal Income Tax Payable	480,000	
Total Current Liabilities		3,750,000
Long-term Liabilities		
First Mortage Bonds, 5% Interest, due 1985		4,050,000
Total Liabilities		7,800,000

3. STOCKHOLDERS' EQUITY

Capital Stock:		
Preferred Stock, 5% Cumulative, $ 150 Par Value Each; Authorized, Issued, and Outstanding, 6,000 shares	900,000	
Common Stock, $ 7.50 Par Value Each; Authorized, Issued and Outstanding 300,000 Shares	2,250,000	
Capital Surplus	1,050,000	
Accumulated Retained Earnings	2,550,000	
Total Stockholders' Equity		6,750,000
Total Liabilities and Stockholders' Equity		14,550,000

Au Passif sont énumérées toutes les dettes, titres des créanciers sur l'Actif.

A la rubrique « Capital Propre » figure le montant des intérêts des actionnaires dans la société, somme dont la société est comptable *(accountable)* vis-à-vis de ses actionnaires.

XVI. A.2. **Item by item commentary**

1. Assets

The first item on the asset side of the balance sheet is:

■ *Current Assets.* In general, current assets include cash and what assets can be turned into cash in the reasonably near future, usually within a year from the date of the balance sheet.

■ *Cash* consists of bills and silver in the till (petty cash fund) and money on deposit in the bank.

■ *Marketable Securities.* This asset represents temporary investment of excess or idle cash which is not needed immediately in stocks, bonds, and Government securities for the purpose of earning dividends and interest. As these funds may be needed on short notice, it is essential that the securities be readily marketable and be subject to a minimum of price fluctuation. The general practice is to show marketable securities at cost, with a parenthetic note of the market value.

■ *Accounts Receivable.* Here we find amounts not yet collected from customers, who are usually given 30, 60, or 90 days to pay. However, experience shows that some customers fail to pay their bills. Therefore, in order that the asset *Accounts Receivable* be stated at a figure representing the amount that probably will be collected, the total is reduced by a *Provision for Bad Debts.* Thus the asset value is 3,300,000.

■ *Inventories.* The inventory of a manufacturer is composed of three groups: raw materials, partially finished goods, and finished goods ready for shipment to customers. The generally accepted method of valuation of the inventory is *cost or market, whichever is lower,* which gives a conservative figure.

To summarize, *Total Current Assets* includes primarily:

Cash - Marketable Securities - Accounts Receivable - Inventories

These are *working assets:* they are in a constant cycle of being converted into cash.

Inventories when sold become accounts receivable; receivables upon collection become cash; cash is used to pay debts and running expenses.

XVI. A.2. **Commentaire poste par poste**

1. Actif

La première inscription figurant à l'actif du bilan est :

■ L'*« actif circulant »*. Il s'agit en général des espèces et de tous les avoirs qui peuvent être transformés en espèces dans un délai assez rapproché, habituellement moins d'un an à compter de la date du bilan.

■ Les *espèces* sont : les billets et l'argent en caisse (petite caisse), ainsi que l'argent déposé à la banque.

■ *Titres de placement* : cet avoir représente un investissement temporaire des espèces disponibles ou inemployées, dont on n'a pas un besoin immédiat, en actions, obligations, emprunts d'État en vue de rapporter des dividendes ou un intérêt. Comme on peut avoir besoin de ces fonds dans des délais très brefs, il est essentiel que les valeurs soient facilement négociables et sujettes à des variations de cours réduites. L'usage général est de présenter les titres négociables au prix d'achat, avec leur valeur au cours du marché entre parenthèses.

■ *Compte clients :* nous trouvons ici les sommes qui n'ont pas encore été encaissées chez les clients, à qui on accorde en général 30, 60 ou 90 jours pour payer. Cependant l'expérience montre que certains clients font défaut. Par conséquent, afin que le poste *Effets à Recevoir* soit représenté par un chiffre indiquant la somme qui sera probabement encaissée, la somme totale est diminuée d'une *Provision pour Créances Douteuses.* La somme de 3 000 000 apparaît donc comme la valeur de l'actif.

■ *Stocks :* l'inventaire d'un industriel se décompose en trois catégories : matières premières, produits partiellement finis, et produits finis à être expédiés aux clients. La méthode d'évaluation généralement admise est celle du « moindre coût », ce qui donne un chiffre assez modeste.
Pour résumer, le poste « *Total de l'actif circulant* » comprend essentiellement :

Espèces - Titres de placement - Effets à recevoir - Stocks.

Il s'agit d'un actif circulant : il est constamment en cours de recyclage en espèces.

Les stocks, une fois vendus, deviennent des effets à recevoir ; ceux-ci une fois encaissés se transforment en espèces qui servent à payer les dettes et les frais de fonctionnement.

■ *Investment in Unconsolidated Subsidiaries* represents the cost to the parent company of the capital stock of another company. The word *subsidiary* means that more than 50% of the subsidiary's capital stock is owned by the parent. When a parent company owns all (or almost all) the stock of another company, then a *Consolidated Balance Sheet* may be issued. This consolidated balance sheet *combines* all assets and liabilities of parent and subsidiary as a single entity.

FIXED ASSETS

The next item, *Property, Plant, and Equipment*, is sometimes referred to as *Fixed Assets*. It represents those assets not intended for sale which are used to manufacture the product, display it, warehouse it, transport it. Accordingly, this category will include land, buildings, machinery, equipment, furniture, automobiles and trucks. The generally accepted and approved method for valuation is *cost less accumulated depreciation based on cost* to the date of the balance sheet.

■ *Depreciation* has been defined as the decline in useful value of a fixed asset due to wear and tear from use and passage of time, or to obsolescence which makes the present equipment out of date.

The cost incurred to acquire the property, plant and equipment must be spread over its expected useful life. For example: if a truck costs 10,000 and is expected to last five years, then, using a "straight-line" method of depreciation, it will decline at the rate of 2,000 each year. The balance sheet at the end of the first year will show a Net Depreciated Value of 8,000. Land is not subject to depreciation, and its cost remains unchanged from year to year.

■ *Net Property, Plant, and Equipment*, therefore, is the valuation for balance sheet purposes of the investment in fixed assets. It generally consists of the *cost* of the various assets in this classification, *diminished* by the depreciation accumulated to date.

■ *Depletion* is a term used primarily by mining and oil companies.

XVI. A.2. **Commentaire** (suite)

■ *Titres de participation:* ils représentent le coût, pour la société mère du capital action d'une autre société. Le mot *subsidiary*[1] signifie que plus de 50 % du capital-action de la filiale sont la propriété de la société mère. Lorsqu'une société mère possède la totalité (ou presque) d'une autre société, on peut alors dresser un « bilan consolidé ». Ce bilan consolidé combine tout l'actif et tout le passif de la société mère et de sa filiale, comme si elles étaient une entité.

IMMOBILISATIONS

On se réfère parfois au poste suivant: « Biens, Installations et équipements » sous le nom d'Immobilisations. Il s'agit des avoirs, non destinés à la vente, qui servent à manufacturer, présenter, entreposer, transporter le produit. En conséquence, cette catégorie incluera les terrains, les bâtiments, les machines, l'équipement, le mobilier, les automobiles et les camions. La méthode généralement admise et approuvée pour son évaluation est celle du coût moins la dépréciation accumulée à la date du bilan.

■ *Les amortissements* ont été définis comme la diminution de la valeur utile d'un actif immobilisé du fait de l'usure provenant de son utilisation et de l'écoulement du temps, ou du vieillissement technologique, qui font que l'équipement actuel est démodé.

Le coût de l'acquisition des biens, installations et équipements doit donc être réparti sur la durée utile que l'on a en espèce. Par exemple, si un camion coûte 10.000 et si on compte qu'il dure cinq ans, en utilisant la méthode d'amortissement « linéaire », il baissera au taux de 2.000 par an. Le bilan en fin de première année montrera une valeur nette au bilan de 8.000.

Le terrain n'est pas sujet aux amortissements, et son coût demeure le même d'année en année.

■ *Immeubles, matériel et équipement* - C'est en définitive l'évaluation en vue du bilan des investissements en avoirs immobilisés. Elle représente, généralement le coût des divers avoirs de cette rubrique moins l'amortissement accumulé à la date du bilan.

■ *Provision pour reconstitution,* essentiellement pour sociétés minières ou pétrolières (voir A.3. compléments).

---

(1) Il existe en anglais deux mots correspondant à « filiale » selon que plus ou moins de 50 % du capital est détenu par la Société mère. Dans le 1er cas (plus de 50 %), on parle de "*subsidiary*"; dans le 2e (moins de 50 %), on parle d'"*affiliate*".

■ *Prepayments or Advance Payments.* For instance, during the year the company paid fire insurance premiums covering a three-year period, and leased certain computing machines and by contract paid rental for two years in advance. At the balance sheet date, there exists an unexpended item which will be used up in future years—in our example, two years' insurance premiums and one year's rental value of the computers.

■ *Deferred Charges* represents a type of asset similar to prepayments. For example, our manufacturer may have spent 450,000 for moving the plant to a new location. The benefits from this expenditure will be reaped over several years to come. Therefore, the cost will be gradually written off over the next several years.

■ *Intangibles* may be defined as assets having no physical existence yet having substantial value to the company. Examples are a franchise, a copyright or a patent. Another intangible asset sometimes found in corporate balance sheets is goodwill.

2. Liabilities

The first item on this side is *Current Liabilities*. It includes all debts that fall due within the coming year.

■ *Accounts Payable* represents the amounts that the company owes to its regular business creditors. If the money is owed to a bank or other lender, it appears under *Notes Payable* (then a written promissory note has been given by the borrower).

■ The company also owes salaries and wages to its employees, interest on funds borrowed from banks and from bondholders, fees, insurance premiums, pensions, and similar items. If unpaid at the date of the balance sheet, these expenses are grouped as a total under *Accrued Expenses Payable.*

■ *Federal Income Tax Payable* is the debt due to the Internal Revenue Service (Inland Revenue in G.B.).

■ *Total Current Liabilities* is the aggregate of the above items.

■ *Charges payées d'avance :* par exemple, au cours de l'année la société a payé des primes d'assurance incendie couvrant une période de trois ans, et pris à bail certaines calculatrices, en versant, par contrat de location, deux années d'avance. A la date du bilan, il existe donc un avoir non totalement épuisé qui sera utilisé au fur et à mesure des années : dans notre exemple, deux années de primes d'assurance et un an de location d'ordinateurs.

■ *Les « Deferred charges »* représentent un type d'actifs semblables aux charges payées d'avance. Par exemple, notre fabricant a peut-être dépensé 450 000 pour reconstruire l'usine sur un nouvel emplacement. Les avantages de cette dépense seront recueillis sur plusieurs années à venir. Par conséquent le coût en sera graduellement amorti sur les quelques années à venir.

■ *Immobilisations incorporelles.* On peut les définir comme des avoirs n'ayant pas d'existence matérielle, mais pourtant une valeur substantielle pour la Société. Des exemples en sont une franchise[1], un *copyright* ou un brevet exclusif. Une autre immobilisation incorporelle qu'on trouve parfois dans les bilans d'entreprises commerciales est la clientèle.

2. Passif

Le premier poste figurant au « Passif » est « Dettes à Court Terme ». Il comporte toutes les dettes qui viennent à échéance dans l'année.

■ *Fournisseurs :* il s'agit des sommes que la société doit à ses créanciers commerciaux réguliers. Si l'argent est dû à une banque on a un autre prêteur, il apparaît sous la rubrique *Effets à payer* [en Banque] (un billet à ordre a alors été donné par l'emprunteur).

■ *Charges à payer.*
La société doit également, des rémunétarions et des salaires à ses employés, des intérêts sur les fonds empruntés aux banques et aux détendeurs d'obligations, des honoraires, des primes d'assurance, des retraites, et autres rubriques. Si elles ne sont pas réglées à la date du bilan, ces dépenses sont cumulées sous le titre « charges à payer ».

■ *Impôts fédéraux sur les bénéfices :* représentent les sommes dues au fisc.

■ *Le Total des dettes à court terme* est la somme des rubriques de cette liste.

---

(1) ou droit exclusif.

■ *Long-term Liabilities*, under this heading are listed debts due after one year from the date of the financial report. In our sample balance sheet, the only long-term liability is that represented by the 5% First Mortgage Bonds, due 1985. The bond is really a formal promissory note issued by the company, which in this case agreed to repay the debt at maturity in 1985 and agreed also to pay interest at the rate of 5% per year. Furthermore the bondholders have an added safeguard indicated by the words *First Mortgage:* if the company is unable to pay off the bonds in cash as promised, the bondholders have a claim or lien before other creditors on certain assets which may be sold and the proceeds used to satisfy the debt.

3. Stockholder's equity

Stockholders' Equity or *Net Worth* is the total equity interest that the stockholders have in this corporation. This is separated for legal and accounting reasons into three categories:

A. *Capital Stock* in the broadest sense represents owner's shares in the company:

■ *Preferred Stock* means that these shares have some preference over other shares as regards dividends or in distribution of assets in case of liquidation. The Typical Manufacturing preferred stock is designated 5% *cumulative, $ 150 par value each*, which means that each share is entitled to $ 7.50 dividends per year *before* any dividends are paid to the common stockholders. The word *cumulative* means that if in any year the dividend is not paid, it accumulates in favor of the preferred shareholders and must be paid to them when available.

■ *Common Stock*. Owners of the preferred are entitled to a dividend of $ 7.50 per share each year *before* owners of common stock receive anything. But $ 7.50 per share may be all the holders of this preferred stock will receive each year. Common stock, on the other hand, has no such limit on dividends payable each year.

■ *Dettes à long terme.* Sous ce titre on énumère les dettes exigibles à plus d'un an à compter de la date du bilan. Dans notre bilan-type, la seule dette à long terme est celle représentée par les obligations hypothécaire à 5 %, remboursable en 1985. L'obligation est en fait un billet à ordre officiel émis par la société, qui, dans le cas présent, a promis de rembourser l'emprunt à l'échéance de 1985, et s'est engagée à verser un intérêt annuel au taux de 5 %. De plus les porteurs d'obligations jouissent d'une sécurité accrue indiquée par les mots « Première Hypothèque » : si la société n'est pas en mesure de rembourser les obligations en espèces comme convenu, les détenteurs ont une créance privilégiée[1] (prioritaire par rapport aux autres créanciers) sur certains avoirs qui peuvent être mis en vente pour que le produit de la vente serve à rembourser la dette.

3. Capital propre (2)

Le *capital propre* ou *valeur nette* représente le total des intérêts des actionnaires dans l'affaire. On distingue, pour des motifs juridiques et comptables, trois catégories :

A. Le « Capital Actions »[3], au sens le plus large, représente les parts de propriétaires de la société.

■ *Actions de préférence* signifie que ces actions jouissent d'un avantage sur d'autres en ce qui concerne les dividendes ou la répartition de l'actif en cas de liquidation. L'Action de Préférence d'Entreprise Typique est dite *cumulative à 5 %, émise à $ 150 au pair;* cela signifie que chaque action a droit à $ 7,50 par an avant que tout dividende soit versé aux actionnaires ordinaires. L'adjectif *« cumulative »* indique que si une année il n'est pas versé de dividende, celui-ci s'accumule en faveur des actionnaires de préférence (ou privilégiées), et doit leur être versé dès que disponible.

■ *Actions ordinaires.* Les porteurs d'actions de préférence ont droit à $ 7,50 de dividende annuel par action *avant que* les actionnaires ordinaires touchant quoi que ce soit. Mais ces $ 7,50 peuvent constituer tout ce que les détenteurs d'actions de préférence toucheront annuellement. Au contraire les actions ordinaires ne connaissent pas de telles limitations des dividendes annuels.

(1) Mot à mot : créance ou privilège.
(2) Mot à mot : masse des actionnaires.
(3) Le capital-actions est composé la plupart du temps de plusieurs catégories d'actions, et n'équivaut donc pas tout à fait au « capital » français.

B. *Capital Surplus* is the amount paid in by shareholders over the par or legal value of each share. For example: say that the common stock has a 7.50 par value for each share. Assume that Typical Manufacturing sold 300,000 shares of stock for a total of 3,300,000. The balance sheet will show the 3,300,000 under stockholders' equity allocated between capital stock and capital surplus, thus:

Common Stock, 7.50 Par Value Each: Authorized, Issued and Outstanding 300,000 Shares	2,250,000
Capital Surplus	1,050,000
Total of Capital Stock (Common) and Capital Surplus	3,300,000

C. *Accumulated Retained Earnings or Earned Surplus.* When a company first starts in business, it has no accumulated retained earnings. At the end of its first year, if its profits are 80,000 and dividends are paid on the preferred stock of 30,000 but no dividends are declared on the common stock, then the balance sheet will show accumulated retained earnings of 50,000. Let us go forward to the second year. Assume the profits are now 140,000 and that dividends paid are 30,000 on the preferred stock and 40,000 on the common stock. The accumulated retained earnings will be 120,000 thus:

Balance at the End of the First Year		50,000
Net Profit for the Second Year		140,000
Total		190,000
Less Dividends Paid:		
On the Preferred Stock	30,000	
On the Common Stock	40,000	70,000
Accumulated Retained Earnings (At the End of the Second Year)		120,000

B. *« Primes d'émissions »*[1] : montant payé par les actionnaires au-dessus du pair ou de la valeur officielle de chaque action. Mettons que l'action ordinaire ait une valeur nominale de 7,50 par action. Supposons que « Entreprise Typique » ait vendu 300.000 actions pour un montant total de 3.300.000. Le bilan indiquera ces 3.300.000 dans la rubrique Capital propre, entre Capital Actions et Primes d'émissions, comme suit :

Actions Ordinaires à 7,50 de valeur nominale 300.000 Actions Autorisées, Émises et Souscrites	2.250.000
Prime d'émission	1.050.000
Total Capital Action et Primes d'émission	3.300.000

C. *« Bénéfices reportés (accumulés) »*

Lorsqu'une société démarre dans les affaires, elle n'a pas de Bénéfices Reportés. A la fin de la première année, si ses bénéfices sont de 80.000 et les dividendes versés aux actions de préférence de 30.000, mais qu'il n'est pas attribué de dividendes aux actions ordinaires, le bilan indiquera un Bénéfice Reporté de 50.000. Passons à la deuxième année. Supposons que les bénéfices soient à présent de 140.000, que les dividendes versés aux actions de préférence soient de 30.000, et de 40.000 aux actions ordinaires. Les bénéfices reportés seront de 120 000, soit :

Solde à la fin de la première année		40.000
Bénéfice net en fin de deuxième année		140.000
Total		190.000
Déductions :		
Dividendes sur actions de préférence	30.000	
Dividendes sur actions ordinaires	40.000	70.000
Bénéfice reporté en fin de deuxième année		120.000

(1) Ces primes d'émission (l'expression *« Capital Surplus »* n'a pas d'équivalent exact en français), peuvent comprendre les plus-values de réévaluation d'actif, les donations faites à l'entreprise, etc. On peut les comparer à une réserve légale française.

XVI. A.3. **Autres définitions**

Aucune contrainte légale de rédaction et de présentation des documents comptables n'existe aux États-Unis, et les critères généralement admis sont dûs aux initiatives du STOCK EXCHANGE COMMITTEE d'une part, et de l'AMERICAN INSTITUTE OF CERTIFIED PUBLIC ACCOUNTANTS[1] d'autre part. En Grande-Bretagne c'est essentiellement les lois sur les sociétés de 1948 et 1967 (Companies Acts) qui garantissent l'information minimum des actionnaires. Voici quelques termes complémentaires, notamment un exemple simplifié de Compte de Profits et Pertes, dont la production est requise par la loi anglaise comme la loi française.

1° **The Income Statement** (or *Earnings Report*, or *Statement of Profit and Loss*) : « Compte de résultat ».

A la suite du bilan, le compte de résultat permet à un investisseur de se faire une opinion des activités de l'entreprise au long de l'année. Il est donc utile pour évaluer les perspectives d'avenir. Voici un échantillon condensé :

Plus Factors		
Net Sales	6,500,000	
Other Income	110,000	
Total		6,610,000
Minus Factors		
Cost of Sales & Operating Expenses..	5,800,000	
Interest on Bonds Provision for	135,000	
Federal Income Tax	320,000	6,255,000
Net Income		355,000

Facteurs positifs		
Ventes nettes	6.500.000	
Autres revenus	110.000	
Total		6.610.000
Facteurs négatifs		
Frais de vente et frais généraux....	5.800.000	
Intérêts sur dette consolidée	135.000	
Provisions pour Impôts Fédéraux sur le bénéfice	320.000	6.255.000
Bénéfice net..........................		355.000

C'est sur le bénéfice net que seront prélevés les dividendes versés aux actions de préférence et aux ordinaires. L'excédent, s'il y a lieu sera réinvesti dans l'affaire et figurera sous la rubrique *Accumulated Retained Earnings:* Bénéfices (cumulés) reportés.

(1) respectivement: Commission des opérations boursières et association des experts-comptables.

2° Calcul de l'amortissement

A. *Objet:* l'amortissement se réfère à trois catégories assez voisines:

1. *Depreciation:* investissement sur les actifs réels soumis à usure normale *(fair wear and tear)*: il s'agit principalement de *tangibles* (usines, machines, etc.).

2. *Amortization:* sur les immobilisations incorporelles *(intangibles)* comme les brevets, patentes, etc., qui viennent peu à peu au terme de leur validité.

3. *Depletion:* pour les immobilisations défectibles *(wasting assets)* dont la reconstitution n'est guère possible sous la même forme (forêts, gisements, etc.), mais dont l'épuisement doit être compensé par une provision pour maintenir égales les richesses de l'entreprise.

B. *Méthodes de calcul.*

On calcule l'amortissement des actifs immobilisés selon deux principaux types de méthodes: linéaire et dégressive.

1. *Straight Line Method* (méthode linéaire) formule:

$$\textit{Annual depreciation charge} = \frac{\textit{Total Cost — Salvage Value}}{\textit{Estimated Life in Years}}$$

C'est-à-dire:

$$\textit{Amortissement annuel} = \frac{\textit{Coût total — valeur de liquidation}}{\textit{Durée de vie active (en années)}}$$

2. *Méthodes dégressives:*

2.1. Méthodes dégressives à taux fixe:

Fixed percentage of declining balance method, reducing balance method, written down value method, etc. Méthodes très couramment utilisées. Le taux fixe est un pourcentage du coût d'acquisition, déterminé par des textes officiels. La première année, on l'applique à la dépense initiale *(cost)*, les années suivantes à la valeur résiduelle *(written down value)*, c'est-à-dire le coût initial moins les amortissements antérieurs.

2.2. Méthode récurrente *(sum of the year-digits method)*. On prend le coût d'achat moins la valeur résiduelle; et on applique un taux d'amortissement variable.

3° Price-Earnings Ratio (Rapport Prix-Gain)

A. *Objet.* Ce ratio sert aux U.S.A. à apprécier la valeur en bourse d'une action.

B. Formule:

$$\frac{\text{Market Price}}{\text{Earnings per share}} \qquad \frac{\text{Cours du marché}}{\text{dividende}}$$

XVI. B.1. **Essayez de traduire...**

1. Nous établissons chaque facture en triple exemplaire.
2. Vous auriez tout intérêt à faire établir votre déclaration d'impôt par un conseiller fiscal.
3. Je ne suis pas sûr de pouvoir traduire des expressions comme comptabilité en partie double ou en partie simple, amortissement linéaire ou dégressif, usure normale, solde reporté, etc.
4. Demandez au chef comptable si on a reçu leur virement de fonds.
5. Nous avons vérifié toutes les écritures sans trouver la moindre erreur.
6. Il a une grande expérience de la tenue des livres et il suit actuellement un cours de comptabilité d'entreprise.
7. A quels dégrèvements fiscaux avons-nous droit?
8. Les commissaires aux comptes sortant ont été réélus.
9. Il se fait passer pour expert comptable, mais il ne sait même pas lire un bilan.
10. Le fonds de roulement s'obtient en retranchant les dettes à court terme de l'actif disponible.
11. **Le compte de résultat fait ressortir un bénéfice net de 365.000 dollars.**
12. L'actif immobilisé comprend notamment les terrains, les bâtiments, les machines et les véhicules.
13. La société mère détient plus de 60 % des actifs de la filiale.
14. Le bénéfice net d'exploitation correspond au bénéfice brut moins les dépenses totales d'exploitation.
15. Vous trouverez ci-joint le relevé de votre compte à la date du 5 mai et présentant un solde créditeur de 86 livres.
16. A la fin de chaque exercice, le travail habituel de l'entreprise est perturbé par l'inventaire.
17. Le bilan est un état détaillé de l'entreprise à un moment donné qui donne des renseignements sur la situation financière et la solvabilité de l'affaire.
18. En comparant des bilans successifs, on peut se faire une idée très claire de la progression ou du déclin de l'entreprise.

1. We draw up each invoice in triplicate.
2. It would be worth your while to have your tax-return drawn·up by a tax consultant (adviser).
3. I am not sure I can translate such expressions as single or double entry bookkeeping, straight line depreciation or on a reducing balance, fair wear and tear, balance brought forward etc.
4. Ask the chief accountant whether he has received their transfer of funds.
5. We have checked all the entries without discovering a single error.
6. He has a lot of experience in bookkeeping and currently attends a course on corporate accounting.
7. What tax deductions are we entitled to?
8. The retiring (outgoing) auditors have been reelected.
9. He poses as (passes himself off as) a chartered accountant (US certified public accountant), but he can't even read a balance sheet.
10. The working capital is obtained by subtracting current liabilities from current assets.
11. The Profit and Loss Account (Income statement, Earnings report) shows a net profit of $ 365,000.
12. Fixed assets (tied up capital) include(s) notably land, buildings, machinery and vehicles (trucks).
13. The parent company owns more than 60% of the assets of the subsidiary (of the subsidiary's assets).
14. Net operating profit equals gross profit on sales minus total operating expenses.
15. Please find enclosed the statement of your account as of May 5th, showing a credit balance of £ 86.
16. At the end of each financial year the usual routine work of the firm is hampered by stock-taking.
17. The balance sheet is a detailed statement at a given date giving information about the financial status and solvency of the firm.
18. By comparing several successive balance sheets it is possible to obtain a very clear idea the of firm's progress or decline.

XVI. B.2. **Vocabulary - Accountancy**

acceptance paper	billet à ordre
accounts payable (receivable)	comptes à payer (à recevoir)
accrued dividends	dividendes accumulés
accrued (accruing) interest	intérêt courrus (à échoir)
to act as principal	agir pour son propre compte
advanced payment	paiement anticipé
to allocate	attribuer
allocation	a) attribution, répartition, ventilation b) somme attribuée, répartie
allotment	attribution, affectation, répartition
amortization	amortissement des immobilisations incorporelles
amount	montant, somme, total
appreciation	plus-value
arrears (or arrear of interest)	arrérages, rappel d'intérêts
assets	l'actif, possessions,avoirs
authorized capital	capital social, nominal
bank acceptance (or banker's acceptance)	a) effet accepté, endossé par une banque b) acceptation de banque
bank deposit(s)	dépôt(s) en banque
bank of issue	banque d'émission
bankrupt	failli, banqueroutier
bearer security	titre au porteur
before maturity	avant l'échéance (pour le capital)
below par	au-dessous de la valeur nominale
bill payable at sight	effet à vue
book value	valeur comptable
break-even point	seuil de rentabilité
call loan	prêt remboursable sur demande
call price	prix de rachat (de titres de dettes ou d'actions privilégiées)
called up capital	capital appelé
capital account	compte-capital
capital expenditure(s)	dépenses d'investissement

XVI. B.2. **Vocabulary - Comptabilité**

capital gain tax	impôt sur les gains de (en) capital
capital loss	perte de (en) capital
cash (in hand)	encaisse, argent comptant, espèces
cash (to)	encaisser (effet, coupon, chèque)
cash bonus	prime en espèces
cash flow	bénéfices disponibles, marge brute d'auto-financement (M.B.A.) (1)
certificate of deposit	certificat de dépôt
charges	frais, droits, redevances
chattel mortgage	nantissement, privilège ou gage sur biens mobiliers
chattels	bien meubles
check (to)	contrôler, vérifier
check list	bordereau (liste) de vérification, de contrôle
collection	a) recouvrement b) encaissement
common equity	action ordinaire
common shares, stocks	actions ordinaires
compound interest	intérêt(s) composé(s)
concern	entreprise, établissement, firme
consolidated balance sheet	bilan consolidé, unifié
convertible loan	emprunt convertible
corporate name	raison sociale
cum dividend (cum div.)	dividende attaché, avec dividende
current assets	actif réalisable à court terme
date of maturity	date d'échéance
deferred dividend,	dividende différé,
deferred shares	actions différées
delcredere	ducroire
depletion	a) épuisement b) amortissement

(1) Le « cash flow » permet de mesurer la rentabilité de l'entreprise et de déterminer sa capacité d'autofinancement.

● On en trouve des définitions variables selon que le calcul se fait avant ou après impôt. La « Marge Brute d'Autofinancement » correspond au *« Pre-Tax Cash-Flow »* (*Cash-Flow* brut), dont la formule est la suivante :
Profits before tax + depreciation charges + certain reserves
Bénéfices avant impôt + dotation pour amortissement + certaines provisions

XVI. B.2. **Vocabulary - Accountancy**

draw (to)	racheter ou rembourser par voie de tirage au sort
drawing of bonds	tirage au sort d'obligations
drop in value	moins-value, chute des prix, des cours
due date	date d'échéance
dummy	prête-nom
dwindling (of) assets	diminution de l'actif
earnings per share	bénéfice par action
earnings statement	état des bénéfices, des profits et pertes
equities	actions ordinaires
equity capital	actions privilégiées et ordinaires, capital-actions
ex coupon	coupon détaché
ex dividend (ex. div.)	sans dividende, ex-dividende
face-value	valeur nominale, le nominal
fall (to) due	échoir
final dividend	a) dernier dividende de l'exercice b) paiement final (liquidation)
fiscal period, year	exercice (financier)
go (to) public	être introduit en bourse
gross profit margin	marge bénéficiaire brute
incorporation	constitution en société (ou en compagnie)
interim dividend	acompte sur dividende
interim report (result)	rapport (résultat) provisoire
inventory	a) stocks ; b) inventaire
investment company	société de placement, d'investissement, de portefeuille
irredeemable	non rachetable
issue price	prix d'émission
liabilities	passif, dettes
lien	privilège, droit de rétention
liquid assets	liquidité
mature (to)	arriver à l'échéance, échoir
maturity	échéance, date d'échéance

XVI. B.2. **Vocabulary - Comptabilité**

merge (to)	fusionner, fondre (des sociétés)
mortgage	hypothèque
nominee	a) prête-nom b) candidat proposé (à une élection)
on sight	à vue, sur présentation, sur demande
ordinary share	action ordinaire
outflow	sortie, évasion (de capitaux, d'or, etc.)
paid-up shares	actions libérées
period to maturity	temps à courir jusqu'à l'échéance
premium	prime, agio
prepaid	payé d'avance
ready money	argent liquide, disponibilités
receipt	a) quittance, reçu b) récépissé
redeemable	rachetable, remboursable
return	rendement
risk capital	capital de risques
share ledger (register)	grand livre (registre) des actionnaires
shareholder's, stockholder's equity	a) avoir des actionnaires b) valeur nette (d'une société ou compagnie) valeur propre
short term	à court terme
sinking fund	fonds (caisse) d'amortissement
soar (to)	monter en flèche
statement	a) état, relevé b) déclaration
treasury bills, notes	bons du Trésor
turnover tax	taxe sur le chiffre d'affaires
value at cost	valeur au prix d'achat, au prix coûtant
venture	entreprise, opération, spéculation
working capital	fonds de roulement

XVII

Business file seventeen

The Stock Exchange

La Bourse

A. Situations

B. Records

Storyline

The origins [oridjinz] of the Stock Exchange [stokikstchéïnj] can be traced back to the sixteenth century [sèntchouri]. London was the centre for this development and the London Stock Exchange's constitution dates from 1802. As the scale of commercial activity increased, so did the operations of the Stock Exchange. In the first half of the nineteenth century, the demand for capital increased with the railway boom. Most of the early canals [kenalz] and railways were designed to serve local industry and trade, and their promoters looked to local sources [so:siz] for their capital. This resulted in the establishment of Stock Exchanges in the larger provincial centres.

Résumé

On peut retrouver les origines de la Bourse des Valeurs au XVIe siècle. Londres fut le centre de ce développement, et l'acte constitutif de la Bourse des Valeurs de Londres date de 1802. En même temps que l'activité commerciale, le volume des opérations de Bourse s'accrut. Dans la première moitié du XIXe siècle, la demande de capitaux augmenta avec l'essor du chemin de fer. La majorité des canaux et voies ferrées des débuts était conçue pour desservir l'industrie et le commerce locaux, et leurs promoteurs recherchaient un financement local. Ceci aboutit à la création de Bourses dans les centres provinciaux important.

XVII. A.1. **What is the Stock Exchange?**

A market is a place where people meet to buy and sell. Most markets deal in goods that have a practical use and are sold by producers of those goods. The sellers have grown more corn, tomatoes, or rubber than they themselves require. The buyers need vegetables to eat, coal or oil to burn, or metals to supply their factories. In most markets the producers, on the one hand, provide a steady supply of the goods traded, and the consumers, on the other, provide a steady demand, which keeps the producers and the market in business.

The Stock Market deals with a different sort of commodity [kem**o**dity]. The goods on sale, in themselves, have no intrinsic [intr**i**nsik] use or worth. Stock and share certificates merely represent value and are evidence of your stake in the company.

How can the Stock Market operate to ensure [inch**ou**e] that there are always shares available to meet buyers' requirements, and buyers available to meet sellers' needs? How can there be a market at all, when the public all want to buy or sell at the same time?

In Britain, this essential function used to be performed by a group of traders operating within the Market, who stood ready to buy or sell securities as principals at their own risk. The role played by these traders, the Jobbers, constituted a unique feature of the British Market.
Since the computerization and reorganization of the London Stock Exchange (the Big Bang), brokerage firms have been entrusted with the role of market makers : by standing ready to buy or sell securities, they provide the constant flow of business that is needed to match supply and demand and thus ensure freedom of dealings.

XVII. A.1. **Qu'est-ce que la Bourse?**

Un marché est un lieu où les gens se rencontrent pour acheter et vendre. La plupart des marchés traitent des marchandises qui ont une utilité pratique, et qui sont vendues par leurs producteurs. Les vendeurs ont produit plus de blé (grains), de tomates ou de caoutchouc qu'ils n'en ont eux-mêmes besoin. Les acheteurs veulent des légumes à manger, du charbon ou du pétrole à consommer, ou des métaux pour alimenter leurs usines. Sur la plupart des marchés, les producteurs d'une part assurent la fourniture régulière des marchandises négociées, les consommateurs d'autre part assurent une demande régulière, ce qui maintient les producteurs et le marché en activité.

La Bourse traite d'une catégorie différente de marchandise. Les marchandises mises en vente n'ont par elles-mêmes aucune utilité ou valeur intrinsèques. Les certificats de titres ou d'actions représentent simplement une valeur — et attestent de votre participation financière dans une société donnée.

Dans ces conditions comment le marché des valeurs peut-il fonctionner pour faire en sorte qu'il y ait toujours des actions disponibles pour satisfaire à la demande des acheteurs, et des acheteurs prêts à répondre aux offres des vendeurs[1]? Comment peut-il bien y avoir un marché quand tout le monde veut acheter en même temps ou vendre au même moment?

En Grande Bretagne, cette fonction essentielle était remplie par un groupe de négociants travaillant dans le cadre du marché, qui se tenaient prêts à acheter ou à vendre des titres en tant que mandants et à leurs propres risques. Le rôle joué par ces négociants, les « Jobbers »[2], constituait une caractéristique unique du marché britannique.

Depuis l'informatisation et la réorganisation de la Bourse de Londres (le Big Bang, 1986), des sociétés de courtage se sont vu confier le rôle de teneurs de marché. En étant prêts à acheter ou à vendre des valeurs, ils assurent le flux constant d'activité nécessaire pour accorder l'offre et la demande et garantir ainsi la liberté des transactions.

(1) *buyers' requirements* : besoins de l'acheteur, donc « demande » *sellers' needs :* besoins du vendeur, donc « offre ».
(2) *Jobbers :* marchands de titres spécialisés dans certaines valeurs.

XVII. A.2. **Stock Exchange (Functions)**

To start a business you require capital. Perhaps you have enough money yourself—or you may borrow it. But if you are starting a large enterprise you will need considerably greater sums than friends or relatives could possibly provide and in one way or another the extra capital must be found.

To meet this situation the practice of forming Joint Stock Companies came into being—a system whereby [wè**e**baï] a large number of people can, by buying the shares of a company, provide the capital for a business enterprise that is too large for an individual to support financially.

But it is an essential of this system that those who own shares must be able to sell them whenever they wish to do so. No one can reasonably be expected to lock up money in a company for ever and a company cannot give an investor his money back because it has been spent on buildings, machinery, materials, and so on. So the shareholder [chèeh**ôou**lde] must be able to sell his shares to someone else who wants to buy them and to take his place as a shareholder in the company. The Stock Exchange has, ever since Joint Stock Enterprise first began, made this possible by providing a market place where sellers and buyers can be brought together to buy or sell their shares at fair prices which are determined by the free competition which exists in this open market.

A company, when it wishes to issue shares that can be freely bought or sold on the stock market, must apply for permission—known as a "quotation" [kwot**éï**chen]—and this is only granted if certain strict conditions are fulfilled.

The Stock Exchange, therefore, has two main functions: through its market men with ideas can find the capital they need to start new enterprises or to expand existing businesses and individuals are given the widest possible scope to invest their savings in securities [siki**ou**eritiz] which they can sell again when they choose.

XVII. A.2. **Bourse (Fonctions)**

Pour lancer une affaire il faut des capitaux. Peut-être avez-vous personnellement assez d'argent, ou alors vous pouvez emprunter. Mais si vous montez une grosse affaire, il vous faudra des sommes autrement plus importantes que tout ce que vos amis ou parents pourront fournir, et d'une façon ou d'une autre des capitaux supplémentaires doivent être trouvés.

Pour faire face à cette situation s'est créée la pratique de former des Sociétés Anonymes (par actions), système par lequel un grand nombre de personnes peuvent, en achetant les actions d'une société, apporter le capital d'une entreprise industrielle ou commerciale trop importante pour les ressources financières d'un seul individu.

Mais il est de l'essence même du système que ceux qui achètent ou possèdent des parts doivent être en mesure de les vendre quand ils le désirent. Il n'est pas raisonnable d'attendre de quelqu'un qu'il immobilise éternellement de l'argent dans une société, et une société ne peut pas rendre à un investisseur son argent, puisqu'il a été dépensé en bâtiments, installations, matériels, etc. Aussi le porteur de parts doit-il pouvoir vendre ses actions à un tiers désireux de les lui acheter et de le remplacer comme actionnaire de la Société. La Bourse, depuis les tout débuts de l'Entreprise Capitaliste, rend cela possible en proposant un marché où vendeurs et acheteurs peuvent être réunis pour acheter ou vendre leurs actions à des prix convenables tels que la libre concurrence qui existe sur ce marché ouvert les a déterminés.

Ainsi, lorsqu'elle désire émettre des actions qui pourraient librement faire l'objet de ventes et d'achats en bourse, une société doit-elle faire la demande d'une permission, connue sous le nom de « Cote », et celle-ci n'est accordée[1] que si certaines conditions strictes sont remplies.

La Bourse a par conséquent deux fonctions principales : grâce au marché qu'elle offre, les hommes qui ont des idées peuvent trouver les capitaux nécessaires au lancement de nouvelles entreprises ou à l'expansion d'affaires existantes, et les individus se voient offrir le champ le plus vaste qui soit pour investir leurs économies dans des valeurs qu'ils peuvent revendre quand ils le voudront.

---

(1) par le Conseil *(Council)* gouvernant la Bourse.

XVII. A.3. **Stocks and shares**

Stocks and shares are the capital of companies. (The two words stand for the same thing).

Nowadays the great bulk of business is carried on by joint stock companies—that is companies owned by a large number of shareholders. Some large companies have well over 200,000 different shareholders. There are two main types of shares or stock: those with a fixed dividend called "Preference" [prèfrens] shares and those with a fluctuating [flœktiouéïtin*] dividend, called "ordinary" [o:dneri] or "Deferred" [dife:d] shares. The latter are known collectively as "Equities" [èkwitiz].

Out of the profits each year the fixed dividend on the Preference shares must first be paid. When preference shares are said to be cumulative, it means that if in any year the dividend is not paid, it accumulates in favour of the preference shareholders and must be paid when available and before any dividends are distributed on ordinary shares. Then the directors of the company decide how much of the profits to keep in reserve and how much to pay as a dividend on the ordinary shares. The amount of dividend paid on ordinary shares varies. If the company has a prosperous year it may well be more than that paid to the Preference shareholders. But on the other hand it may be nothing at all if the company is not doing well.

In addition there is another type of security known as "Debenture [dibèntche] Stocks" or "Bonds". These are not shares in a business, but loans receiving a fixed rate of interest. Securities of this type are often referred to as prior [praïe] charge stocks because holders are entitled to receive their interest before consideration is given to the payment of dividends on ordinary shares. Government and public authorities [os*o:ritiz] also borrow money by means of fixed loans. These are generally repayable [ri:péïebel] after a given number of years, but they can be bought and sold at any time for their current market values on the Stock Exchange.

XVII. A.3. **Les actions**

Les actions constituent le capital des sociétés. (Les deux mots anglais désignent ici la même chose).

De nos jours l'immense majorité de la vie économique britannique est le fait des sociétés anonymes, c'est-à-dire de sociétés qui sont la propriété d'un grand nombre d'actionnaires. Certaines grosses sociétés ont largement plus de 200.000 actionnaires différents. Il y a deux types principaux d'actions : celles qui ont un dividende fixe, qu'on appelle actions de Priorité (de préférence, privilégiées), et celles qui ont un dividende variable, appelés actions Ordinaires ou Différées. Ces dernières portent le nom générique d'« *equities* ».

Sur les bénéfices annuels, il faut d'abord payer le dividende fixe des Actions de Préférence. Lorsqu'une action de préférence est dite « cumulative », cela signifie que si, pour une année quelconque, le dividende n'est pas payé, il reste dû au détenteur d'actions de préférence et doit être payé dès que c'est possible et avant toute distribution de dividende aux distributeurs d'actions ordinaires. Les administrateurs de la Société décident ensuite quel montant des bénéfices il convient d'affecter aux réserves, puis combien attribuer comme dividende aux actions ordinaires.

Le montant des dividendes versés aux actions ordinaires varie. Si l'affaire connaît une année prospère, il peut parfaitement être supérieur à celui payé aux porteurs d'Actions de Préférence. Par contre il peut fort bien être nul si la société ne fait pas de bonnes affaires.

Il existe en outre une autre sorte de valeur comme sous le nom de « valeurs d'obligation » ou « Bons ». Il ne s'agit pas là de parts dans une affaire, mais de prêts recevant un taux d'intérêt fixe. Des valeurs de cette nature sont souvent appelées « titres (à rendement) prioritaire » parce que leurs propriétaires ont droit au versement de leur intérêt avant même que le règlement des dividendes des actions ordinaires soit pris en considération.

Les états et les collectivités publiques empruntent d'autre part de l'argent sous forme d'emprunts fixes. Ceux-ci sont en général remboursables au bout d'un certain nombre d'années, mais peuvent être négociés à tout moment en bourse, à leur cours.

XVII.A.4. **The U.S. stock market**

The largest oldest and best-known of the organized U.S. stock markets is the New York Stock Exchange, located at the famous corner of Wall and Broad Streets.
The stocks traded on the Big Board include the bluest of the blue chips of American industry. AT&T, IBM, Exxon Corp, General Motors, Ford Motor, American Express and other such corporate leaders are listed on the NYSE.
Trading on the Big Board is dominated by the large institutional investors which include pension funds, bank trust departments, mutual funds and insurance companies. Their impact can be measured by the number of « block » trades — those of 10,000 or more shares.
To be listed on the New York Stock Exchange, a company must meet stiff requirements in terms of demonstrated earning power, net tangible assets, minimum market value of publicly-held shares.
If the New York Stock Exchange is the grande dame of the U.S. equity markets, the brash young newcomer is the American Stock Exchange. Considered to be the more aggressive market, the Amex is associated in many investors' minds with more volatile, lower-yielding stocks. Investors also rightly associate the Amex with smaller companies than those listed on the NYSE.
In recent years, the market for U.S. securities traded over the counter (OTC) has exploded. OTC securities are not traded on any exchange but rather through an electronic network of dealers known as NASDAQ (National Association of Securities Dealers Automated Quotations). Many brokers in Europe are linked to this automated system.
The past few years have witnessed and explosion in new and complex investment vehicles based on options and futures contracts pegged to various stock market indexes. And as the traders — Wall Street brokers, corporate treasurers and institutional investors — have discovered their utility as hedges against market declines, acitivity has boomed.

XVII.A.4. **La bourse aux E.U.**

La plus grande, la plus ancienne et la mieux connue des bourses américaines est la Bourse de New York, située à l'angle célèbre de Wall Street et de Broad Street.
Les actions qui s'échangent au Big Board comprennent les titres les plus prestigieux de l'industrie américaine. AT&T, IBM, Exxon Corp, General Motors, Ford Motor, American Express et autres entreprises chefs de file sont cotées à la Bourse de New York.
Les transactions y sont dominées par les gros investisseurs institutionnels que sont les caisses de retraite, les services de gestion de portefeuille bancaires, les S.I.C.A.V. et les compagnies d'assurance. Leur influence se mesure au nombre de transactions par « blocs », c'est-à-dire par paquets de dix mille actions ou plus.
Pour être cotée à la Bourse de New York, une société doit répondre à des critères exigeants pour ce qui est de ses profits effectifs, de ses actifs corporels nets, de la valeur boursière minimale de ses actions détenues par le public...
Si la Bourse de New York est la grande dame du marché des Actions, le petit nouveau sans complexe est l'American Stock Exchange. Considéré comme un marché plus dynamique que le précédent, l'Amex est associé dans l'esprit de nombreux investisseurs à des valeurs plus volatiles, à rendement moindre. Les investisseurs l'associent aussi, à juste titre, à des sociétés plus petites que celles qui sont cotées à Wall Street.
Au cours des années récentes, le marché des valeurs américaines échangées de gré à gré* a littéralement explosé. Les valeurs de ce second marché ne sont pas négociées en bourse, mais grâce à un réseau informatisé de négociants, le NASDAQ (système de cotation automatique de l'Association Nationale des Négociants en Titres). Beaucoup de courtiers européens sont reliés à ce réseau automatisé.
Ces dernières années, on a assisté à la multiplication de nouveaux outils d'investissements complexes fondés sur les contrats à terme et les options et indexés à divers indicateurs boursiers. Et comme les opérateurs professionnels — courtiers de Wall Street, Trésoriers d'entreprises et investisseurs institutionnels — ont découvert leur utilité comme protection contre les baisses du marché, ce secteur est en pleine expansion.

* marché « hors cote » devenu un véritable second marché.

XVII. A.5. **Monetary speculation**

... What about all those currency speculators we always read about?

... They're really just gamblers, gambling normally on a devaluation of a currency. Let's say that I'm going to speculate on another devaluation of the dollar, and I think it's going to happen within three months. A devaluation means that the old fixed rates will be changed between the dollar and the Swiss franc, suddenly and thereafter the dollar will be much cheaper in terms of Swiss francs... Right? So our speculator comes to us and we sell, for his account, ten million dollars three months forward—dollars that he does not have. Selling short is the term used for this type of operation. So again we make a contract: We, General Bank of Switzerland, promise to deliver to you, Chase Manhattan, ten million U.S. dollars in three months. You 'Chase Manhattan, promise to pay us 33.5 million Swiss francs for these dollars, upon delivery. We make a separate little agreement with our speculator, informing him that we are doing this transaction in our name, but for his account, and at his risk. Let's say that a 15% devaluation of the dollar took place. Overnight the spot exchange rate would drop to, say, 2.90 to the dollar. When the three months are up, we go into the market—the spot market— and buy the ten million dollars which our speculator never had in the first place. These ten million dollars would *now*, after devaluation, cost us only twenty-nine million Swiss francs. But then, literally one or two minutes later, we would present these ten million dollars we just bought to Chase Manhattan for delivery on that forward contract we had made with each other three months prior. Chase would have to pay us 33.5 million Swiss francs. Right? So our nice speculator has just made himself 4.5 million Swiss francs. Let me repeat, he presold dollars he did not have for 33.5 million Swiss francs, but the cost of these dollars, after devaluation, was only twenty-nine million Swiss francs.

XVII. A.5. **Spéculation monétaire...**

... Et ces spéculateurs en devises à propos desquels on a tant écrit ?

... Ce ne sont au fond que des joueurs qui parient normalement sur la dévaluation d'une monnaie. Disons que je vais spéculer sur une nouvelle dévaluation du dollar, et que je pense qu'elle doit avoir lieu dans les trois mois à venir. Une dévaluation signifie que les anciennes parités fixes entre le dollar et le franc suisse vont être modifiées soudainement, et qu'ensuite, le dollar sera beaucoup moins cher par rapport au franc suisse... D'accord ? Donc, notre spéculateur vient nous voir et nous vendons pour son compte, sur le marché à terme à trois mois 10 millions de dollars — dollars qu'il ne possède pas. Vendre à découvert est le terme utilisé pour ce genre d'opération.. Ainsi donc nous signons un contrat : nous, Banque Générale de Suisse, promettons de vous livrer, à vous Banque Chase Manhattan, dix millions de dollars à 3 mois. Vous, Chase Manhattan, promettez de nous verser 33,5 millions de francs suisses contre ces dollars, lors de leur remise. Nous passons un petit accord séparé avec notre spéculateur, l'informant de ce que nous opérons cette transaction et notre nom, mais pour son compte, et à ses risques. Supposons que le dollar est dévalué de 15 %. Du jour au lendemain, le taux de change sur le marché au comptant va tomber à disons 2,90 pour un dollar. Au bout des 3 mois, nous achetons sur le marché — du comptant — les dix millions de dollars dont notre spéculateur ne disposait pas à l'origine. Ces dix millions de dollars ne nous coûteraient *maintenant*, après la dévaluation, que 29 millions de francs suisses. Mais alors, littéralement une ou deux minutes plus tard, nous livrerions à la Chase Manhattan ces 10 millions de dollars que nous viendrons d'acquérir, en exécution du contrat à terme passé entre nous, trois mois plus tôt. La Chase (Manhattan Bank) serait tenue de nous verser 33,5 millions de francs suisses. D'accord ? Ainsi notre sympathique spéculateur vient de s'enrichir de 4,5 millions de francs suisses. Récapitulons : il a vendu d'avance des dollars qu'il n'avait pas en sa possession pour une somme de 33,5 millions de francs suisses, mais ces dollars après la dévaluation, ne lui ont coûté que 29 millions de francs suisses.

XVII. B.1. **La Bourse**

1. Les cours varients selon la loi de l'offre et de la demande, c'est-à-dire l'état du marché.
2. Les haussiers et les baissiers sont des spéculateurs qui jouent à la hausse ou comptent sur une baisse.
3. Téléphonez à votre agent de change pour faire reporter l'achat à la prochaine liquidation.
4. Les cours ont fléchi pour retrouver leur niveau d'hier.
5. Les obligations convertibles peuvent être échangées contre des actions.
6. Ces actions ne sont pas négociables en Bourse sans l'accord des administrateurs.
7. La baisse semble endiguée. Une reprise se dessine.
8. Contrairement aux actionnaires, les obligataires ne sont pas propriétaires de la société : ils en sont les créanciers.
9. Nous achetons pour votre compte 100 actions de la Société XY. Le décompte de cette transaction vous parviendra prochainement.
10. Ce sont des obligations hypothécaires de premier rang à 5 % échues en 1985.
11. En cas de liquidation, les détenteurs d'actions de préférence ont priorité sur les détenteurs d'actions ordinaires.
12. Les titres peuvent être nominatifs ou au porteur.
13. Les obligations sont des valeurs à rendement fixe.
14. Les baissiers vendent à découvert dans l'espoir d'acheter à meilleur compte avant la liquidation.
15. On pense dans les milieux boursiers que les cours ne sauraient manquer de manifester une tendance à la hausse.
16. Dans un marché soutenu, l'étain a fait preuve de fermeté.
17. Le rôle des stocks régulateurs est de stabiliser le marché.

XVII. B.1. **The Stock Exchange**

1. (The) quotations vary according to the law of supply and demand, that is to say with (according to) the state of the market.
2. Bulls and bears are speculators who play for a rise or expect a fall.
3. Call your broker on the phone to have the purchase carried over to next settling day (account-day).
4. Quotations have eased back to yesterday's level.
5. Convertible bonds may be exchanged for shares.
6. These shares cannot be negotiated on the stock exchange without the agreement (consent) of the directors.
7. The fall seems to have been checked (stemmed). A rally is shaping up.
8. Unlike shareholders (stockholders), bondholders are not the owners of the firm (the firm's owners; do not own the firm); they are its creditors.
9. We are buying on your behalf 100 shares of the XY company. Details of this transaction will reach you (be sent to you) shortly.
10. They are first mortgage bonds with 5% interest, due 1985.
11. In case of (in the event of a) winding up, preferred shareholders have priority (precedence; a prior claim) over ordinary shareholders.
12. Securities may be registered or to bearer.
13. Bonds (debentures) are fixed yield securities.
14. Bears sell short in the hope of (with a view to) buying more cheaply (cheaper) before settling day.
15. It is thought in stock-exchange circles that the quotations cannot (could not) fail to show an upward tendency (trend).
16. In a buoyant market, tin displayed a steady tone.
17. The role (purpose) of buffer pools is to stabilize the market.

XVII. B.2. **Définitions**

A - Stock Exchange

security: valeur (terme général) titre

stock:

1. valeurs, titres — surtout dans l'expression:

   government stock: titres d'état, fonds d'état, vente sur l'état

2. ensemble des actions: *a company's stock*

3. U.S.; *a stock — a share:* une action

industrials: actions des grandes sociétés industrielles

blue chips: valeurs de premier ordre, valeurs « vedettes », actions les mieux cotées des grandes sociétés industrielles

preference shares — (U.S.: *preferred stock*): les actions de préférence ont un rendement fixe. Par exemple 5 % — à l'opposé des actions ordinaires, pour lesquelles le dividende dépend des bénéfices de la société, et doit être déclaré par le Conseil d'Administration. Les détenteurs d'actions de préférence ont également un droit prioritaire sur les actifs de la société en cas de liquidation ou de faillite. Les actions de préférence sont par conséquent un investissement d'une grande sécurité, bien qu'elles ne permettent pas de gros profits

bond: obligation — à la différence des actions qui représentent la propriété d'une partie du capital d'une société — les actionnaires étant les propriétaires de la société — les obligations correspondent à de l'argent prêté par la société. La société a fait un emprunt, et s'est engagé à verser un intérêt sur cet emprunt. D'habitude, elle s'engage aussi à rembourser le prêt (la dette) à son échéance. Elles offrent en général un plus haut degré de sécurité que les autres valeurs — mais avec un rendement fixe et relativement peu élevé.

bears: mot à mot ours: baissiers. Un *bear* est quelqu'un qui vend un titre parce qu'il croit que les cours vont tomber.
bulls: mot à mot taureaux: haussiers. Un *bull* est une personne qui achète une action dans l'espoir qu'elle prendra de la valeur.

the Dow-Jones Industrial Average: l'indice D-J moyen.

bear covering: devant la baisse des cours un certain nombre d'opérateurs vendent avant que la baisse ne se poursuive : ils se « couvrent à la baisse ». Ces ventes, qui constituent une offre supplémentaire face à une demande faible, pèsent sur le marché, et contribuent par conséquent à la baisse des cours.

bid (to bid) : offre d'achat (faire une)

backwardation (deport : opération par laquelle un baissier qui ne voit pas la baisse qu'il escomptait se matérialiser, demande à son courtier, moyennant paiement, le report de la transaction dans l'espoir que la baisse espérée va finir par se réaliser. La transaction consistait en une promesse de vente : le baissier comptait sur la baisse pour acheter à prix bas ce qu'il avait promis de vendre.

contango (report) : opération par laquelle un haussier qui ne voit pas la hausse qu'il escomptait se matérialiser, demande à son courtier, moyennant paiement, le report de la transaction dans l'espoir que la hausse espérée va finir par se réaliser. (La transaction consistait en une promesse d'achat : le haussier comptait sur la hausse pour vendre à prix élevé ce qu'il avait promis d'acheter).

to carry over : opérer un report

holding : portefeuille (d'actions), avoir, actions

holding company : société de portefeuille

debentures : obligations émises par les sociétés, et non garantie par une partie précise des actifs (alors que les *« bonds »* sont ou bien émises par le gouvernement et les services publics ou bien émises par une société qui offre une partie de ses actifs en guise de garantie.

gilts or gilt-edged securities: valeurs suivies, valeurs de père de famille *(government bonds)*.

to sell short : vendre à découvert, c'est-à-dire promettre la vente de quelque chose qu'on n'a pas encore, dans l'espoir de pouvoir l'acquérir entre temps à plus bas prix en bénéficiant d'une baisse des cours

jobber : sorte de grossiste, spécialisé dans certaines valeurs, propre au système boursier anglais, et auquel s'adresse le *broker* pour toutes transactions sur des titres

B - Commodity trading - Commodities Markets

futures: marché à terme

spot market: marché au comptant.

buffer pool: fonds régulateur, organisé par l'ensemble de la profession et qui intervient pour limiter l'ampleur de la variation des cours. Par exemple le « *Buffer Pool* » des négociants en cuivre se portera acquéreur d'une certaine quantité de cuivre afin que cette demande supplémentaire fasse remonter les cours.

C - Money or Financial Market

hard (soft) currency: monnaie forte (faible)

call money — money on call — day to day money: argent au jour le jour

money — at seven day's notice: sous 8 jours
at two day's notice sous 2 jours

month (money): argent au mois (à trente jours)

three month deposit: dépôt (d'argent) à trois mois

foreign exchanges: cours des changes

bullion: or en barre

ingot: lingot (d'or)

three month delivery: marché à trois mois

gold standard: étalon or

gold exchange standard: étalon or de change

gold free market: marché libre de l'or

exchange control: contrôle des changes

two tier system: double marché (des changes)

reserve currency: monnaies de réserve

special drawing rights on the International Monetary Fund: droits de tirage spéciaux sur le Fonds Monétaire International (D.T.S.)

prime rate: taux de base

XVII. B.3. **Vocabulary**

account day	jour de liquidation, de règlement
active market	marché animé
advertising of listings	publication des cours
after hours dealings	marché après-bourse
annual closing	clôture annuelle
annual report	rapport annuel
apply (to) for shares	souscrire des actions
apply (to) for stock exchange quotation, stock exchange listing	demander l'inscription à la cote
at a discount (to be)	être en perte (en parlant d'actions)
auction (to)	vendre aux enchères, vendre à l'encan
bank rate	taux (officiel) d'escompte de la banque centrale
bear (or short seller)	baissier, spéculateur à la baisse
bear account	compte à découvert
bearer bond	obligation au porteur
bear(ish) market	marché en baisse, à la baisse
before hours	avant-bourse
bid and asked	prix offert pour l'achat, prix demandé à la vente
Big Board	bourse de New York
bona fide	de bonne foi, authentique
bond	obligation
bond holder	obligataire, détenteur d'obligations
bonus	boni, gratification
bonus share	action gratuite
brisk market	marché actif, animé
broker	courtier, agent de change
brokerage charges (fees)	commission (frais de) courtage
brokerage firm, broking house	charge d'agent de change, société de courtage
brokers' loans	prêts bancaires aux agents de change
bull account	position à la hausse, compte à la hausse
bull(ish) market	marché à la (en) hausse,

XVII. B.3. **Vocabulary**

buoyant market	marché soutenu, ferme, actif
business circles, quarters	milieux d'affaires
call money rate (or daily money)	taux du jour le jour
call on "X" shares	option d'achat de « X » actions
capital market	marché des capitaux
capital stock	capital actions
capitalization	capitalisation
cash market	marché au comptant
certified broker	courtier attitré
cheap money	argent abondant, à bon marché
clearing house	chambre de compensation
close (to) a deal	conclure un marché liquider une opération boursière
closing price, quotation	cours de clôture
collateral	cautionnement, dépôt de garantie, nantissement
Committee of the Exchange	direction de la Bourse
commodity futures trading	marché à terme sur les marchandises
commodity market	bourse des marchandises
conglomerate	conglomérat
convertible	(obligation) convertible
cumulative preferred	action privilégiée cumulative
current market price	cours du jour
dabble (to) on the stock exchange	boursicoter
dealer (U.S.)	cf. G.B. *jobber*
dealings for the account	opérations à terme
debenture	obligation
decline in prices	fléchissement des cours
depreciation	amortissement du matériel, etc.
dollar area	zone dollar
Dow Jones industrial index	indice « Dow Jones » des valeurs industrielles
downturn	repli
dull market	marché terne, sans entrain, sans animation

XVII. B.3. **Vocabulary**

ease (to)	reculer (en parlant des cours)
estate	succession, patrimoine, fortune, avoir
fail (to)	a) manquer à un engagement b) faire faillite
final bell (at the)	à la clôture
fixed income securities	valeurs à revenu fixe
floor	enceinte, corbeille
for the settlement	à terme
forward market	marché à terme
fraud	stratagème, escroquerie
futures (market)	marché à terme sur denrées, marchandises
gain	bénéfice, gain produit
gilt-edged securities	placement de tout repos, de père de famille
government bonds	titres d'état
growth stock	valeur de croissance
hoard (or hoarding)	thésaurisation
holding company	société (compagnie) de porte-feuille, société de gestion
hot money	fonds mobiles, capitaux vagabonds, clandestins
institutional investor	investisseur institutionnel
issue	émission de titres, titre(s) émis
jobber's turn	profit ou marge bénéficiaire du marchand de titres
ledger	grand livre
leverage	leverage ; effet de levier
leverage factor	facteur d'accroissement
listed stock	actions cotées en bourse
margin	marge
margin call	demande de couverture, appel de marge
market maker	teneur de marché, contrepartiste

XVII. B.3. **Vocabulary**

market price	valeur (cote) sur le marché
mortgage bond	obligations hypothécaires
municipal bond	obligation municipale
mutual fund	fonds mutuel, SICAV
negotiable	négociable
new issue	nouvelle émission
no par value	sans valeur nominale
operator	boursier, joueur, spéculateur
over-the-counter	hors cote (marché)
parallel market	marché parallèle
peg (to) a price	fixer un cours, établir un cours
performance funds (or go-go funds)	fonds mutuels hautement spéculatif
portfolio	portefeuille
preferred stock	actions privilégiées
price floor	prix plancher, cours plancher
profit-taking	prise de bénéfice
proxy	procuration
puts and calls	options de vente, et options d'achat
quotation	cote
quote (to)	coter un cours, annoncer un prix
rally	reprise
redemption (price)	(valeur de) rachat
registered bond	obligation nominative
rights	droits (préférentiels de souscription)
sag (to)	fléchir (en parlant des cours, des prix)
S.E.C. (Securities and Exchange Commission)	S.E.C. (Commission des valeurs mobilières des États-Unis)
settlement account	compte de liquidation
shark	requin
short (to be—)	être à découvert
short sale	vente à découvert
soar (to)	monter en flèche (en parlant des cours)

XVII. B.3. **Vocabulary**

stake	participation
stampede of bears	panique des vendeurs à découvert
stockbroker	courtier en Bourse, agent de change
swings	mouvements des cours, oscillations des cours
syndicate	« syndicat », groupe
tamper (to) with a book	falsifier les écritures
take over bid	offre d'achat visant à la mainmise offre publique d'Achat (O.P.A.) offre publique d'Échange (O.P.E.)
take-over price	prix de reprise
technical position	position technique
ticker	télescripteur
tip	renseignement (qu'on suppose confidentiel) sur le marché, sur un titre, tuyau
transfer	cession, transfert
turnover	volume des transactions
unquoted	non coté
unissued capital	capital non émis
venture capital	capital de risque, participation spéculative
warrant	a) droit de souscription préférentiel b) certificat
yield	rendement

XVIII

Business file eighteen

Legal matters

Problèmes juridiques

A. Textes

B. Phrases clés

C. Vocabulary

XVIII. A.1. **Introduction**

Just as it does not have any written Constitution, Britain, unlike France, has not any pre-established law code, but a number of laws founded on custom, jurisprudence and case-laws. It is what is called the *common law* (to which is added the system of *equity*). People resort to the latter when the common law system does not bring them what they expect. The institution of the *jury* and the *Habeas Corpus law*[1] (1679) which protect the freedom of the citizens are also British contributions.
The main characters we meet in the world of British law and justice, are the *police constable* (carrying no weapons), the *Justice of the Peace* (there are about 25,000 lay J.P.'s[2]), *the coroner*, *the solicitor*, who prepares briefs for the *barristers* or *counsels* (the only ones authorized to plead in court), the *Judges*, whose number is very small (no more than 150). They are highly paid and respected. At the top of the hierarchy [haïera:ki] is the *Lord Chancellor*.

De même qu'elle ne possède pas de Constitution écrite, la Grande-Bretagne, à la différence de la France, ne possède pas de code juridique pré-établi mais un certain nombre de lois fondées sur la *coutume*, la *jurisprudence*, le *précédent*. C'est ce qu'on appelle la *« loi commune »* ou *« droit coutumier »*, (auquel s'ajoute le système de l'*« équité »*). Les gens y ont recours lorsque le droit coutumier ne leur apporte pas ce qu'ils espèrent.
L'institution du *jury* et de l'*Habeas Corpus* (1679) qui protègent la liberté des citoyens est une contribution britannique.
Les principaux personnages du monde du droit et de la Justice britanniques sont l'*agent de police* (qui ne porte pas d'armes), les Juges de Paix (il y en a environ 25.000 Juges de Paix), le *coroner*, l'*avoué*, qui prépare les dossiers pour les *avocats* (les seuls autorisés à plaider devant le tribunal), les Juges, dont le nombre est très réduit (pas plus de 150). Ils sont extrêmement bien payés et respectés. Au sommet de la hiérarchie se trouve le *Lord Chancelier*.

(1) Voir première phrase type en BI, et sa traduction : la notion de « suspect » n'est pas traduite en anglais...
(2) *Lay J.P.: Lay Justice of the Peace* : juges de paix bénévoles.

XVIII. A.2. **Law and the poor**

"... to the poor man, 'legal' has become a synonym for technicalities and obstruction, not for that which is to be respected. The poor man looks upon the law as an enemy, not as a friend. For him the law is always taking something away". — Robert F. Kennedy.

The poor get into legal trouble easier than anybody else. They seldom read the small print, and because they are poor, they want things more.

A department store chain conducts a campaign to sell coupon books worth $ 200 in merchandise, payable in $ 10 monthly installments for 2 years ($ 240). The customer thus pays 20 percent interest on the money, regardless of when he uses the coupons or whether or not he ever uses them. The customer bears the risk of theft, loss, or nonuse of the coupons. Any default on a monthly payment allows the retailer to get a judgment for the whole $ 240 plus a $ 10 penalty. The poor and the unsophisticated will accept the offer to "buy now and pay later."

In 1957, an appliance store in Washington, D.C., sold a relief mother of seven $ 1,800 worth of merchandise on installment contracts. In 1962 when she was within $ 170 of final payment, she was solicited to buy a $ 515 stereo set. Subsequent failure to make her payments on the new purchase resulted in an action to repossess not only the stereo but all the other items dating back to 1957. In obscure fine print the contracts had said that an unpaid balance on any one item would be distributed among all prior purchases. That meant everything could be taken back. As an added flourish to this kind of exploitation, holders-in-due-course of such contracts purchased from the original seller take the contracts free from any responsibility for fraudulent inducement, mistake, unconscionability, or other legal doctrines that inhibit exploitation of the unwary.

(ctd.,.)

XVIII. A.2. **La loi et les pauvres**

... pour les pauvres, le mot loi est devenu synonyme de complexité et de complications, et non pas de ce que l'on doit respecter. Les pauvres considèrent la loi comme leur ennemie, non leur amie. Il leur semble que la loi est toujours en train de leur retirer quelque chose. — R.F.K.

Les pauvres ont plus facilement des problèmes avec la justice que quiconque. Ils lisent rarement ce qui est écrit en petits caractères et, précisément parce qu'ils sont pauvres, leurs besoins sont plus profonds.

Aux États-Unis, une chaîne de grands magasins organise une campagne pour vendre des carnets de bons d'achat d'une valeur de 200 dollars en marchandises, payables par mensualités de 10 dollars, sur une période de 2 ans (240 dollars). Le client paie ainsi un intérêt de 20 %, quel que soit le moment où il utilise les bons d'achat, et qu'il les utilise ou non.

Le client supporte le risque de vol, de perte ou de non-utilisation des bons. Tout manquement à un paiement mensuel permet au détaillant d'obtenir par arrêt du tribunal le versement des 240 dollars, assorti d'une amende de 10 dollars. Les pauvres et les simples accepteront l'offre « d'acheter maintenant et de régler plus tard ».

En 1957, un magasin d'articles ménagers de Washington D.C. a vendu à une mère de sept enfants, vivant des subventions de la sécurité sociale, pour 1.800 dollars de marchandises payables à tempérament. En 1962, alors qu'il lui restait 170 dollars à verser pour solder le compte, on l'incite à acheter une chaîne stéréo à 515 dollars. L'impossibilité où elle se trouva par la suite de faire face au paiement relatif au nouvel achat eut pour conséquence une action en recouvrement visant non seulement l'équipement stéréo mais également tous les autres articles dont l'achat remontait à 1957. En tous petits caractères, les contrats stipulaient que tout solde impayé sur l'un quelconque des articles serait réparti sur l'ensemble des achats antérieurs. Ce qui signifiait que tout pouvait être repris. Pour couronner ce genre d'exploitation, les détenteurs de plein droit de tels contrats rachetés au vendeur sont dégagés, lorsqu'ils reprennent ces contrats, de toute responsabilité pour incitation frauduleuse, erreur, caractère léonin, et ne tombent pas sous le coup des principes juridiques qui interdisent l'expoitation des imprudents.

(à suivre...)

In 1966, eleven ghetto retailers in Washington, D.C., secured 2,690 repossession judgments, one for every $ 2,200 of their total sales, The judgments against such buyers are generally by default. The Federal Trade Commission found in the same city that ghetto furniture and appliance merchants charged over 60% more for their goods than those who sold to the general public. They used installment contracts three times as often.

Collection practices against poor debtors are often unscrupulous. Customers sign a "confession of judgment" along with the sales contract; as soon as they miss a payment, the seller can sue for the total unpaid balance without notice. He can obtain a lien on the debtor's property for that judgment. He can garnishee his wages.

Collection agencies specialize in "in terrorem" techniques against the nonpaying debtor by threatening phone calls, harassment of employers, and verbal abuse. Employers frequently prefer to fire a casual employee rather than submit themselves to such tactics or undergo the administrative inconvenience of wage-withholding.

Law and Order Revisited
(Nader's Raiders) [1]

(1) Ralph Nader est un avocat américain célèbre pour s'être, depuis les années 60, occupé des problèmes de la consommation et de la défense des consommateurs *(Consumerism)*.

XVIII. A.2. **La loi et les pauvres** (suite)

En 1966, 11 détaillants opérant dans le ghetto de Washington, D.C., ont obtenu 2.690 arrêts de recouvrement, un arrêt par tranche de 2.200 dollars de la valeur globale de leurs ventes. Les arrêts à l'encontre de tels acheteurs sont en général rendus par défaut. La F.T.C.[1] a découvert dans la même ville que les marchands de meubles et d'articles ménagers, installés dans le ghetto, faisaient payer leurs marchandises 60 % plus cher que le prix généralement proposé au public. Ils utilisaient des contrats stipulant un règlement à tempérament trois fois plus souvent.

Les pratiques de recouvrement de créances à l'encontre des débiteurs peu fortunés sont souvent dénuées de scrupules. Les clients signent une « reconnaissance » en même temps que le contrat de vente. Dès qu'ils ne peuvent faire face à un paiement le vendeur peut les poursuivre pour obtenir le règlement de la totalité du solde impayé sans préavis. Il peut obtenir un droit de gage sur la propriété du débiteur défaillant au nom de cette « reconnaissance ». Il peut faire saisir son salaire.

Les agences de recouvrement se spécialisent dans des techniques d'intimidation à l'encontre du débiteur défaillant en utilisant les menaces téléphoniques, le harcèlement des employeurs, et les injures verbales. Les employeurs préfèrent souvent licencier un employé temporaire plutôt que de supporter de tels agissements ou de subir les inconvénients administratifs de la saisie-arrêt sur salaire.

(1) *Federal Trade Commission:* Agence Fédérale du Commerce.

Cet organisme est officiellement chargé d'enquêter dans les entreprises et les milieux d'affaires, soit de sa propre initiative, soit sur demande du gouvernement ou du Président des E.U., et peut dans l'intérêt du public, poursuivre une entreprise en Justice.

XVIII. A.3. **Excerpt from a loan contract**

Delay in payment

In the event of delay in payment of any principal or interest sum due by virtue of the present Agreement, the Borrower will pay the rate of interest normally applicable, as defined in Article V hereabove, increased by 2 per cent, from the contractual payment date in question up to the date of actual payment.
However, the rate of interest for overdue payments shall, in no case, be less than the average day to day interest rates for the dollar on the London Euro-Dollar market, increased by 3 per cent between the contractual due date and the actual date of payment.

Default in payment

A) If any of the following events shall occur:

a) the Borrower shall default in the payment of any sum which shall become due hereunder; or

b) any representation or warranty made or deemed to have been made by the Borrower in this Agreement or any certificate or statement delivered or made hereunder is incorrect in any material way;

c) the Borrower shall default in the due performance or observance of any other clause contained in this Agreement and such default shall continue for thirty calendar days after receipt by the Borrower or the Guarantor of notice of such default from the Agent; or

d) if the Global Tool Company Ltd is brought to an end, is declared in bankruptcy, insolvency or is being liquidated.

B) Then and in any such event,
The Agent acting under instructions from and on behalf of the Bank may by notice to the Borrower and to the Guarantor declare the Loan, together with interest accrued thereon, to be immediately due and payable, whereupon the same shall become so due and payable.

XVIII. A.3. **Extrait d'un contrat de prêt**

• *Retard dans le règlement*

En cas de retard dans le versement d'une partie du capital ou d'un intérêt dûs aux termes du présent accord, l'emprunteur paiera le taux d'intérêt normalement applicable, tel qu'il a été défini par l'article V ci-dessus, majoré de 2 %, de la date prévue par le contrat pour le versement en question jusqu'à la date de versement effectif. Cependant le taux d'intérêt pour les versements en retard ne sera en aucun cas inférieur au taux moyen d'intérêt au jour le jour pour le dollar sur le marché londonien de l'Eurodollar, majoré de 3 %, de la date d'échéance prévue par le contrat à la date de versement effectif.

• *Défaut de paiement*

A) S'il advient que l'un des cas suivants se produise :

a) que l'emprunteur manque à ses engagements pour le règlement d'une somme quelconque venant à échéance au titre du présent document ; ou bien :

b) qu'une quelconque affirmation ou garantie avancée ou jugée avoir été avancée par l'emprunteur dans cette convention (ce contrat) ou qu'un quelconque certificat (ou déclaration) délivré ou effectué dans le présent document est matériellement inexact d'une façon quelconque ; ou bien :

c) s'il advient que l'emprunteur manque à ses engagements dans la bonne exécution ou l'observation rigoureuse de toute autre clause figurant dans cette convention, et qu'un tel manquement se prolonge pendant trente jours calendaires après réception par l'emprunteur ou par le garant (répondant) de la notification par l'agent d'un tel manquement ; ou bien :

d) si la société Global Tool veut mettre un terme à ses activités, est déclarée en faillite, insolvable, ou se trouve être liquidée.

B) Alors et dans un tel cas,

L'agent agissant sur instructions de et pour le compte de la banque peut par notification à l'emprunteur et au garant déclarer que le prêt et les intérêts courus sont immédiatement dûs et exigibles, en vertu de quoi ceux-ci deviendront du même coup dûs et exigibles.

XVIII. B.1. **Traduisez...**

1. Plusieurs suspects sont actuellement interrogés par la police.
2. Pour toutes les difficultés pouvant s'élever à propos du présent contrat, les parties s'efforceront de parvenir entre elles à un règlement à l'amiable.
3. Notre société ne pourra pas être pénalisée lorsque la non exécution de ses obligations sera due à des cas de force majeure.
4. A et B renoncent à tout recours l'un contre l'autre du fait de tout accident soit à des personnes soit à du matériel.
5. Ils auraient dû régler leurs différents à l'amiable.
6. Je me demande encore comment il a pu bénéficier de circonstances atténuantes.
7. Pourra-t-il obtenir une indemnité en cas de rupture de contrat ?
8. C'est loin d'être un récidiviste et on aurait dû le laisser en liberté sous caution.
9. Il m'est difficile de me porter caution pour quelqu'un qui a essayé d'abord de m'escroquer ensuite de me corrompre.
10. Cette accusation de détournement de fond et d'abus de confiance est une véritable diffamation.
11. Le faux en écriture était sa spécialité, mais il a perdu la main depuis longtemps.
12. Vous serez surpris quand vous verrez quelle sorte de témoins sont cités par la défense.
13. Il était trop malin pour se faire arrêter et il a toujours été condamné par défaut.
14. Je décline toute responsabilité dans cette affaire et en cas de litige je ne me considère pas comme compétent.
15. Aux termes de l'article IV du contrat, je vous rappelle que vous devez nous tenir informé de toute modification apportée à notre projet en cours.
16. Le concessionnaire se chargera de maintenir la politique commerciale définie par accord mutuel.
17. Dans le cas où naîtrait une contestation dans la mise en œuvre (application) du présent contrat, il est convenu d'avoir recours à un arbitrage.
18. Il intentera un procès s'il n'est pas remboursé avant huit jours.

XVIII. B.1. **... et contrôlez**

1. Several people are currently helping the police with their inquiry.
2. For all the difficulties that may arise from or in connection with the present contract, the parties will attempt to reach an amicable settlement.
3. No penalty will be applicable to our company when the non-fulfilment of its obligations id sue to circumstances beyond our control.
4. A and B waiwe any legal action by one party against the other in the event of any injury or material damage.
5. They should have settled their dispute amicably.
6. I still wonder how he managed to be granted extenuating circumstances.
7. Will he be able to get compensation in case of breach of contract?
8. He is far from being a habitual criminal and he should have been remanded on bail.
9. I can't very well (it's difficult for me to...) go bail for someone who has first tried to swindle and then to bribe me.
10. This charge of misappropriation of funds and breach of trust is a downright slander (libel).
11. Falsifying accounts was his specialty, but he has been out of practice for long.
12. You will be suprised when you see what kind of witnesses are called by the defendant.
13. He was too smart to get arrested and he was always convicted by default.
14. I decline all responsibility in this business, and in case of litigation I do not regard myself as competent.
15. Under article IV of the contract, I remind you that you must keep us informed of any modification brought to our current project.
16. The concessionary will undertake to abide by the commercial policy defined by mutual agreement.
17. In the event of a dispute occurring in the implementation of the present contract it is agreed to resort to arbitration.
18. He will take legal action if he is not refunded within a week.

XVIII. C. **Vocabulary**

abortion	avortement
to abscond	se soustraire à la justice
to accuse	accuser
to acquit	acquitter
acquittal	acquittement
action	action, instance
to adjourn	ajourner
administrative law	droit administratif
affidavit	déclaration par écrit et sous serment
aid	assistance
alibi	alibi
to allege	invoquer, alléguer
to appeal (against a decision)	faire appel
to arrest	arrêter
arson	incendie criminel
assault and battery	voies de fait
assizes	assises
to bail	mettre en liberté sous caution
bail	liberté sous caution
bankruptcy	faillite
bar	barreau
barrister	avocat
to be at law	être en procès
Bench	magistrature assise
to bequeath	léguer
binding	obligatoire
blackmail	chantage
breach of contract	rupture de contrat
breach of trust	abus de confiance
to break the law	enfreindre la loi
breaking and entering	pénétration par effraction
bribery	corruption
to bribe	acheter, corrompre
to bring an action against sb	intenter un procès à quelqu'un
to bring before a judge	faire comparaître, traduire (devant un juge)
to call as a witness	citer comme témoin
camera (in)	huis clos
case	cause, instance
capital punishment	peine capitale

XVIII. C. **Vocabulary**

to caution	mettre en garde
to charge (with)	inculper (de)
charge	inculpation, chef d'accusation
civil law	droit civil
claim	réclamation
to claim	réclamer
clerk	greffier
complaint	plainte
concealment	dissimulation
contempt of court	outrage à la cour, à magistrat
contract	contrat
conversion	usurpation de propriété
convict	condamné
to convict	condamner, déclarer coupable
costs	dépens (frais)
counsel (for the defense; for the prosecution)	avocat (de la défense; de l'accusation)
count	chef (d'accusation)
court	cour, tribunal
criminal proceedings	procédure pénale
cross examination	interrogatoire contradictoire
custody	détention
damages	dommages et intérêts
defalcation	détournement de fond
defamation	diffamation
default (by)	par contumace
defendant	défendeur, prévenu
delinquency	délinquence
delinquent	délinquant
desertion	abandon
to discharge	acquitter
discharged (in bankruptcy)	réhabilitation (d'un failli)
disorderliness	conduite contraire aux bonnes mœurs
disturbance of the peace	tapage nocturne
to distrain upon a debtor	saisir un débiteur
distress warrant	mandat de saisie
distraint	saisie
embezzlement	détournement de fonds

XVIII. C. **Vocabulary**

to enact	rendre (un arrêt), promulguer (une loi)
enforceable (at law)	exécutoire
enforcement	exécution, mise en vigueur
equity	équité
evidence	preuve, déposition
examining judge	juge d'instruction
examination	interrogatoire
exertion of undue influence	intimidation
to fail in a suit	perdre un procès
false pretence	escroquerie
false witness	faux témoin
falsification of account	faux en écriture
to file a lawsuit	engager des poursuites
fine	amende
to fine	condamner à une amende
forgery	faux
fraud	abus de confiance
fraudulent conversion	carambouillage
to goal [djéïl] (cf. jail)	écrouer
to go to law	avoir recours à la justice
graft	pots de vin
guilty	coupable
habitual delinquent	repris de justice
to have a writ served on sb	assigner quelqu'un
hearing	audience
hearing of witness	audition de témoin
hoax	mystification
to imprison	emprisonner
imprisonment	détention
indecent exposure	attentat à la pudeur
indictment	inculpation
indictable offence	délit grave
influence peddling	trafic d'influence
infringement (of patent)	contrefaçon de brevet
injunction	mise en demeure
instance	instance demande
institute proceedings against	intenter un procès à
to jail	mettre en prison
jail delivery	levée d'écrou

XVIII. C. Vocabulary

judgment	jugement
judge	juge
judicial	juridictionnel
judicial decision	décision judiciaire
jurisdiction	juridiction
juror	juré
jury	jury
larceny	vol, larcin
law	loi
law-abiding	respectueux des lois
lawyer	juriste
law and order	ordre public
lay magistrate	juge de paix bénévole
libel	diffamation, calomnie
life sentence	condamnation à vie
list	rôle
litigant	plaidant
to lodge a complaint against so	porter plainte contre qn.
magistrate	juge de paix
(with) malice aforethought	avec intention criminelle
maliciously	avec intention criminelle
manslaughter	homicide involontaire
misappropriation (of public funds)	abus de confiance (concussion)
misrepresentation	fausse déclaration
misuse of authority	abus d'autorité
mortgage	hypothèque
murder	homicide volontaire
non performance in agreement	inexécution d'un accord
to nonsuit	débouter (un plaideur) (débouté, ordonnance de non-lieu : no time bill)
offence	délit, infraction
offender	délinquant
order	décret, ordonnance
to overrule a submission	rejeter des conclusions
pending	en instance
perjury	parjure, faux témoignage
petty larceny	vol simple
pilfering	chapardage
plaintiff	demandeur, plaignant

XVIII. C. **Vocabulary**

to poach	braconner
post mortem examination	autopsie
to prefer a complaint	déposer une plainte
prisoner	détenu
probate	homologation, validation d'un testament
probate-duty	droit de succession
to grant probate of a will	homologuer un testament
probation	mise en liberté surveillée
proceedings	poursuites
procurer	entremetteur
prohibition	interdiction
to prosecute	engager, exercer des poursuites
prosecution	poursuites judiciaires
The Prosecution	le ministère public
prosecutor	demandeur
Public Prosecutor	ministère public, le procureur
punishment	châtiment
quarter sessions	assises trimestrielles
rape	viol ; rapt
reasons (adduced)	attendus
receiving	recel
recorder	avocats nommés pour remplir les fonctions de juge
registrar	greffier
relapse	récidive
to repeal	abroger, annuler
reprieve	commutation (de la peine capitale), répit, délai
respondent	défendeur
retainer retaining fees	honoraires versés d'avance à un avocat
to rifle	piller, spolier
riot	émeute
robbery	vol qualifié
rule	règle
second offender	récidiviste
sentence	condamnation, sentence
to sentence	condamner

XVIII. C. **Vocabulary**

to serve one's sentence	purger sa peine
shoplifting	vol à l'étalage
solicitor	avoué
to steal	voler
statute	loi
statute laws	droit écrit
submission	plaidoirie, conclusion
subornation (of witness)	subornation, corruption
subpoena	citation à comparaître, assignation
to subpoena	citer, assigner à comparaître
to sue somebody (at law)	intenter un procès, poursuivre quelqu'un en justice
to sue somebody for damages	poursuivre quelqu'un en dommages et intérêts
suit	procès
a summons	une assignation
to suspend judgment	surseoir au jugement
swindle	escroquerie
to take legal action	engager des poursuites
theft	vol
trial	procès, jugement
unbiased	impartial
to undertake proceedings	engager des poursuites
unfair	déloyal
to utter worthless cheques	émettre des chèques sans provision
vagrancy	vagabondage
verdict	verdict
warrant	mandat
the whereas clauses	les attendus
wilful	prémédité
wilful destruction	sabotage
will	testament
witness	témoin, témoignage
witness for the prosecution	témoin à charge
witness for the defence	témoin à décharge
writ	assignation, mandat, ordonnance

XIX

Business file nineteen

Written communication

Communication écrite

Depuis la lettre de demande de renseignements *(Letter of inquiry)* et la réponse qu'elle suscite *(Reply to inquiry)* jusqu'à la lettre de relance *(Follow up letter)* en passant par l'accusé de réception de la livraison *(Acknowledgement of Delivery)* et la lettre de réclamation *(Letter of complaint)*, très nombreuses sont les possibilités de communication écrite commerciale.

Ce dossier comprend 4 parties où nous nous bornons à offrir au lecteur :

A. Des indications pratiques sur la présentation d'une lettre commerciale
- A.1. Adresse
- A.2. Date
- A.3. Formules de salutations
- A.4. Formules de politesse finales
- A.5. Signature
- A.6. Ponctuation
- A.7. Comment terminer une lettre

B. 4 modèles de lettres commerciales anglais et américains
- B.1. Réponse à une demande (G.B.)
- B.2. Accusé de réception et réclamation (U.S.)
- B.3. Demande de renseignements (U.S.)
- B.4. Erreur et Excuses (G.B.)

C. Phrases-clés (lettres commerciales)

D. Les services de la poste en Grande-Bretagne

XIX. A. **Présentation et indications pratiques**

A.1. **Adresse :** en haut à gauche

Ex. :

- Monsieur F. Johnson s'écrit en anglais *Mr F. Johnson*
  On prononce *Mister F. Johnson*
  — Mais *"Mr"* ne s'écrit jamais en toutes lettres
- Madame P. Johnson s'écrit en anglais *Mrs P. Johnson*
  — *"Mrs"* est l'abrégé de *Mistress*, mais on *prononce* [misiz]
  — *"Mrs"* ne s'écrit jamais en toutes lettres
- Mademoiselle Johnson s'écrit en anglais *Miss Johnson*
- Messieurs s'écrit en anglais *Messrs.,*
  — On prononce [mèsez]
- Mesdames s'écrit en anglais *Mesdames*
  — On prononce [mèdemz]

A.2. **Date :** en haut à droite

- En anglais (G.B.) on écrira :

	Jour	Mois	Année
Ex. :	*6th*	*April,*	*198-*
ou :	*6*	*April,*	

- En américain (U.S.) on écrira :

	Mois	Jour	Année	
Ex. :	*April*	*6,*	*198-*	(Rencontré également en anglais (G.B.).

L'utilisation des abréviations pour les mois est à déconseiller. En voici cependant la liste :

January	Jan.	*May*		*September*	Sept.
February	Feb.	*June*		*October*	Oct.
March	Mar.	*July*		*November*	Nov.
April	Apr.	*August*	Aug.	*December*	Dec.

Ne pas indiquer la date en chiffres comme en français.

Ex. : En français : 6/4/8-= 6 Avril 8- (G.B.)
4 Juin 8 (U.S.)

XIX. A.3. **Formules de salutations**

- **Au singulier**

— La plus fréquente :

Dear Sir, (G.B.) *Dear Madam,* (G.B.)
Dear Sir : (U.S.) *Dear Madam :* (U.S.)

— *Sir* tout seul est plus sec

— Quand on connaît le destinataire on dira :
Dear Mr. Johnson, *Dear Mrs. Johnson,*
ou *Dear Mike :* *Dear Annie :*

— Pour « Chère Mademoiselle » on dira :
Dear Madam,
ou bien, à condition de connaître le nom de famille
Dear Miss Johnson

- **Au pluriel**

— *Dear Sirs,* ou *Gentlemen,* (G.B.) *Mesdames,* (G.B.)
— *Gentlemen :* (U.S.) *Mesdames :* (U.S.)
Ladies :

Gentlemen est la formule à utiliser lorsque l'on s'adresse à une société.

XIX. A.4. **Formules de politesse finales**

G.B. : *Yours faithfully,*
Yours sincerely,

U.S. : *Sincerely yours,*
Very sincerely yours,
Very truly yours,

On trouve de plus en plus la simple formule : *Sincerely,*

XIX. A.5. **Signature**

A l'inverse du français, la signature se trouve *au-dessus* du nom et du titre du signataire.

J. BAXTER
Sales Manager

p.p. (= per pro(curationem) = *by procuration,*
by proxy

XIX. A.6. **Ponctuation**

Mêmes signes qu'en français :

- . *full stop, period*
- , *comma* [kome]
- ; *semi-colon*
- — *dash*
- " " *quotation marks*

  Dans une dictée on pourra dire :
  open inverted commas, ou *quote*
  ouvrez les guillemets
  close inverted commas, ou *unquote*,
  fermez les guillemets
- ? *question mark*
- ! *exclamation mark*
- () *parenthesis* ou *curves*
- [] *brackets*
- - *hyphen* [h**aï**fen] —
- ... *suspension points*.

XIX. A.7. **How to end a letter**

If doubtful[1] [d**aou**tfoul] whether to end with "yours faithfully", or "yours truly", or "yours most truly", (there are at least a dozen ;varieties [ver**aïe**tiz], before you reach "your affectionately), refer [rif**e**:] to your correspondent's last letter, and make your winding up[2] [w**aï**ndin*] at least as friendly [fr**è**ndli] as his: in fact, even if[3] a shade[4] more friendly, it will do no harm[5].

Lewis Carrol - *Eight or Nine Wise Words about letter-writing* (1890)

---

(1) *doubtful:* hésitant, incertain.
(2) *to wind up:* terminer.
(3) *even if:* même si...
(4) *shade:* ombre, nuance — ici, *a shade more* : légèrement plus.
(5) *to do harm:* nuire, porter tort, faire du mal.

XIX. B.1. **Reply to inquiry (G.B.)**

Remarquez la présentation « en alinéa » (indented form)

Dear Sir,

The enclosed folder outlines our product range, and supplies technical data as to the performance [pefomens] of our latest models.

Should you require (need) further information our specialists are at your disposal. Please feel free to write or phone. In the same way (Similarly), our sales department will be pleased to reply to all your inquiries about terms of sale and payment.

We trust this literature will be of interest to you, and that you will soon (shortly) get in touch with us.

Yours sincerely,

XIX. B.2. **Acknowledgment of delivery (U.S.)**

Remarquez la présentation en bloc, sans alinéa (Block form)

Gentlemen:

We acknowledge receipt of your latest consignment (slip nº 8653, dated... May 6, 198-), but we are sorry to let you know that one of the boxes has been damaged (reached us in a damaged condition).

As a result three pairs of trousers are stained and unsaleable (œnséïlebel]. They will be sent back to you carriage forward.

We would be grateful if you would take the necessary steps with your carrier in order to avoid a recurrence of such incidents.

Very truly yours,

XIX. B.1. **Réponse à une demande**

Monsieur,

Le dépliant ci-joint vous donne un aperçu de la gamme de nos produits, et fournit des précisions techniques sur les performances de nos plus récents modèles.

Si vous désirez de plus amples informations, nos spécialistes sont à votre disposition. Il vous suffit de nos écrire ou de nous téléphoner. De même, notre service commercial se fera un plaisir de répondre à toutes vos questions sur les conditions de vente et de paiement.

Nous espérons que la présente documentation vous intéressera, et que vous entrerez prochainement en contact avec nous.

Bien sincèrement à vous,

XIX. B.2. **Accusé de réception d'une livraison**

Messieurs,

Nous avons bien reçu votre dernière expédition (Bordereau nº 8653 en date du 6 mai 198-).

Mais nous avons le regret de vous signaler qu'un des cartons était endommagé. De ce fait, trois pantalons sont tachés et invendables. Nous vous les renvoyons en port dû.

Nous vous serions reconnaissants de bien vouloir faire le nécessaire auprès de votre transporteur pour éviter à l'avenir de tels accidents (que de tels incidents se reproduisent).

Nous vous prions de croire à l'expression de nos meilleurs sentiments.

XIX. B.3. **Letter of inquiry - (U.S.)**

Gentlemen:

Looking through your catalogue, I have been surprised at finding that your M 24 Model was no longer featured. Does it mean that you have discontinued that model? I hope that such is not the case, and that anyway you have stocked a sufficient amount to meet orders on hand —but I would appreciate more detailed information on this point.

Could you also supply us with technical data concerning your CS 17 contact switch, which we would be prepared to purchase if its specifications meet our requirements.

We are looking forward to an early reply,

Sincerely yours,

XIX. B.4. **Errors and apologies (U.S.)**

Dear Madam,

There has been an error in the statement of your account as of January 1, 198- which we sent you last week.

The figure in the last column to the right should not read 547 but 745. The latter is consequently the amount due to us, and in case you have already effected payment, we should be grateful if you would settle the balance by cheque.

We apologize for the inconvenience and remain at your disposal for any future order.

Yours faithfully,

XIX. B.3. **Demande de renseignements**

Messieurs,

En parcourant votre catalogue, j'ai été surpris de voir que votre modèle M 24 n'y figurait plus. Doit-on en conclure que vous ne le fabriquez plus ? J'espère qu'il n'en est rien, et que de toute façon vous en aurez suffisamment en stock pour honorer les commandes en cours, mais j'aimerais avoir des précisions sur ce point.

Par ailleurs, pourriez-vous nous communiquer la fiche technique de votre contacteur CS 17, dont nous serions volontiers acheteurs si ses caractéristiques répondent à nos besoins.

Dans l'espoir d'une réponse rapide, je vous prie de croire, à l'assurance de nos sentiments distingués.

XIX. B.4. **Erreurs et excuses**

Madame,

Une erreur s'est glissée dans le relevé de votre compte à la date du 1.1. 8-, que nous avons envoyé la semaine dernière.

Ce n'est pas 547 F mais 745 F qu'il faut lire dans la dernière colonne de droite. C'est donc de cette dernière somme dont vous nous êtes redevable et au cas où vous auriez déjà opéré le versement, nous vous prions de bien vouloir nous régler le solde par chèque.

Nous vous prions d'excuser ce contretemps et restons à votre disposition pour toute nouvelle commande.

Veuillez agréer, Madame, l'expression de nos meilleurs sentiments

XIX. C. **Essayez de traduire...**

1. Afin d'éviter tout malentendu...
2. Au cas où cet article ne vous conviendrait pas...
3. Au cas où les marchandises ne nous seraient pas parvenues sous huitaine, nous nous verrions dans l'obligation d'annuler notre commande.
4. En réponse à votre lettre du 10 courant...
5. Envoyez-nous la facture en double exemplaire.
6. Faites-nous connaître par retour (du courrier)...
7. Faites-nous connaître vos meilleurs prix.
8. Faute de paiement sous quinzaine, nous nous verrons dans l'obligation de vous citer en justice.
9. J'accuse réception de...
10. J'ai le regret de vous signaler que...
11. J'ai l'honneur de confirmer l'entretien que j'ai eu avec vous...
12. J'ai l'honneur de faire acte de candidature pour le poste de...
13. Je vous serais reconnaissant de bien vouloir...
14. Les marchandises ne sont pas conformes à l'échantillon.
15. Les marchandises peuvent être livrées sous quelques jours.
16. Les prix que nous indiquons sont établis...
17. Nos conditions de paiement sont X % à la commande et le solde à la livraison.
18. Nous accordons des conditions spéciales pour commande importante.
19. Nous aimerions obtenir de plus amples détails (des informations plus précises).
20. Nous attirons particulièrement votre attention sur...
21. Nous avons le plaisir de vous envoyer ci-joint.
22. Nous espérons que vous continuerez à nous honorer de votre clientèle.
23. Nous nous dégageons de toute responsabilité.
24. Nous nous permettons de vous suggérer...
25. Nous regrettons que le règlement ait été si longtemps différé.
26. Nous remettons le dossier entre les mains de notre service contentieux.
27. Nous sommes prêts à vous accorder une réduction de...
28. Au cas où le jour et l'heure ne vous conviendraient pas...

XIX. C. **... et contrôlez**

1. In order to prevent any misunderstanding...
1. Should this article not suit you...
3. If the goods have not reached us within a week we shall have to cancel our order.
4. In reply to your letter of 10th of this month...
5. Please send us the invoice in duplicate.
6. Please let us know by return (of post) (U.S. by return mail).
7. Please quote us your best terms.
8. Failing payment within a fortnight, we 'shall have to take legal action.
9. I acknowledge receipt of...
10. I am sorry to let you know (to inform you) that...
11. I would like to confirm the conversation we had...
12. I wish to apply for the position of...
13. I would be grateful if you would...
14. The goods are not up to sample (true to sample).
15. The goods can be delivered at a few days' notice.
16. The prices we quote are calculated...
17. Our terms of payment are x% when ordering (with the order) and the balance on delivery.
18. We allow special terms for quantities.
19. We would like to have (to obtain; to be given) more detailed information (further details; further information; further particulars)...
20. We would particularly like to draw your attention to...
21. Please find enclosed... We are sending you herewith...
22. We trust you will continue to favour us with your orders.
23. We decline all responsibility.
24. We venture to suggest...
25. We regret that the settlement has been delayed so long.
26. We shall place the file in the hands of our legal department.
27. We are prepared to grant (allow) you (a)...% discount.
28. Should the date and time prove inconvenient...

XIX. D. The Post Office Corporation Services

The British Post Office is nowadays a corporation, that is to say a body with an autonomy enabling it to act in terms of management.

The first service it offers—and which it has offered since the 18th century— is the carriage of mail.

However, telephone and telex (cf. XX) are more and more employed by firms, and it is estimated that less than 20% of the mail dispatched are real letters: the rest consists of advertising and magazines. So, in the future, letters might become a luxury, as in the 18th century, and messages could be sent electronically.

Letters can be ordinary or registered and parcels can be received "Cash on delivery" (C.O.D.).

The Post Office Corporation offers different financial services:

Since 1968 it has operated the National Giro Service, through which money can be transferred from one account to another, or cash paid at counters.

Money can also be sent by:

money order (M.O.)—postal order (P.O.)—telegraphic money order (T.M.O.).

The Post Office also runs a Savings Bank, distributes old-age pension and family allowances, and issues radio, television, cable television and... dog licences.

Vocabulary

air-mail	poste aérienne
"to be called for"	poste restante
code	code
collection	ramassage
delivery	distribution, levée
mail	courrier
ordinary letter	lettre simple (ou ordinaire)
parcel	paquet
please forward	faire suivre s.v.p.
postal code	code postal
postage	affranchissement
post-free	franco de port
postmark	oblitération

XIX. D. **Les services de la poste**

La poste britannique est de nos jours une « corporation », c'est-à-dire un organisme doté d'une autonomie qui lui permet d'agir en termes de gestion.

Le premier service qu'elle offre — et qu'elle offre depuis le 18e siècle — est celui du port du courrier. Cependant le téléphone et le télex sont de plus en plus employés par les entreprises, et l'on estime que moins de 20 % du courrier acheminé comprennent de vraies lettres : le reste représente de la publicité et des périodiques. Aussi, dans l'avenir, les lettres pourraient devenir un luxe, comme au 18e siècle, et les messages pourraient être transmis électroniquement. Les lettres peuvent être ordinaires ou recommandées et les paquets peuvent être reçus « contre remboursement ».

La poste offre différents services financiers :
elle exploite, depuis 1968, le service national des chèques postaux, grâce auquel de l'argent peut être transféré de compte à compte, ou bien de l'argent liquide retiré aux guichets. De l'argent peut également être envoyé au moyen de :
— mandat-poste — « bon de poste[1] » — mandat télégraphique.

En outre, la poste gère une Caisse d'Épargne, distribue les pensions vieillesse et les allocations familiales, et émet des « licences » pour la radio, la télévision, la télévision par câble et... les chiens.

(1) N'existent plus en France.

Vocabulary (continued)

postmaster	receveur des postes
Postmaster General	Directeur Général des Postes
'poste restante'	poste restante
post office savings bank	caisse d'épargne
printed matter	imprimé
recipient	destinataire, bénéficiaire
to redirect	faire suivre
registered letter	lettre recommandée
sample	échantillon
savings bank deposit book	livret de caisse d'épargne
to sort	trier
sorting machine	machine à trier
stamp	timbre
to stamp	oblitérer
telegraphic money order	mandat télégraphique

XX

Business file twenty

Telecommunications

Cette dernière unité, principalement consacrée à la communication téléphonique, comporte également un certain nombre de textes et de renseignements, naturellement très incomplets, sur le vaste domaine des télécommunications.

Ce dossier comprend quatre parties :

A. Conseils pratiques suivis (A.1.) de 5 exemples de conversations téléphoniques (A.2. à A.6.)

B. Une série de phrases-types

C. Une série de textes

C.1. Telex
C.2. Morse's invention
C.3. The telegraph revolution

D. Vocabulaire : Telephone

XX. A.1. **Conseils pratiques**

Calling from a telephone-box in Britain.	*Appel d'une cabine téléphonique (G.B.)*
• Lift receiver.	• Soulever le récepteur..
• You will hear the dialling tone (a continuous purring).	• Vous entendrez la tonalité (un ronflement continu).
• Dial your number.	• Composer votre numéro.
• Wait a few seconds.	• Attendez quelques secondes.
• You will hear the ringing tone (a repeated burr-burr).	• Vous entendrez la sonnerie d'appel (un « burr-burr » répété).
• When your correspondent picks up his receiver you will hear the pay tone (a series of bip-bip).	• Quand votre correspondant décrochera son récepteur, vous entendrez la tonalité de paiement (une série de bip-bip).
• Then press in a coin.	• Insérez alors une pièce.
You may also hear:	*Vous pouvez également entendre :*
• a series of slow pips : it is the engaged tone,	• une série de « pips » lents : c'est la tonalité engagée,
• or a steady tone (or no sound at all) : your number is out of service.	• ou une tonalité continue (ou pas de son du tout) : votre numéro est hors de service.
Call the operator (Dial 100) and ask for help.	Appelez l'opératrice (faites le 100) et demandez de l'aide).

Pour épeler les noms utilisez le code suivant.

A for Andrew	J for Jack	S for Sugar
B " Boy	K " King	T " Tommy
C " Charlie	L " Lucy	U " Uncle
D " David	M " Mary	V " Victory
E " Edward	N " Nut	W " William
F " Freddie	O " Oliver	X " X-Rays
G " George	P " Peter	Y " Yellow
H " Harry	Q " Queenie	Z " Zebra
I " Ink	R " Robert	

XX. A.2. **Telephone I**

R.M. = Robert Marlot; S. = Secretary; R.B. = Richard Boone

R.M. Hullo, Davis and Co?... Could I speak to Mr. Richard Boone, please?

S. Who's calling him?

R.M. Robert Marlot from Bessart and Co.

S. I'll put you through to Mr. Boone.

R.M. Hello Richard? Robert Marlot speaking...

R.B. Glad to hear you Bob.

R.M. I'm calling about the meeting next Tuesday evening. Mr. Gaillard told me to ask you whether it could possibly be postponed [pôoustp**ôou**nd] till Tuesday week. Only if you don't mind too much of course.

R.B. Wait a minute!... Let me have a look at my diary [d**aï**eri]. Tuesday, Tuesday. It'll be the 27th, won't it?

R.M. Right.

R.B. Apparently, it could work; I am free for the moment. Hold on a second, I'll check with my secretary... Good. No problem. OK, for Tuesday week.

R.M. Thank you. That'll suit Mr. Gaillard fine, he had forgotten he had a Board meeting on Tuesday this week. Thanks again.

Birth and development of the telephone

In 1875, Alexander Graham Bell managed to transmit a sound from one room to another. The next year he improved his invention and took patents which—after suits before the U.S. Supreme Court—gave Bell's company complete control of the telephone patents.

(to be continued)

XX. A.2. **Téléphone I**

R.M. Allô, l'entreprise Davis et Compagnie?... Pourrais-je parler à Monsieur Richard Boone, s'il vous plaît?

S. C'est de la la part?

R.M. Robert Marlot, de chez Bessart et Compagnie.

S. Je vous passe Monsieur Boone.

R.M. Allô Richard? Robert Marlot à l'appareil.

R.B. Content de vous entendre...

R.M. Je vous appelle au sujet de la réunion de mardi soir. Monsieur Gaillard m'a dit de vous demander s'il n'était pas possible de la remettre à mardi en huit. Uniquement si ça ne vous dérange pas bien sûr.

R.B. Attendez, je consulte mon agenda. Mardi, mardi... ça sera le 27 n'est-ce-pas?

R.M. C'est cela.

R.B. Apparemment ça pourrait marcher, je n'ai rien pour l'instant. Une seconde, je vérifie auprès de ma secrétaire... Bon pas de problème. D'accord pour mardi en huit.

R.M. Merci. Ça arrange Monsieur Gaillard, il avait oublié qu'il avait un Conseil d'Administration mardi cette semaine. Merci encore.

Naissance et développement du téléphone

En 1875, A. G. B. réussit à transmettre un son d'une pièce à une autre. L'année suivante il améliora son invention et prit des brevets qui — après un certain nombre de procès devant la Cour Suprême des États-Unis — donnèrent à sa société une emprise totale sur les brevets du téléphone.

(à suivre)

XX. A.3. **Telephone II**

J.M. = Jack Morton; S. = Secretary; B.A. = Bernard Auvent

J.M. Could I speak to Mr. Régnier, please?

S. Who's asking for him please?

J.M. Jack Morton from B.M.S. Manufacturing.

S. Wait a minute Sir, I'll see if Mr. Régnier can speak to you... Sorry Sir, Mr. Régnier is having a meeting.

J.M. Ah, no, listen don't try the old conference trick on me I've been trying to get him on the phone for two days. When he is not in conference the line's busy or he has just left. Look here, I've already explained the matter in details [ditéilz]: we still haven't received the shipiment due two days ago. Get me someone from the sales department. Good Heavens I'm getting fed up with this damn business...

S. One second Sir, I'll put you through to the Sales Department.

B.A. Bernard Auvent speaking.

J.M. Jack Morton from B.M.S. Manufacturing. I should have received my order two days ago and I can't manage to get in touch with you.
What's the matter with you?

B.A. I am not aware of this, Sir, I'll hand you over to the proper department. Hold on.

J.M. Wait, I... Good grief! We've been cut off!...

Birth and development of the telephone (continued)

Basically, today's telephone works the same way as when Bell spoke the first words over the instrument. "Mr. Watson, come here. I want you". Sound energy is converted into electric energy and transmitted over a wire to a receiver, where the electric energy is then converted back to sound energy. The voice that one hears on the telephone is actually an electric imitation of the voice at the sending end.

XX. A.3. **Téléphone II**

J.M. Pourrais-je parler à M. Régnier, s'il vous plaît ?

S. Qui est à l'appareil s'il vous plaît ?

J.M. Jack Morton de B.M.S. Manufacturing.

S. Attendez, je vais voir si Monsieur Régnier peut vous parler... Désolé Monsieur, Monsieur Régnier est en conférence.

J.M. A non, écoutez, ne me faites pas le coup de la conférence... ça fait deux jours que j'essaie de téléphoner. Quand il n'est pas en conférence sa ligne est occupée, ou il vient de sortir. Écoutez, j'ai déjà expliqué l'affaire en détail : nous n'avons toujours pas reçu la livraison prévue il y a deux jours. Passez-moi quelqu'un du service des ventes. Ça commence à bien faire nom d'un chien...

S. Une seconde Monsieur, je vous passe le service des ventes.

B.A. Bernard Auvent à l'appareil !

J.M. Ici Morton de B.M.S. Manufacturing. J'aurai du recevoir ma commande il y a deux jours et je n'arrive pas à entrer en contact avec vous. Qu'est-ce qui se passe ?

B.A. Je ne suis pas au courant Monsieur. Je vais vous passer le service compétent. Ne quittez pas.

J.M. Attendez, je... Zut ! On a été coupé !...

Naissance et développement du téléphone **(suite)**

Fondamentalement, le téléphone fonctionne de nos jours de la même façon que lorsque Bell prononça devant l'appareil ces premiers mots : « M. Watson venez ici. J'ai besoin de vous ». L'énergie sonore est convertie en énergie électrique et transmise par un fil jusqu'à un récepteur, où elle est reconvertie en énergie sonore. La voix que l'on entend au téléphone est en réalité une imitation de la voix émettrice.

XX. A.4. **Telephone III**

M. = Michael; S. = Secretary; H. = Henry

M. Could you get me extension [ikstènchen] 147, please.

S. One moment please.
M. Hello! Is it you Henry? Michael speaking, from the accounts department. How are you?

H. I'm fine. It's rather quiet : ound here. What about you?

M. I am calling to ask you a small favour. We have a slight problem here. Everybody's busy preparing the payroll and we have no one to type the report on the Guilford branch. Could you lend us someone this afternoon? Patricia for instance?

H. Naturally it's Patricia you want... It's not convenient [kenvi:nient] for me, I've just asked her to do some filing [faïlin*] and she'll be busy all day. Is it that urgent?

M. Listen, you know I don't like to bother [boz*e] the other departments—But today...

H. Wouldn't tomorrow suit you?

M. The boss wants the report on his desk tomorrow lunch time. And I must have re-read [ri:rèd] in between. It's well over thirty pages.

H. Yes I see. Well... I'm doing this as a favour to you... Do you want to speak to her?

Birth and development of the telephone (continued)

Today several conversations can be carried on a single pair of wires. Besides, coaxial cable systems can transmit up to 2,000 conversation at the same time. Then, radio relay systems, employing frequencies called microwaves can carry more then 10,000 telephone conversations. This system requires relay station every 30 mi. But with the development of satellites (Telstar) radio signals can be amplified and relayed by satellites from one ground station to another several thousand miles away, thus eliminating the needs for intermediate ground relay stations. ■

XX. A.4. **Téléphone III**

M. Passez-moi le poste 147, s'il vous plaît.

S. Un instant.

M. Allô, c'est vous Henri, ici Michel du service comptabilité. Comment ça va ?

H. Ça va bien. C'est plutôt calme ici. Et chez vous ?

M. J'ai besoin d'un petit service. Nous avons un petit problème ici. Tout le monde est occupé à faire la paye et on n'a plus personne pour taper le rapport sur la succursale de Guilford. Est-ce que vous pourriez nous prêter quelqu'un cet après-midi ? Patricia par exemple ?

H. Naturellement c'est Patricia que vous voulez... Ça ne m'arrange pas, je lui ai justement demandé de faire du classement et elle en a pour la journée. C'est vraiment urgent à ce point ?

M. Écoutez, vous savez que je n'aime pas embêter les autres services. Mais aujourd'hui...

H. Demain, ça n'irait pas ?

M. Le patron veut le rapport sur son bureau demain midi. Et il faut que je l'ai relu entre temps. Ça fait tout de même dans les 30 pages.

H. En effet. Bon... C'est bien parce que c'est vous... Voulez-vous que je vous la passe ?

Naissance et développement du téléphone (suite)

De nos jours on peut mener plusieurs conversations sur deux fils téléphoniques seulement. De plus, les systèmes de câbles co-axiaux peuvent transmettre jusqu'à 2.000 conversations à la fois. Des systèmes de relais radio employant des fréquences téléphoniques (à la fois). Ce système requiert des stations relais tous les 50 km. Mais avec le développement des satellites (Telstar) les signaux radio peuvent être amplifiés et relayés par satellites d'une station au sol à une autre, située à plusieurs milliers de kilomètres, éliminant ainsi la nécessité de stations relais au sol intermédiaires. ■

XX. A.5. **Telephone IV**

C.B. = Charles Bourdiat; S. = Secretary; M.G. = MacGovern

C.B. Hello! Foxton Ltd?... Could I speak to Mr. Mac Govern?

S. I beg your pardon, who do you want to speak to?

C.B. To Mr. Mac Govern.

S. Mike Coburn? Are you sure he is with us?

C.B. Yes, *I am*. You're Foxton Ltd, aren't you?

S. Yes, we *are*. Could you spell the name of the person you're asking for, please?

C.B. Yes, Mac Govern. M for Mary, A for Andrew, C for Charlie, G for George, O for Oliver, V for Victory, E for Edward, R for Robert, N for Nut.

S. O! Mac Govern [g**œ**ven]! I'll put you through to him right away.

M.G. Hello! Mac Govern speaking.

C.B. This is Charles Bourdiat from B.M.S.

M.G. How are you Charles?

C.B. Fine. But I had some trouble getting you. As a matter of fact, I was mispronouncing your name. Have you received our letter?

M.G. The one telling us about Pierre Julien's arrival?

C.B. Yes. I'm calling because there's been a change. In fact, he'll only arrive on the 27th at 6.30 p.m. I hope you havent't booked for him yet.

M.G. No, we haven't; it'll be done today; but if he goes back on the 30th as arranged it might be a bit short.

C.B. Exactly. It was thought here he could stay till the first. But he must absolutely be back for the 2nd. We thought we would book him on a return on the first in the morning.

M.G. OK. It's a good thing he can stay on the 30th. He'll be able to meet the Chicago subsidiary [seb**si**dieri] President.

C.B. Splendid! I'll confirm everything in writing. Goodbye.

M.G. Thanks for calling.

XX. A.5. **Téléphone IV**

C.B. Allô ? Foxton Ltd ?... Pourrais-je parler à Monsieur MacGovern ?

S. Pardon, à qui voulez-vous parler ?

C.B. A Monsieur MacGovern.

S. « Makovurn » ? Vous êtes sûr que c'est chez nous ?

C.B. Mais oui. C'est bien Foxton Ltd ?

S. Oui. Pourriez-vous épeler le nom de la personne que vous demandez, s'il vous plaît ?

C.B. Oui. MacGovern. M comme Marie, A comme André, C comme Charles, G comme Georges, O comme Orange, V comme Victoire, E comme Edouard, R comme Robert, N comme Nelly.

S. Oh ! MacGovern ! Je vous le passe immédiatement.

M.G. Hello ! MacGovern à l'appareil.

C.B. Ici Charles Bourdiat, de la B.M.S.

M.G. Comment allez-vous Charles ?

C.B. Bien. Mais j'ai eu du mal à vous obtenir. En fait, je prononçais mal votre nom. Vous avez reçu notre lettre ?

M.G. Celle annonçant l'arrivée de Pierre Julien ?

C.B. Oui je vous téléphone à cause d'un changement. En fait il n'arrivera que le 27, à 18 h 30. J'espère que vous n'avez pas encore retenu pour lui.

M.G. Non, mais on va le faire aujourd'hui ; et il repart le 30 comme prévu ? Ça risque d'être un peu court.

C.B. Justement. On a pensé qu'il pourrait rester jusqu'au 1er. Mais il faut absolument qu'il soit rentré pour le 2. On comptait lui prendre un retour pour le 1er au matin.

M.G. D'accord. Ici on va donc lui réserver une chambre du 27 au 31 inclus. C'est bien qu'il puisse rester le 30, il pourra voir le président de la filiale de Chicago.

C.B. Parfait je vous confirme tout ça par lettre. Au revoir.

M.G. Merci d'avoir appelé.

XX. A.6. **Telephone V**

G. = *Gilbert*; *B.* = *Bryan*

G. Hello Bryan? Gilbert speaking. I have good news for you! I've just left our meeting; we'll be able to deliver. We've decided to delay another shipment, the customer has agreed to it.

B. Wonderful. Can we get it on the 8th?

G. In principle [prin:sipel] you can. Anyway it'll be sent off on the 5th.

B. Did you settle the problem we were talking about the other day? The left-hand drive?

G. Yes we did. It was not technically [tèknikli] easy, but we've altered the model to allow for left-hand driving.

B. As for the gear shift, is it the latest model?

G. Yes it is. I'm sure you'll be completely satisfied.

B. Very well.

G. Besides, I must tell you that we have just devised a special uniform for the pilot: bowler hat and leather boots. It seems to work very well with top executives. Er... One last point. Do you want us to send someone for a demonstration?

B. No. I don't think that'll be necessary. We have our own specialists here... By the way, do you have models for couples [kœpelz]? The demand is getting bigger and bigger for that type of machine.

G. We're just about to bring out something. I'll send you our latest literature on it.

B. Thanks, I'll look forward to receiving it.

G. Right. I hope our bicycles reach you safely.

XX. A.6. **Téléphone V**

G. Allô Brian ? C'est Gilbert ici. Une bonne nouvelle ! Je sors de la réunion, et on va pouvoir vous livrer. On a décidé de décaler une livraison, le client est d'accord.

B. Formidable. On pourra les avoir pour le 8 ?

G. En principe oui. En tout cas, ça part de chez nous le 5.

B. Vous avez pu régler le problème dont on parlait l'autre jour ? La conduite à gauche ?

G. Oui. Ça n'a pas été facile techniquement, mais nous avons modifié le modèle pour permettre la conduite à gauche.

B. Pour les changements de vitesse, c'est bien le dernier modèle ?

G. Oui. Je pense que vous aurez toute satisfaction.

B. Très bien.

G. Je vous signale par ailleurs que nous venons de mettre au point un équipement spécial pour le pilote : chapeau melon et bottes de cuir. Ça semble très bien marcher avec les cadres supérieurs. Ah... Un dernier point. Voulez-vous que nous vous envoyons quelqu'un pour faire la démonstration ?

B. Non. Je ne crois pas que ce sera la peine. Nous avons nos propres spécialistes ici... A propos, est-ce que vous avez des modèles pour couples ? La demande est de plus en plus forte pour ce genre de machines.

G. On est justement en train de sortir quelque chose. Je vais vous faire envoyer notre dernière documentation là-dessus.

B. Merci, je l'attends avec impatience.

G. Parfait. Il ne me reste plus qu'à vous souhaiter bonne réception de nos bicyclettes.

Pour transmettre à l'opérateur un numéro comportant des chiffres répétés on dira :

33-42-10 : double three - four, two - one, oh
17-66-25 : one: seven - double six - two, five
5440 : five, four, four, oh

XX. B. **Essayez de traduire...**

1. Pourriez-vous épeler votre nom s'il vous plaît?
2. Quel est l'indicatif téléphonique?
3. Pourriez-vous me passer le poste 209?
4. Ne quittez pas! Marc veut vous parler.
5. La ligne est si mauvaise que je peux à peine vous entendre.
6. Raccrochez s'il vous plaît et refaites le numéro.
7. J'ai peut-être fait un faux numéro. La ligne avait l'air d'être tout le temps occupée.
8. Je vous passe M. Martin. Il saura vous répondre.
9. La ligne est maintenant en automatique (interurbain). Vous n'aurez plus besoin de passer par le central.
10. Mademoiselle, ça fait la deuxième fois que nous sommes coupés!
11. Comment épelez-vous le nom du Central?
12. Ici Monsieur Smith (M. Smith à l'appareil). Puis-je parler à M. Snowdon.
13. Nous appelons votre correspondant Monsieur.
14. Faites passer tous mes appels en salle de réunion (de conférence).
15. Pouvez-vous demander le numéro 502 67 90?
16. La ligne doit être mauvaise.
17. Je veux appeler Leeds. Est-ce qu'il y a de l'attente?
18. Il va falloir que je raccroche. Je téléphone d'une cabine publique et il y a la queue à l'extérieur.
19. M. Rowland a laissé un message pour nous. Il voudrait que vous le rappeliez à son bureau entre 4 et 6.
20. Si ça ne vous est pas possible, il vous rappellera chez vous ce soir.
21. A quelle heure puis-je espérer que mon appel passera?
22. Souvenez-vous que l'heure locale est ici en avance de 3 heures sur l'heure française.
23. Il vous faudra de la (menue) monnaie si vous avez à téléphoner depuis des aéroports.
24. Un appel en P.C.V. est réglé par le destinataire (l'appelé).
25. Le numéro demandé doit être raccordé au service des abonnés absents.

1. Could you please spell your name.
2. What is the area code?
3. Can you put me through to extension 209?
4. Hold on a minute! Mark wants to speak to you.
5. The line is so bad I can hardly hear you.
6. Please hang up and dial the number again.
7. Maybe I dialled the wrong number. The line always seemed to be engaged.
8. I hand you over to Mr. Martin. He'll know the answers.
9. The line is now on S.T.D. (Subscriber's Trunk Dialling). You won't need to go through the exchange anymore.
10. Operator? We've been cut off for the second time!
11. How do you spell the exchange?
12. This is Mr. Smith. May I talk to Mr. Snowdon?
13. Ringing your party, Sir (U.S.).
14. Have any phone calls for me transferred to conference room.
15. Can you get number 502 67 90 for me please.
16. We must have a bad connection.
17. I want to place a call to Leeds; is there any delay?
18. I'll have to hang up. I'm calling from a public phone box and there is quite a queue outside.
19. Mr. Rowland left a message for you. He'd like you to call him at his office between 4 and 6.
20. If you can't do that, he'll call you back to night at your home.
21. At what time can I expect my call to go through?
22. Remember that local time here is three hours ahead of French time.
23. You'll need small change if you have to phone from airports.
24. A collect call (U.S.) (G.B.: reverse charge call) is to be paid for by the called person.
25. The called number must be connected to the absent subscribers service.

XX. C.1. **Telex**

Telex is a system of information transmission which combines the advantages of the letter—it leaves a written proof—and of the telephone—quickness—and avoids the inconveniences due to differences in legal time.

The Telex subscriber receives a copy of the messages (both transmitters and receivers). Each subscriber has a number and a code letter.

The Telex installation can include a punched tape system which can transmit automatically at a speed of 400 signs a minute (about 70 words).

Telex is above all meant for Newspapers and Press Agencies, Transport Companies, Insurance Companies, Import Export firms, banks, stockbrokers etc...

XX. C.2. **Morse's invention**

Modern telegraphy is based on Samuel F B Morse's invention (1833) which used a storage battery and the newly developed electromagnet. Letters and other symbols are coded in various combinations of dots and dashes, a dot corresponding to a current impulse lasting about 1/25 second and a dash about three times as long.

In 1884, between Washington, D.C., and Baltimore (on a distance of 40 m.) a line carried Morse's first public message, " what hath God wrought ".

But in spite of this success, the Postmaster General decided that the telegraph was little more than a toy and government support was withdrawn. Private capital was soon obtained and some 50 companies were already using the Morse system by the middle of the 19th century...

XX. C.1. **Télex**

Le Télex est un système de transmission d'informations qui combine les avantages de la lettre — il laisse une preuve écrite — et du téléphone — la rapidité — et évite les inconvénients dus au décalage horaire.

Les abonnés télex reçoivent une copie des messages (aussi bien les émetteurs que les récepteurs). Chaque abonné a un numéro et un indicatif.

L'installation télex peut comporter un système à bande perforée qui transmet le message automatiquement à une vitesse de 400 signes à la minute (environ 70 mots).

Le Télex est avant tout destiné aux journaux, Agence de Presse, Compagnies de Transport, Compagnie d'Assurance, Sociétés d'Import-Export, banques, agents de change...

XX. C.2. **L'invention de Morse**

La télégraphie moderne est basée sur l'invention de S.F.B. Morse (1833) qui utilisait une pile à accumulation et l'électro-aimant, récemment mis au point. Les lettres ainsi que d'autres symboles sont mises en code par diverses combinaisons de *points* et de *traits*, un point correspond à une impulsion (de courant) durant environ 1/25ᵉ de seconde et un trait environ trois fois plus.

En 1844, entre Washington, D.C.[1], et Baltimore — sur une distance de (plus de) 60 km — une ligne transmit le premier message public de Morse, « ce que Dieu a forgé ».

Mais en dépit de ce succès, l'Intendant Général des Postes décida que le télégraphe n'était guère plus qu'un jouet et le soutien du gouvernement fut retiré. Des capitaux privés furent vite obtenus et quelques 50 sociétés utilisaient déjà le système de Morse vers le milieu du 19ᵉ siècle...

(1) D.C. : District de Columbia.

XX. C.3. **The telegraph revolution**

Any innovation [inov**éï**chen] threatens the equilibrium [i:kwil**i**briem] of existing organization.

It is comical, therefore, when anybody applies to a big corporation with a new idea that would result in a great "increase of production and sales". Such an increase would be a disaster [diz**a**ster] for the existing management. They would have to make way for new management. Therefore, no new idea ever starts from within a big corporation. It must assail the organization from outside, through some small but competing organization...

With the telegraph, the entire method, both of gathering and of presenting news, was revolutionized [revel**ou**:chenaïzd]...

By 1848 the telegraph, then only four years old, compelled several major American newspapers to form a collective organization for newsgathering. This effort became the basis of the Associated Press, which in turn, sold news service to subscribers...

By many analysts, the electric revolution has been regarded as a continuation of the process of the mechanization [miken**aï**zéichen] of mankind. Closer inspection reveals quite a different character. For example, the regional [r**i**:djenel] press, that had had to rely on postal service and political control through the post office, quickly escaped from this type of monopoly [men**o**peli] by means of the new telegraph services. Even in England, where short distances and concentrated population made the railway a powerful agent of centralism [sentr**a**lizem], the monopoly of London was dissolved by the invention of the telegraph, which now encouraged [ink**œ**ridjd] provincial competition. The telegraph freed the (marginal) provincial press from dependence on the big metropolitan press.

Marshall McLuhan, *Understanding Media*, 1964

XX. C.3. **La révolution du télégraphe**

Toute innovation menace l'équilibre de l'organisation existante...

Il est par conséquent comique de voir quiconque s'adresser à une grande société avec une idée nouvelle qui amènerait « une importante augmentation de la production et des ventes ». Une telle augmentation serait un désastre pour la direction existante ; il lui faudrait céder la place à une nouvelle direction C'est pourquoi les idées nouvelles ne partent jamais du sein d'une grande société. Il leur faut attaquer l'organisation de l'extérieur, par le biais de quelque société concurrente de petite taille...

Avec le télégraphe, toute la méthode de rassemblement et de présentation des informations, subissait une révolution...

Dès 1848, le télégraphe, âgé alors de 4 ans seulement obligea plusieurs grands journaux américains à créer une organisation commune de rassemblement des informations. Cet effort devint la base de « L'*Associated Press.* » qui à son tour, se mit à vendre un service de nouvelles à des abonnés...

Pour de nombreux analystes, la révolution électrique a été considérée comme une continuation du processus de mécanisation de l'humanité. A y regarder de plus près, on décèle quelque chose de bien différent. Par exemple, la presse régionale, qui avait dû compter sur la poste et par conséquent se soumettre à un certain contrôle politique, échappa rapidement à ce type de monopole grâce aux nouveaux services télégraphiques. Même en Angleterre où les distances limitées et la concentration de la population faisaient du chemin de fer un puissant agent de centralisation, le monopole de Londres fut dissout par l'invention du télégraphe qui encourageait maintenant la concurrence provinciale. Le télégraphe libéra la presse de province de sa dépendance de la grande presse londonienne.

Marshall McLuhan, *Pour comprendre les media,* 1964

XX. D. **Vocabulary**

are you through (U.S.)?	avez-vous terminé ?
aerial	antenne
to be cut off	être coupé
to book a call	inscrire un appel
a buzz	un appel
a call, to call	un appel, appeler (T°)
• a collect call (U.S.) / • a reverse charge call (G.B.)	un appel en P.C.V.
• an incoming call	un appel d'arrivée
• an outgoing call	un appel de départ
• a personal call	un appel avec préavis
• a trunk call (G.B.) / • a long distance call (U.S.)	un appel interurbain
the calling party	le demandeur
the called party	le demandé
cable address	adresse télégraphique
cancellation	annulation
to cancel with charge	annuler avec taxe
to cancel without charge	annuler sans taxe
to complete a call	terminer un appel
to make a call	faire un appel
to charge	faire payer
to cut off	couper
to connect so with	passer
cypher telegram	télégramme chiffré (codé)
delay	attente
unlimited delay	attente indéterminée
to dial	composer un numéro
the dialling tone	la tonalité
a digit	un chiffre
a directory	un annuaire
to disconnect	interrompre, couper
"does not answer"	non réponse
emergency call	appel urgent
(telephone) exchange	central téléphonique
extension 301...	poste 301...
earphone	écouteur
to give a call. a ring, a buzz	appeler au téléphone
go ahead!	parlez !
to hang up	raccrocher
hold on	ne quittez pas
hold the line	restez en ligne

XX. D. **Vocabulary** (continued)

incoming call	appel d'arrivée
information	renseignement(s)
index	répertoire
keyboard	clavier
the line is busy (U.S.) / the line is engaged (G.B.)	la ligne est occupée
long distance call (U.S.)	appel interurbain
local call	communication urbaine
to look up (in the directory)	consulter (l'annuaire)
a number	un numéro
no reply (G.B.)	non réponse
operator	opératrice, opérateur, standardiste
outgoing call	appel de départ
out of order	en dérangement
personal call	préavis
to phone	téléphoner
phone book	annuaire
to place a call	faire un appel
to put through	passer un appel
plug	fiche
reverse charge call (G.B.)	appel en P.C.V.
to ring off	raccrocher
to ring up	appeler au téléphone
speak up!	parlez plus fort!
stand by	ne quittez pas
STD (subscriber trunk dialling)	système interurbain automatique
subscriber	abonné
switchboard	standard
to tap a telephone	mettre un T.° sur table d'écoute
time zone	fuseau horaire
unit charge	unité de taxe
unlimited delay	attente indéterminée
to wire	télégraphier

XX bis. RÉVISIONS

Ce second dossier « bis » comprend 2 parties :

A. Exercices de révisions (A.1. à A.8.) suivis de leurs corrigés

B. Tests (B.1., B.2.) suivis de leurs corrigés

XX bis. A. EXERCICES DE RÉVISION

A.1. Traduire d'anglais en français

1. draft ; 2. remittance ; 3. dud cheque ; 4. giro ; 5. overdraft ; 6. burglary ; 7. broker ; 8. mortgage ; 9. loan ; 10. seaworthiness ; 11. computer ; 12. punch card ; 13. retraining ; 14. inventories ; 15. tape ; 16. target ; 17. giveaway ; 18. brand ; 19. leaflet ; 20. folder ; 21. payee ; 22. consignment ; 23. poll ; 24. hoarding ; 25. to sponsor.

A.2. Traduire d'anglais en français

1. to come into force ; 2. to draw up in duplicate ; 3. to be in the red ; 4. to meet one's liabilities ; 5. third party insurance ; 6. industrial injury ; 7. loan coverage ; 8. to enlarge the premises ; 9. their file has been passed on to the legal department ; 10. they are threatening to sue ;
11. the bill will fall due on Tuesday, 12. to give notice ; 13. an outstanding account ; 14. a registered letter ;
15. to register for a course ; 16. prime time on Radio ; 17. to handle an account ; 18. press kit ; 19. house organ ; 20. to win over a new audience ; 21. to screen candidates ; 22. the rates have been jacked up sharply ; 23. to underwrite a risk ; 24. to take out a floating policy ; 25. we wish to have your quotations for the following...

A.3. Traduire de français en anglais

1. prêt ; 2. hypothèque ; 3. taux ; 4. escompter ; 5. traite ; 6. créance ; 7. tireur ; 8. emprunter ; 9. prime (d'assurance) ; 10. courtier ; 11. l'assuré ; 12. annulation ; 13. formulaire ; 14. dactylo ; 15. recyclage ; 16. un hebdomadaire ; 17. une (petite) annonce ; 18. concurrent ; 19. diffuser (radio) ; 20. obligatoire ; 21. retrait ; 22. clause ; 23. affiche ; 24. sondage ; 25. endettement.

A.4. Traduire de français en anglais

1. les dégâts sont importants ; 2. espérance de vie moyenne ; 3. passer une visite médicale ; 4. prendre une assurance ; 5. accident du travail ; 6. assurance au tiers ; 7. en double exemplaire ; 8. contrôle à distance ; 9. suivre un cours ; 10. mettre les renseignements à jour ;
11. formation permanente ;
12. depuis combien de temps est-il dans la publicité ?
13. image de marque ; 14. lancer une campagne publicitaire ;
15. l'analyse détaillée des chiffres de diffusion ;
16. nous avons renvoyé 5.000 robes sur une période de 3 mois ;
17. analyse des données ;
18. la plus terrible catastrophe depuis le tremblement de terre de San Francisco ;
19. les frais seront supportés par les propriétaires du navire ;
20. cette traite a été escomptée il y a 3 mois ;
21. ça ne me fait rien de perdre leur clientèle ;
22. titre de propriété ; 23. régler ses dettes ;
24. pouvez-vous faire passer cette annonce dans l'édition de la semaine prochaine ;
25. devises étrangères.

A.5. Fill in the blanks (complèter les blancs du texte)

1. What about the securities we have deposited ..... you ?
2. We are ..... strict orders not to make loans.
3. Maybe we can talk about it ..... lunch.
4. This document is drawn ..... in duplicate.
5. Our system operates ..... the same lines as yours.
6. Do you want me to take you ..... the new building ?
7. The premium rate depends ..... several factors.
8. You will have to take ..... an insurance policy.
9. Roughly one ..... of three American Presidents lives ..... his normal life expectancy.
10. Who is going to put ..... the capital for you to set ..... your business ?
11. Shouldn't we have a consultant ..... on this ?
12. Have you registered ..... the course ?
13. I'm not sure you would get ..... well with them.
14. You'll have to delete them ..... the list.
15. The problem is to win ..... a new audience.

A.5. (suite)

16. Your job will be to get the message ..... to them.
17. The media selection will be geared ..... the following ideas.
18. Now you can see how quality is built ..... the product.
19. Could I speak to Mr. Jones please?
 I'm putting you .....
20. They're getting ..... the red.
21. I'm beginning to be short ..... cash.
22. We'll have to pass ..... their file ..... the legal department.
23. The T.V. spots are aiming ..... a different audience.
24. He is a specialist ..... economics.
25. Are you keen ..... cycling?

A.6. Traduire les expressions suivantes :

1. La ligne est occupée.
2. Je vous le passe.
3. Donnez-moi le poste 27 s'il vous plaît.
4. Ne quittez pas.
5. On a dû être coupé.
6. Rappelez-moi ce soir.
7. Mr. Robert est-il là ?
8. Qui est à l'appareil ?
9. Pouvez-vous épeler votre nom s'il vous plaît ?
10. Je voudrais parler à Monsieur Smith.

XX bis. A. EXERCICES DE RÉVISION

A.7. Traduire les expressions suivantes :

1. Je vous prie de croire à l'assurance de mes sentiments distingués.
2. Nous accusons réception de votre règlement.
3. Au cas ou cette solution ne vous conviendrait pas...
4. Nous vous serions reconnaissants de bien vouloir nous en aviser par retour du courrier.
5. En réponse à votre lettre du 18 mars...
6. Je suis à votre disposition pour tout détail complémentaire.
7. Il y a eu un malentendu.
8. Votre demande sera étudiée attentivement et nous entrerons prochainement en contact avec vous.
9. Nous déclinons toute responsabilité dans cette affaire.
10. Nous vous prions de bien vouloir excuser ce retard.

A.8. Disposer correctement la lettre suivante en ajoutant la ponctuation et les majuscules

Bamco Corporation Manufacturers and Distributors PO BOX 3412 Blackrock Florida Markson and Bexton Ltd 7 Brooke Street GLASGOW SCOTLAND april 17 198. Gentlemen we have found your name and address in a Trade Register book and would be interested in handling your products we are wholesale distributors importing in large quantities on our own account to sell throughout this country where we have over 3,000 dealers over one hundred of the largest chains of department stores hardware stores drugstores etc are among our customers if you are interested in our proposition please let us know by return air mail sending us english catalogues with specifications and the lowest net prices for us as wholesalers we hope we can start successful business relations very truly yours William T. Morton president and chairman of the board encl. commercial and bank references w t m j p

LEÇON XX bis. A. CORRIGÉS DES EXERCICES A.1. à A.8.

- **Corrigés de l'exercice A.1.** (traduire d'anglais en français)

1. traite ; 2. versement ; 3. chèque sans provision ; 4. chèques postaux ; 5. découvert ; 6. cambriolage ; 7. courtier, agent de change ; 8. hypothèque ; 9. a) prêt, b) emprunt ; 10. navigabilité ; 11. ordinateur ; 12. carte perforée ; 13. recyclage ; 14. stocks ; 15. bande magnétique ; 16. cible, objectif ; 17. cadeau promotionnel ; 18. marque ; 19. prospectus ; 20. chemise ; 21. bénéficiaire ; 22. expédition ; 23. sondage ; 24. panneau d'affichage ; 25. parrainer, patronner.

- **Corrigés de l'exercice A.2.** (traduire d'anglais en français)

1. entrer en vigueur ; 2. établir en double exemplaire ; 3. être en déficit, à découvert, dans le « rouge » ; 4. faire face à ses engagements, ses responsabilités, honorer ses dettes ; 5. assurance au tiers ; 6. accident du travail ; 7. couverture d'un emprunt ; 8. agrandir les locaux ; 9. leur dossier a été communiqué au service contentieux ; 10. ils menacent d'engager des poursuites ; 11. la traite viendra à maturité (échéance) Mardi ; 12. donner un (délai) de préavis ; 13. compte en souffrance ; 14. une lettre recommandée ; 15. s'inscrire à un cours ; 16. heure de grande écoute à la radio ; 17. gérer un budget publicitaire ; 18. dossier de presse ; 19. journal d'entreprise ; 20. conquérir un nouveau public ; 21. sélectionner des candidats ; 22. les taux ont été augmentés brutalement ; 23. accepter de couvrir, garantir un risque ; 24. prendre une police flottante ; 25. nous souhaitons connaître vos conditions pour les .... suivants :...

- **Corrigés de l'exercice A.3.** (traduire de français en anglais)

1. loan ; 2. mortgage ; 3. rate ; 4. to discount ; 5. draft (bill) ; 6. debt ; 7. drawer ; 8. to borrow ; 9. premium ; 10. broker ; 11. the insured ; 12. cancellation ; 13. form (U.S. : blank) ; 14. typist ; 15. retraining ; 16. a weekly ; 17. an advertisement, an ad ; 18. competitor ; 19. to broadcast ; 20. compulsory ; 21. withdrawal ; 22. clause, article ; 23. poster ; 24. poll ; 25. indebtedness.

XX bis. A. CORRIGÉS DES EXERCICES A1 à A8

• **Corrigés de l'exercice A.4.** (traduire de français en anglais)

1. the damage is considerable; 2. average life expectancy; 3. to pass a medical examination; 4. to take out an insurance policy; 5. industrial injury; 6. third party insurance; 7. in duplicate; 8. remote control; 9. to attend a course; 10. to update information; 11. permanent education; 12. how long has he been in advertising?; 13. brand image ,public image; 14. to launch an advertising campaign; 15. breakdown of circulation figures; 16. we returned (we have returned) 5,000 dresses over a three-month period; 17. data processing; 18. the worst catastrophe since the San Francisco earthquake; 19. the costs will be borne by the shipowners; 20. this draft was discounted three months ago; 21. I don't mind losing their custom; 22. deed of property, title-deed to property; 23. to pay one's debts; 24. can you run this ad in next week's issue; 25. foreign currencies.

• **Corrigé de l'exercice A.5.** (compléter)

1. with; 2. under; 3. over; 4. up; 5. on; 6. to, round; 7. on; 8. out; 9. out;... out; 10. up ... up; 11. in; 12. for; 13. along; 14. from; 15. over; 16. over (across); 17. to; 18. into; 19. through; 20. into; 21. of; 22. on, to; 23. at; 24. in; 25. on.

• **Corrigé de l'exercice A.6.** (traduire les expressions)

1. The line is engaged (U.S.: busy).
2. I hand him over to you (I put him on).
3. Please, put me through to extension 27.
4. Please hold on.
5. We've probably been cut off.
6. Call me back this evening.
7. Is Mr. Robert in? (here; home).
8. Who is speaking?
9. Can you (could you) please spell your name?
10. I'd like to speak to Mr. Smith.

XX bis. A. CORRIGÉS DES DES EXERCICES A1 à A8

• Corrigé de l'exercice A.7. (traduire)

1. yours faithfully, yours sincerely;
2. we acknowlege receipt of your payment (remittance);
3. should this solution prove inconvenient to you...
4. please let us know by return of mail (kindly let us...);
5. in reply to your letter of 18th March;
6. I am at your disposal for any further information;
7. there has been a misunderstanding;
8. your application will be carefully examined and we will get in touch with you shortly...
9. we decline any responsibility (disclaim any liability) in this matter;
10. we apologize for the delay.

• Corrigé de l'exercice A.8.

BAMCO CORPORATION — Manufacturers & Distributors
PO BOX 3412 Blackrock Florida.

Markson and Bexton Ltd
7 Brooke Street
GLASGOW-SCOTLAND

April 17, 198.

Gentlemen:

We have found your name and address in a Trade Register book and would be interested in handling your products.

We are wholesale distributors importing in large quantities on our own account to sell throughout this country, where we have over 3,000 dealers. Over one hundred of the largest chains of department stores, hardware stores, drugstores, etc., are among our customers.

If you are interested in our proposition, please let us know by return air mail, sending us English catalogues with specifications and the lowest net prices for us as wholesalers.

We hope we can start successful business relations.

Very truly yours,

William T. MORTON
President and Chairman
of the Board

Encl. Commercial and Bank references
W.T.M./J.P.

XX bis. B. TESTS

B.1. Autotest - Bank and means of payment (voir Dossier XI)

Compléter les blancs des phrases par l'une des quatres solutions proposées.

1. I have been requested to ..... a deposit.
   a) leave; b) let; c) put; d) do.
2. An I.O.U. .....
   a) has little or no legal value;
   b) is the same as a cheque;
   c) is a bill of exchange;
   d) is a promise to pay on the part of the creditor.
3. Your payment is ..... and your account is now in the red.
   a) overtime; b) overdue; c) overtaxed; d) overcome.
4. The bank does not want to lend me any money. I shall have to go to a .....
   a) borrower; b) hireling; c) pawnbroker; d) cash-register.
5. Counterfoil is a synonym for .....
   a) stub; b) ticket; c) coupon; d) draft.
6. A bad cheque may be referred to as a ..... check.
   a) red; b) black; c) dud; d) void.
7. A bill of exchange is drawn up by .....
   a) the payer; b) the debtor; c) the creditor; d) the drawee.
8. When the acceptor stipulates some special condition, the acceptance of a bill is said to be "....".
   a) particular; b) qualified; c) specialized; d) peculiar.
9. A hire-purchase transaction involves payment by .....
   a) scattering; b) instalments;
   c) settlements; d) periods.
10. The contract provides for the ..... to leave 10% of the loan on deposit.
    a) lender; b) depositor; c) borrower; d) creditor.
11. Most foreign bills are payable 30, 60 or 90 days after .....
    a) record; b) sight; c) fill in; d) signature.
12. Deeds of property may be ..... as security for loans.
    a) hedged; b) dredged; c) pledged; d) sledged.
13. You are supposed to give a few days' ..... before withdrawing the balance of your deposit account.
    a) period; b) delay; c) warning; d) notice.

B.1. Autotest (suite)

14. The bill will ..... due an January 30th.
    a) fall; b) come; c) get; d) reach.
15. The acceptor of a bill of exchange is the .....
    a) drawer; b) lender; c) payee; d) drawee.
16. When making a deposit, you have to fill in the .....
    a) folder; b) paying-in slip;
    c) application form; d) statement of account.
17. Banks collect ..... and lend them out again.
    a) coins; b) bookings; c) savings; d) ratings.
18. Owing to the credit ....., it is increasingly hard to obtain cash.
    a) squeeze; b) loan; c) back d) stop.
19. We grant loans to our clients and arrange for ..... facilities.
    a) overdrive; b) overdraft; c) overdone; d) overpaid.
20. The ..... system is the British equivalent to our cheques postaux.
    a) Biro; b) Giro; c) Tiro; d) Barrow.

Corrigé B.1.

1 a; 2 a; 3 b; 4 c; 5 a; 6 c; 7 c; 8 b; 9 b; 10 c; 11 b; 12 c; 13 d; 14 a; 15 d; 16 b; 17 c; 18 a; 19 b; 20 b.

B.2. Autotest - Accountancy (voir Dossier XVI)

1. The generally accepted method of valuation of the ... is cost or market, whichever is lower.
   a) repertory b) inventory c) joint-stock d) warehouse
2. Mining and oil companies set up ... reserves to compensate for the natural wealth the company no longer owns.
   a) depression b) repletion c) depletion d) completion
3. As it would not be reasonable to charge off the full expenditure in the present year, the cost incurred will be gradually ... over the next few years.
   a) written down b) written in c) written off d) written away
4. The first item on the liability side of a balance sheet is usually ...
   a) immediate liabilities b) current liabilities
   c) current debts d) direct liabilities
5. Bondholders have a claim or ... before other creditors on such assets as may be sold.
   a) link b) lien c) proceed d) slip
6. A stock is said to have high leverage if the company that issued it has a large proportion of ... outstanding in relation to the amount of common stock.
   a) ordinary shares b) bonds and preferred stock
   c) fixed assets d) blue chips
7. The decline in useful value of a fixed asset due to wear and tear from use and passage of time is called ...
   a) dereliction b) disparagement c) redemption d) depreciation
8. Common stock is a synonym for ...
   a) ordinary shares b) government bonds c) bearer shares d) inventories on hand
9. The point at which volume of sales or production enables an enterprise to cover related costs and expenses without profit and without loss is the...
   a) breakdown point b) dead-end
   c) breakaway point d) break-even point

B.2. Autotest (suite)

10. The part of the authorized capital already contributed by the company's shareholders constitutes the ...
    a) paid up capital b) called up capital
    c) issued capital d) registered capital
11. This entry should have been transferred from the day-book to the ...
    a) directory b) wager c) ledger d) badger
12. Many firms draw up a ... at the end of each month with a view to testing the accuracy of their accounting.
    a) control balance b) controlling balance
    c) trial balance d) checking balance
13. A fund set up and accumulated by regular payment for paying off the principal of a debt when it falls due is called a...
    a) maturing fund b) sinking fund
    c) settling fund d) recovery fund
14. Are ... auditors eligible for re-election?
    a) outcoming b) declining c) issuing d) retiring
15. C.P.A. stands for ...
    a) Certified Public Accountant (U.S.) b) Certified Public Accountant (G.B.)
    c) Controller of Programs and Achievements d) Cost Programming and Accounting
16. The company had barely managed to ... bankruptcy and was still in the red.
    a) shuffle b) stave off c) touch off d) spare
17. Accrued interest means ...
    a) the interest earned since last settlement date but not yet due or payable
    b) additional interest
    c) increased interest
    d) an additional interest yielded by external sources and to be paid separately
18. Check the books carefully: a transfer of funds has probably been ...
    a) left off b) left away d) left back d) left out
19. Nine and eight are seventeen; I put down seven and ... one.
    a) retain b) report c) carry d) withhold
20. Total profit represents a 10 % ... capital.
    a) return on b) benefit on c) income on d) output of

B.2. **Autotest** (suite)

Translate into French

21. Stockholders' equity.
22. 1st mortgage bonds due 1980.
23. depletion reserve.
24. inventories.
25. to plough back.

Translate into English

26. actif réalisable.
27. passif exigible.
28. titres négociables.
29. immobilisations incorporelles.
30. frais d'exploitation.

Corrigé B.2.

1 b; 2 c; 3 c; 4 b; 5 b; 6 b; 7 d; 8 a; 9 d; 10 a; 11 c; 12 c; 13 b; 14 d; 15 a; 16 b; 17 a; 18 d; 19 c; 20 a; 21. capital propre; 22. obligations hypothécaires de 1er rang à échéance en 1980; 23. réserve pour reconstitution de gisement; 24. stocks; 25. réinvestir; 26. current assets; 27. current liabilities; 28. marketable securities; 29. intangibles; 30. operating expenses.

Pronunciation - *Prononciation*

Nous avons représenté la prononciation de certains mots par des symboles entre crochets [ ]. Ces symboles sont ceux du système de l'Association Phonétique Internationale (A.P.I.) sauf pour certaines consonnes décrites en 4 , les diphtongues et certaines voyelles (voir les équivalences en bas de page). Il faut pour en tirer parti, avoir toujours présent à l'esprit les principes suivants :

1 **Toute lettre symbole doit être prononcée** (et a une valeur constante) : par exemple l'anglais *contract* se transcrit [kentr**a**kt], les consonnes finales *c* et *t* sont prononcées.

2 **Les voyelles de l'anglais peuvent avoir un son court ou long :** dans ce dernier cas on fera suivre la voyelle symbole de : ... Ainsi le [i:] de *seat* [si:t] est plus long que le [i] de *sit* [sit].

3 **Les diphtongues (voyelles au timbre double) spécifiques de l'anglais sont rendues par les symboles :** [ie], [èe], [oue], [aï], [oï], [aou], [ôou], où chaque lettre est entendue.

4 **Certaines consonnes au son particulier sont signalées par un astérisque (*) :**

[s*] correspond au *th* de *think* et ressemble au "S" prononcé avec la langue entre les dents.
[z*] correspond au *th* de *the*, *this*, *that*, et ressemble au "Z" prononcé avec la langue entre les dents.
[n*] indique la prononciation particulière du groupe *-ng* comme dans le français "ping-pong".

5 **Après les voyelles longues et en fin de mot** le *r* anglais est peu **perceptible :** il ne sera pas représenté ici. (Notez cependant qu'il est prononcé, dans ces positions, dans le nord de l'Angleterre, en Ecosse et aux U.S.A.).

6 **Les lettres en gras signalent que l'accent tonique** porte sur la syllabe où elles se trouvent. Ex. : *account* [ek**aou**nt].

Équivalences entre les symboles utilisés ici et ceux de l'A.P.I.

VOYELLES COURTES			VOYELLES LONGUES			DIPHTONGUES			CONSONNES		
A.P.I.		Ex :	A.P.I.	P.P.	Ex :	A.P.I.	P.P.	Ex :	A.P.I.	P.P.	Ex :
i	i	sit	i:	i:	seat	ai	aï	buy	θ	s'	think
æ	a	flat	a:	a:	car	⊃i	oï	boy	ð	z*	that
⊃	o	not	⊃:	o:	port	ei	éï	mail	ŋ	n*	going
u	ou	book	u:	ou:	pool	au	aou	out	z	j	measure
e	è	test	e:	e:	work	ou	ôou	flow	dz	dj	job
ʌ	œ	but				iə	ie	here	ʃ	ch	ship
ə	e	a				ɛə	èe	bear	tʃ	tch	check
						uə	oue	poor			

Abbreviations - Abréviations

A/A	**articles of association:** statuts (d'une société).
A1	**first-class (ship in Lloyd's register):** de première cote, de première catégorie.
A.A.R., a.a.r.	**against all risks:** contre tous les risques.
A/C	**account current:** compte courant.
a/c, acc., acct.	**account:** compte.
Acc.	**acceptance, accepted:** acceptation, accepté.
ad.	**advertissement:** petite annonce.
a/d	**after date. Three months after date:** à trois mois de date, à trois mois d'échéance.
ad. val.	**ad valorem (according to value):** selon valeur.
A.F.L./C.I.O.	**American Federation of Labor/Congress of Industrial Organization:**
appro.	**approval:** approbation.
A/R	**all risks (insurance):** (assurance) tous risques.
a/s	**after sight. Four days after sight:** à quatre jours.
bal.	**balance:** solde.
B.B.	**bill-book:** carnet d'échéances, livre d'effets.
B/D	**bank draft:** chèque tiré sur une banque.
b.d., b/d	**brought down. Balance brought down:** solde à nouveau.
B/E	**bill of entry:**déclaration de détail, rapport en douane.
B/E	**bill of exchange:** effet de commerce.
bf, b.f., b/f	**brought forward:** report.
B.I.S.	**Bank for International Settlements:** Banque des Règlements Internationaux (B.R.I.).
Bk.	**bank, book, backwardation:** banque, livre, déport.
B/L	**bill of lading:** connaissement.
B.O.	**Branch Office:** agence.
B. of E.	**Bank of England.**
B.O.T., B. of T.	**Board of Trade:** ministère du Commerce.
Bro.	**brother:** frère.
Bros.	**brothers:** frères.
B.R.S.	**British Road Services:** Transports Routiers Britanniques.
B/S	**balance-sheet:** bilan.
C.A.	**chartered accountant:** expert-comptable.
C.B.I.	**Confederation of British Industries:** cf. le C.N.P.F.
c/d	**carried down:** reporté.
c/f	**carried forward:** à reporter, reporté (comptabilité).
C & F, c.f.	**cost and freight:** coût et fret.
cge pd	**carriage paid:** port payé.
Change	**Exchange:** Bourse.
C.I.A.	**cash in advance:** paiement d'avance.
C.I.F., c.i.f.	**cost insurance and freight:** coût, assurance, fret (C.A.F.).
c.i.f. & c.	**cost, insurance, freight and commission:** coût, assurance, fret et commission.
c.i.f. & i.	**cost, insurance, freight, commission and interest:** coût, assurance, fret, commission et intérêt.
C/N	**credit note:** facture d'avoir.
C/N	**circular note:** chèque de voyage.
Co.	**company:** société, compagnie.
c/o	**care of:** aux bons soins de.
C.O.D.	**cash on delivery:** envoi contre remboursement.
consol.	**consolidated:** consolidé.
cont.	**contents:** contenu.
corp.	**corporation:** compagnie.
C/P	**charter-party:** charte-partie.

Abbreviations - Abréviations

C.P.A.	**certified public accountant (U.S.):** expert comptable.
C.R., C/R	**at company's risk:** aux risques et périls de la compagnie (transport).
Cr.	**credit, creditor:** crédit, créancier.
cum div.	**with dividend:** avec dividende.
curr., currt	**current:** du mois en cours, actuel.
C.W.O., c.w.o.	**cash with order:** paiement à la commande.
D/A	**documents against acceptance:** documents contre acceptation.
D.A.	**deposit account:** compte de dépôt.
dd., d/d, deld.	**delivered:** livré.
dely	**delivery:** livraison.
dept.	**department:** service.
dft.	**draft:** traite.
dis., disc., disct.	**discount:** escompte.
div.	**dividend:** dividende.
D/N	**debit note:** note de débit, facture de débit.
D/O	**delivery order:** bon de livraison.
D/P	**documents against payment:** document contre paiement.
Dr	**debtor:** débit.
Dr(s)	**debtor(s):** débiteur(s).
d/s, d.s.	**dock-warrant:** certificat d'entrepôt, bulletin de dépôt, warrant.
d/y	**delivery:** livraison.
E.D.P.	**electronic date processing:** informatique.
E.E.	**errors excepted:** sauf erreur.
E.E.C.	**European Economic Community:** Communauté Economique Européenne.
e.g.	**exempli gratia (for example):** par exemple.
ENC., encl.	**enclosure(s):** pièce(s) jointe(s).
E & O.E.	**errors and omissions excepted:** sauf erreur ou omission, s.e. ou o.
ex cp.	**ex coupon:** ex-coupon, coupon détaché.
ex div.	**ex dividend:** ex-dividende.
ex ss	**ex steamer:** au débarquement.
ex stre	**ex store:** disponible.
ex whf	**ex wharf:** franco à quai.
ex whse	**ex warehouse:** disponible.
f.a.a.	**free of all average:** franc d'avarie, franc de toutes avaries.
f.a.q.	**free alongside quay:** franco à quai. **fair average quality:** qualité courante, qualité commerciale.
F.A.S., f.a.s.	**free alongside ship:** franco le long du navire.
f.g.a.	**free of general average:** franc d'avarie grosse ou commune.
Fifo	**First in first out.**
F.O.B., f.o.b.	**free on board:** franco à bord.
f.o.c.	**free of charge:** franco, franco de port et d'emballage.
f.o.q.	**free on quay:** franco à quai.
F.O.R., f.o.r.	**free on rail:** franco wagon.
F.O.S., f.o.s.	**free on steamer:** franco à bord du navire.
F.O.T., f.o.t.	**free on truck:** franco wagon, sur wagon; franco camion, sur camion.
f.p.	**fully paid:** intégralement versé(es).
F.P.A., f.p.a.	**free of particular average:** franc d'avarie particulière.
frt.	**freight:** fret.

Abbreviations - Abréviations

ft. **foot, feet:** pied(s), 30,48 cm.
F.T.C. **Federal Trade Commission (U.S.).**
fwd **forward:** à terme, livrable (Bourse des marchandises).

G.A., g.a. **general average:** avarie grosse, avarie commune.
gal., gall. **gallon:** mesure de capacité valant 4,54 litres (G.B.), 3,78 litres (U.S.).
G.M. **General Manager:** directeur général.
G.N.P. **gross national product:** produit national brut, P.N.B.
G.P.O. **General Post Office:** hôtel des postes; les P et T.
gr. wt. **gross weight:** poids brut.

H.M.C. **Her (His) Majesty's Customs:** douane de Sa Majesté.
H.M.S. **Her (His) Majesty's ship (service):** navire au service de Sa Majesté.
H.O. **head office:** siège social.
H.P., h.p. **horse power:** puissance en chevaux.
H.P. **hire-purchase:** vente à tempérament.
H.Q., hq **headquarters:** quartier général.

IBRAD, IBRD **International Bank for Reconstruction and Development:** Banque Internationale pour la Reconstruction et le Développement (B.I.R.D.).
I.C.C. **Interstate Commerce Commission (U.S.).**
I.L.O. **International Labour Organization:** Organisation Internationale du Travail (O.I.T.).
I.M.F. **International Monetary Fund:** Fonds Monétaire International, F.M.I.
Inc. **incorporated:** constituée (société). En américain, Inc. fait suite au nom de la société.
ince, ins., insce **insurance:** assurance.
inst. **instant:** du mois en cours.
I O U **I owe you:** reconnaissance de dette.
I.R. **Inland Revenue:** le fisc.

J/A **joint-account:** compte conjoint, compte en participation.

L/C **letter of credit:** lettre de crédit.
ldg. **loading:** chargement.
led. **ledger:** grand livre.
Lifo. **Last in first out.** cf. XVIII. Vocabulaire.
L.I.P. **Life insurance policy:** police d'assurance-vie.
Ltd. **Limited (liability):** (à responsabilité limitée).

M/A **memorandum of association:** acte constitutif (d'une société).
M.B.A. **Master of Business Administration.**
m/d **months after date:** (à) ... mois, (à) ... mois d'échéance, de date.
Messrs. **Messieurs.**
M.I.P. **marine insurance policy:** police d'assurance maritime.
M.O. **money-order:** mandat postal.
mo(s) **month(s).**
M.P.G., m.p.g. **miles per gallon:** milles au gallon.
m/s **months after sight:** (à) ... mois de vue.

n.a. **not available:** non disponible.
N.C.B. **National Coal Board:** direction des Houillères nationalisées en Grande-Bretagne.
N.C.V. **No commercial Value:** (échantillon) sans valeur commerciale.
N.U.M. **National Union of Mineworkers (G.B.).**

Abbreviations - Abréviations

N.U.R.	**National Union of Railwaymen:** Syndicat national des cheminots britanniques.
N.Y.S.E.	**New York Stock Exchange.**
o.	**order:** commande.
o/a	**on account (of):** pour le compte de, à l'aquit de.
o/d	**on demand:** à la demande, à vue.
O/d	**overdarft:** découvert, annonce à découvert.
O.E.C.D.	**Organization for Economic Cooperation and Development:** Organisation de Coopération et de Développement Economique (O.C.D.E.).
O.H.M.S.	**On Her '(His) Majesty's Service:** au service de Sa Majesté; en franchise postale.
o/o	**order of:** à l'ordre de.
O.P.	**open policy:** police ouverte.
O.R.	**owner's risk:** aux risques et périls du propriétaire.
O.R.	**operations research, operational research:** recherche opérationnelle.
P.A., p.a.	**particular average:** avarie particulière.
P/A	**power of attorney:** procuration, pouvoir, mandat.
p.a.	**per annum, yearly:** par an.
pat.	**patent:** brevet
patd.	**patended:** breveté.
per pro.	**per procurationem (by proxy, on behalf of):** par procuration, pour le compte de.
P & L.	**profit and loss:** profits et pertes.
pm.	**premium:** prime (assurance).
P.O.	**Post Office:** bureau des postes. **postal order:** mandat postal (pour petites sommes).
P.O.B.	**Post Office Box:** boîte postale.
P.O.E.	**port of embarkation.**
P.R.	**public relations:** relations publiques.
P.R.	**port risks:** risques de port.
P.R.O.	**Public Relations Officer:** chef du service des relations publiques.
prox	**proximo (of (the) next month):** du mois prochain, du mois à venir.
R and D	**research and development:** recherche et développement.
R/D	**refer to drawer:** voir le tireur.
re	**with reference to, relating to:** concernant, à propos de, au sujet de, etc.
recd.	**received:** reçue(es).
rect.	**receipt:** reçu.
ref.	**reference.**
reg., regd.	**registered:** recommandé (courrier, colis); nominatif (actions), etc.
retd.	**returned:** renvoyé, retourné, en retour.
S.D.R.	**special drawing rights:** droits de tirage spéciaux (D.T.S.).
S.E.	**Stock-Exchange:** Bourse.
S.E.C.	**Securities and Exchange Commission (U.S.).**
shipt	**shipment:** expédition, chargement.
S/N, S.N.	**shipping note:** permis d'embarquement; note de chargement.
S/O	**Standing Order:** ordre permanent.
SS, S/S, s.s., s/s	**steamship:** navire à vapeur, vapeur, paquebot.
std.	**standard:** standard, type.
S.T.D.	**subscriber trunk dialling:** (G.B.) automatique interurbain.

Abbreviations - Abréviations

T.G.W.U.	**Transport and General worker's Union:** Syndicat des transports et des ouvriers non qualifiés (G.B.).
T.M.O.	**telegraphic money-order:** mandat télégraphique.
T.T.	**telegraphic transfer:** versement télégraphique, virement télégraphique.
T.U.C.	**Trades-Union Congress:** a) congrès (annuel) des syndicats britanniques; b) organisme de coordination et de représentation du mouvement syndical à l'échelon national (G.B.).
U.A.W.	**United Automobile Workers (U.S.):** Fédération des travailleurs de l'automobile.
ult., ulto	**ultimo (of (the) last month):** du mois dernier, du mois écoulé.
U/W	**Underwriter:** assureur.
v.	**versus (against):** contre.
V.A.T.	**value added tax:** T.V.A.
V.I.P.	**very important person:** (personnage très important, personnalité).
viz.	**videlicet (namely):** à savoir.
V.P.	**Vice-President:** vice-président.
W/B	**way-bill:** feuille de route, feuille de voyage.
wgt., wt.	**weight:** poids.
whf	**wharf:** quai.
whse	**warehouse:** entrepôt.
wk.	**week:** semaine.
W.P.A., w.p.a.	**with particular average:** avec avarie particulière.
w.p.m.	**words per minute:** mots à la minute.
wt.	**weight:** poids.
	without: sans.
x.c.	**ex-coupon:** ex-coupon.
x.d.	**ex dividend:** ex-dividende.
x.i.	**ex interest:** ex-intérêt.
x-ml, x-mll	**ex mill:** départ usine.
x-ship, x-shp	**ex ship:** au débarquement.
x-stre	**ex store:** disponible, départ magasins.
x-whf	**ex wharf:** franco à quai.
x-whse	**ex warehouse:** disponible, départ entrepôt.
x-wks	**ex works:** départ usine.
yr., yrs.	**year:** année. **years:** années. **your:** votre, vos. **yours:** le vôtre, etc...

Measures - Mesures

Longueur (Length)

1 inch (1 in, 1")	= 2,54 cm
1 foot (1 ft, 1')	= 30,48 cm
1 yard (1 yd)	= 0,91 m
1 mile (1 ml)	= 1 609,34 m

Poids (Weight)

1 ounce (1 oz)	= 28,35 g
1 pound (1 lb)	= 453,59 g
1 stone (1 st)	= 6,35 kg
1 hundred weight (cwt)	= 50,80 kg

1 ton = 1 016 kg = 20 cwt

Capacity

1 pint	= 0,568 l
1 quart	= 2 pints = 1,136 l
1 gallon (G.B.)	= 4,54 l
1 gallon (U.S.)	= 3,78 l

Surface

Square inch (sq. in.)	= 6,45 cm²
Square foot (sq. ft.)	= 9,29 dm²
Square yard (sq. yd)	= 0,8361 m²
Acre (ac)	= 40,47 ares

Index

La liste ci-dessous correspond aux mots faisant l'objet d'un développement ou d'une définition. Les chiffres renvoient aux pages; le signe * signifie : « et pages suivantes ».

Achevé d'imprimer en juin 1990
sur les presses de Cox and Wyman Ltd
(Angleterre)

PRESSES POCKET - 8, rue Garancière - 75006 Paris
Tél. 46.34.12.80

6174C-5 - N° d'Éditeur 1541, 4e trimestre 1979.